Klaus Hympendahl

LOGBUCH DER ANGST

DER FALL APOLLONIA

Delius Klasing Verlag

Von Klaus Hympendahl ist außerdem
im Delius Klasing Verlag erschienen:

El Niño – Wenn das Meer brennt

Abdrucke erfolgen mit freundlicher Genehmigung von:

Edition Maritim GmbH, Hamburg
DER SPIEGEL, Hamburg
Rowohlt Verlag GmbH, Reinbek

Die Deutsche Bibliothek – CIP-Einheitsaufnahme

Hympendahl, Klaus:
Logbuch der Angst : der Fall Apollonia / Klaus Hympendahl.
– 3. Aufl. – Bielefeld : Delius Klasing, 2001
ISBN 3-7688-1264-2

3. Auflage
ISBN 3-7688-1264-2
© by Delius, Klasing & Co. KG, Bielefeld

Schutzumschlaggestaltung:
Buchholz/Hinsch/Hensinger, Hamburg
Druck und Einband: Clausen & Bosse, Leck
Printed in Germany 2001

Alle Rechte vorbehalten!
Ohne ausdrückliche Erlaubnis des Verlages darf das Werk,
auch nicht Teile daraus, weder reproduziert, übertragen noch
kopiert werden, wie z. B. manuell oder mithilfe elektronischer
und mechanischer Systeme inklusive Fotokopieren,
Bandaufzeichnung und Datenspeicherung.

Delius Klasing Verlag
Siekerwall 21, D-33602 Bielefeld
Tel. (05 21) 5 59-0, Fax (05 21) 5 59-1 13
e-mail: info@delius-klasing.de
http://www.delius-klasing.de

Inhalt

Vorwort
7

Das Kennenlernen
10

Die Abfahrt
16

Erster bis einundzwanzigster Tag
25

Die Ankunft
226

An Land
230

»Ist das dein Versprechen, das du mir gegeben hast?«
239

Das Urteil
255

Weshalb der Name ›Apollonia‹?
257

Presseberichte
259

Nachwort
263

Glossar
266

Die Hölle, das sind die andern.

Jean-Paul Sartre

Vorwort

Am 13.12.1981 ereignete sich mitten auf dem Atlantik eine Tragödie. Auf der Segelyacht *Apollonia* wollten sechs Personen von Gran Canaria aus in die Karibik segeln. Am 18. Tag auf See, vier Tage vor der Ankunft auf der Insel Barbados, wurden der Eigner und seine Freundin von einem Mitsegler erschossen. Ein Dritter wurde mit einem Brustdurchschuss schwer verletzt.

Dieses Buch, das sich eng an die Realität dieses in Seglerkreisen bekannten Falles anlehnt, befasst sich mit dem Problem, wie schnell auf engstem Raum, beispielsweise an Bord einer Yacht, aus Meinungsverschiedenheiten offener Streit werden kann. Im Rahmen der künstlerischen Freiheit und um den Lesern deutlich vor Augen zu führen, wie dieser Streit geradlinig zur Tragödie führte, wurden weite Passagen erfunden. Welche Schuld hatte der Täter? Welchen Beitrag lieferten die Opfer? War die Tat vermeidbar? Und: Wäre die Tat überhaupt passiert, wenn sich eine vergleichbare Konstellation an Land ergeben hätte und nicht auf dem endlos erscheinenden Wasser?

Das Buch handelt insbesondere von der Enge, in die Menschen hineingeraten können. Eine Enge, in der Spannung und Gereiztheit entstehen, sodass sich Wut, Hass und Angst entwickeln.

Diese besondere Enge gibt es überall. Sie kann auf einer Almhütte erlebt werden, im Aufzug, als Inselangst, durch Mobbing im Büro, in der Ehe oder auf einem Schiff. Die Verhaltensregeln, um mit anderen Menschen auf begrenztem Raum oder in einer Beziehung, die ebenso eingrenzen kann, gut auszukommen, sind den Betroffenen oft fremd.

Auf einer Almhütte kann man sich von den anderen trennen, man kann ins Freie gehen; der Aufzug öffnet schnell seine Tür, eine Insel lässt sich umwandern, nach dem Mobbing im Büro kommt der Feierabend, auch der Enge einer Ehe kann man endlich durch Scheidung entgehen. Aber der Nähe zu Mitseglern auf einer Hochseeyacht kann man nicht entweichen. In der Mitte des Ozeans gibt es kein Entkommen in eine nahe Marina, in eine Hafenkneipe. An der Bordwand ist Schluss.

Diese Unausweichlichkcit wurde den Seglern auf der Yacht *Apollonia* zum Verhängnis. Der unerfahrene Eigner und seine Freundin nahmen in einem spanischen Hafen ein fremdes Paar und zwei fremde Männer an Bord, mit denen sie über den Atlantik segeln wollten. Dieser Törn erwies sich als Beispiel dafür, wie die unausweichliche Enge zum *worst case scenario* wurde.

»Die Bedingungen auf einer Hochseeyacht – in weitem Raum auf engem Raum – bringen unbekannte Belastungen für den Einzelnen. Derjenige, der an Land unter festen Normen gelebt hat und diese an Bord nicht mehr vorfindet, kann anormal reagieren«, folgerte einer der Sachverständigen in dem späteren »*Apollonia*-Prozess«. Der Prozess beschäftigte nicht nur die internationale Segelwelt – sämtliche Medien, besonders die großen Zeitschriften verfolgten ihn mit eigenen Berichterstattern. Allein der SPIEGEL widmete dem Prozess drei Reportagen. Das Urteil hatte Juristen, Kommentatoren und Segler in zwei Lager gespalten.

Abgesehen von der Enge, die allein schon zu Klaustrophobie führen kann, kommen auf einer Yacht Faktoren hinzu, die man in dieser Geballtheit woanders kaum kennt: konträre Lebensgewohnheiten der Mitsegler, unterschiedliche Vorstellungen über Essen und Schlafen, einander widersprechende Gesinnungen, verschiedene Prinzipien für Ordnung in einem Raum, der die Maße eines kleinen Kinderzimmers nicht überschreitet, schmale Kojen, begrenzter Stauraum für die persönlichen Dinge, ständiger Körperkontakt mit fremden Menschen. Hinzu kommen Schlafmangel, überspielte Ängste, soziale Anpassungsschwierigkeiten, Kompetenzprobleme, die persönliche Unausgeglichenheit Einzelner und vieles andere mehr. Die Skala der Stressfaktoren, die an Bord auftreten können, ist groß. Viele Geschichten sind bekannt von Paaren – einst an Land gut befreundet –, die sich nach dem gemeinsamen Törn auf Nimmerwiedersehen trennen. Dabei sind diese Törns meist nur Reisen in Küstengewässern mit abendlichem Landgang.

Das Wort Angst kommt von Enge. Schon lange bevor Menschen zur See fuhren, haben sie einen Zusammenhang gesehen. Im gesamten indogermanischen Sprachraum, von Indien bis Norwegen, ist die Sprachwurzel des Begriffs Angst das Wort Enge (lateinisch: angere = beengen).

Jean Paul Sartre hat die Enge einer Dreiergruppe in seinem Drama *Geschlossene Gesellschaft* beschrieben. Seine Geschichte handelt allerdings von Menschen, die sich noch nach dem Tod gegenseitig peinigen. Diese Geschichte handelt von Menschen, die sich vor dem Tod misshandeln. Auch hier trifft Sartres Erkenntnis zu: die Hölle – das ist eine geschlossene Gesellschaft.

Die Namen aller am Geschehen und am Prozess beteiligten Personen wurden geändert.

Das Kennenlernen

Ich küsste das Steuerrad. Mit diesem Ritual feiere ich jede gelungene Überfahrt. An jenem Tag, dem 14. Oktober 1981, war ich von einem Törn von Mallorca nach Gran Canaria angekommen, den die *African Queen*, meine kleine 10-Meter-Yacht, ohne besondere Vorkommnisse hinter sich gebracht hatte. An Bord war außer mir Regina Lob, eine begabte Seglerin.

Sicherlich, in der Straße von Gibraltar hatte die Rollgenua geklemmt. Ausgerechnet als zunächst Starkwind aufkam, der sich später zu einem Sturm auswuchs, konnten wir die Genua nicht reffen, nicht einrollen. Natürlich passiert so etwas immer nachts. Wir waren in der Dunkelheit in den fremden Hafen von Tarifa motort und hatten dort das schlagende Segel gebändigt und dann den Schaden in der Sicherheit des Hafens behoben. Seitdem sind zwar mehr als zwanzig Jahre vergangen, aber ich erinnere mich noch sehr genau, wie ich in der Diesigkeit des Morgens die Silhouette eines aufkommenden Tankers mit der an Land vermuteten Stadt Tanger verwechselt hatte – Tanger und Tanker, ein Wortspiel, das fast schon die Qualität von Seemannsgarn hat. Und dann war da noch die Geschichte mit dem Taschenrechner und dem integrierten Navigationsmodul. Ich bin sicher, dass es sich um das Modell TI 88 von Texas Instruments handelte. Zwei Tagesetappen von den Kanarischen Inseln entfernt, war er mir vom Kartentisch auf den Boden geknallt und natürlich sofort hinüber. Das war mehr als ärgerlich, weil ich immer meine Sextantennavigation damit errechnete und deshalb leider vergessen hatte, wie die Aufgabe »per Hand« zu bewerkstelligen war. Mühevoll musste ich mir das Verlernte wieder ins Gedächtnis zurückholen. Aber bevor ich am nächsten Tag rechnerisch die einzelnen Schritte nachvollzogen hatte, rief ich ein Frachtschiff in Sichtweite über das Bord-UKW-Telefon an. »*Ship in vicinity. This is the German sailing yacht* African Queen. *Can you give me your position please?*«

Eine Stimme antwortete in stark gebrochenem Englisch, das kaum zu verstehen war. Mitten in diese Antwort platzte jedoch eine andere, viel lautere Stimme in deutscher Sprache: »Wenn's 'n Grieche is, dann mach die Biege.«

Danach kam nichts mehr aus dem Mikrofon, so sehr ich ihm auch auf Deutsch und Englisch etwas zu entlocken versuchte. Das waren die einzigen besonderen Vorkommnisse während dieser schönen achttägigen Segelreise nach Pasito Blanco auf Gran Canaria. Von hier aus sollte es Wochen später in die Karibik gehen. Zu diesem Zeitpunkt wussten wir noch nicht, welche Aufregungen das Schicksal für uns bereit hielt. Denn während unseres Aufenthaltes in Pasito Blanco begegneten wir den Akteuren einer der tragischsten Geschichten in der Hochseesegelei. Ein menschliches Drama, das in der internationalen Yachtszene einmalig blieb, begann in diesem Hafen.

Die neue Marina von Pasito Blanco lag ziemlich isoliert zwischen den Touristenzentren Maspalomas und Puerto Rico auf Gran Canaria. Nichts als Felswände und Steinwüste um den neuen Hafen. Jemand hatte damals im Zusammenhang mit dem Aufblühen der Fahrtensegelei die vorzügliche Idee gehabt, für all die Yachten, die mit

Zwischenstopp auf den Kanaren von hier aus in die Karibik segeln wollten, eine Marina zu bauen. Und um der ziemlich unausgewogenen Infrastruktur der Insel einen Kick zu geben, hatten die Verantwortlichen listigerweise beschlossen, die Anlage in eine wenig besiedelte Gegend zu verpflanzen und ihr mithilfe des Locknamens Pasito Blanco ein wenig Flair zu verleihen.

Ich glaube, der Bus an der Hauptstraße hielt nur, wenn man dem Fahrer heftig zuwinkte. Von dort oben aus konnte man nicht einmal sehen, dass unten am Meer ein paar hundert Schiffe lagen, eines neben dem anderen. Nur ein Straßenschild wies darauf hin, dass die neu angelegte Trasse nicht irgendwo am Meer endete. Wir hatten über eine Woche während der Hinfahrt Zeit gehabt, uns eine Vorstellung von einer Marina mit dem Namen Pasito Blanco zu machen. Unsere Fantasie schwelgte in Palmen und mit Hibiskus bepflanzten Rabatten. Wir träumten von weißen Marinagebäuden mit kobaltblauen Fensterrahmen und Türen, im maurischen Stil gebaut, mit bunten Bougainvillen, die an den Hauswänden empor rankten, mit Schatten spendenden Pergolen zwischen den Gebäuden, überdacht mit Weinblättern und anderen hoch kletternden Pflanzen. Andalusische Musik würde aus jeder Tageszeit eine Siesta machen …

Doch in Wirklichkeit war Pasito Blanco ein verlassener, öder und ziemlich trister Fleck, aus Fels gesprengt und auf Fels gebaut. Eine geisterhaft wirkende, öde Marina, zusammengehalten durch Mörtel, Zement und Beton, eingebettet zwischen eine künstliche Mole, riesige ins Meer versenkte Felsbrocken und schroffe Felswände an der Landseite, mit der Anmutung eines großen Steinbruchs. Alles Grau in Grau. An Grün und Blumen kann ich mich nicht erinnern.

Als ich den ersten Blick auf die Anlage warf, konnte ich mich kaum noch daran erinnern, warum ich ausgerechnet diesen Hafen ausgewählt hatte. Doch Pasito

Blanco war damals die einzige Marina auf der Hauptinsel, denn der Hafen von Las Palmas kam für uns nicht infrage. Seit vielen Jahren schwamm dort eine permanente Ölschicht, die den Wasserpass einer jeden Yacht verdreckte. Es gab einfach keine Alternative. Zumal ich das Schiff bis zur endgültigen Abfahrt in die Karibik noch einige Wochen unbeaufsichtigt liegen lassen musste.

Im Übrigen dachte ich offensichtlich nicht als Einziger so. Die Marina war voll von Fahrtenyachten. Gut, dass ich einen Platz reserviert hatte. Ich glaube, Pasito Blanco war in jenen Anfangsjahren das Lehrbeispiel einer Anlage, die den Ansprüchen von Seglern nicht genügt. Ich empfand sie als eine Art negatives Paradestück eines *port de plaisance*, wie die Franzosen eine Marina bezeichnen. Es gab keinerlei Einkaufsmöglichkeiten. Für jeden Ölfilter, jede Niroschraube, für ein Bier oder ein Brot musste man einen Bus nehmen. Besonders unangenehm war der Marinadirektor. Er herrschte über seine Anlage, die eigentlich eine Oase für Romantiker und Individualisten sein sollte, wie ein Admiral. Für uns Segler sprachlich und menschlich unnahbar, regierte er seine Marineros im Befehlston. Und genauso schroff war er zu uns Seglern.

Das schweißte die internationale Schar seiner Klientel näher zusammen. Wir hatten alle ähnliche Vorstellungen vom Glück auf dem Meer, von der unbegrenzten Freiheit, vom *away from the rat race*: raus aus der Tretmühle, für immer oder – wie wir – auf begrenzte Zeit. Wir hatten alle die gleichen Vorbereitungen an Land durchgemacht, die gleichen Segelbücher gelesen, ähnliche Zeitschriften abonniert, dieselben Filme übers Segeln gesehen, egal ob in Großbritannien, Italien oder Deutschland. Dementsprechend locker schlossen wir Freundschaft mit den anderen Bootsbesatzungen. Schon nach drei Tagen wusste jeder mehr über seinen Stegnachbarn als vom Wohnungsnachbarn in der Heimat, mit dem man ein Dutzend

Jahre Wand an Wand gelebt hatte, fern im kalten Norden. Vielleicht hat uns diese abgelegene, steinerne Marina mit ihrer Schroffheit einander näher gebracht, als es eine mondäne Fullservice-Marina jemals vermocht hätte.

In jenen Tagen lernte ich durch meinen Bootsnachbarn Herbert Altmann, Einhandsegler und Eigner einer kleinen Holzyacht, die im direkten Vergleich unsere auch sehr kleine Yacht Vertrauen erweckend groß aussehen ließ, Jörg Röttich und Andrea Kleefeld kennen. Ich ahnte natürlich nicht, dass hier eine Tragödie ihren Anfang nahm.

Jörg und Andrea waren mir vom ersten Augenblick an sympathisch. Da Regina und ich noch einmal für einige Wochen zurück nach Deutschland mussten, fragte ich Jörg, ob er während dieser Zeit einige Lackierarbeiten an den Teakleisten der *African Queen* durchführen könnte. Wir besprachen die Details beim Rotwein in unserem Cockpit. Jörg Röttich, ein groß gewachsener Mann mit Vollbart, tief in der Stimme, schien stets sorgsam zu überlegen, was er sagte. Und Andrea – zierlich, dunkelhaarig – war auffallend schweigsam. Über den Stegfunk, wie das übliche Hafengerede über alle und jeden genannt wird, hatte ich erfahren, dass die Segelyacht *Pelikan*, auf der sie gebucht hatten, für die beiden zur Endstation Sehnsucht geworden war, weil der Eigner sie nicht mehr an Bord haben wollte. Ohne mich weiter um die herumschwirrenden Gerüchte zu kümmern, bezahlte ich Jörgs Lackierarbeit im Voraus, in der festen Überzeugung, dass er gute Arbeit leisten würde. Dann flogen Regina und ich für ein paar Arbeitswochen nach Deutschland.

Bei unserer Rückkehr war ich mit Jörg Röttichs Arbeit zufrieden. Er hatte sich als genau der Mann erwiesen, den ich beim Rotwein im Cockpit kennen gelernt hatte und wie ihn Segler schätzen: ein guter und zuverlässiger Handwerker. Aber bedanken konnte ich mich für seine Arbeit nicht mehr, denn just am 26. November 1981, dem Tag, an dem wir wieder in Pasito Blanco ankamen, waren Jörg Röttich und Andrea Kleefeld auf der *Apollonia* gegen Mittag abgesegelt.

Damit begann das Verhängnis ...

Die Abfahrt

*E*s ist ein strahlend blauer Tag. Das Logbuch der *Apollonia* vom 26.11.1981 belegt es: hundertprozentig wolkenfreier Himmel, ein Hoch von 1023 Millibar, leichte Winde aus Nordost um 3 bis 4 Beaufort. Ideale Bedingungen, um eine Segelreise zu beginnen.

Aber die *Apollonia* will ihren Liegeplatz zunächst nicht verlassen, ihr Motor streikt, springt nicht an. Der Starter ist kaputt. Erst als ein herbeigeholter Mechaniker mit einem großen Schraubendreher das Zündschloss überbrückt, läuft die Dieselmaschine. Die Springleinen der *Apollonia* werden gelöst. Segler am Steg warten darauf, die letzten beiden Achterleinen zu lösen und sie an Bord zu werfen.

Vor dem Eigner Manfred Schön und seiner Freundin Petra Meinhard liegen 3000 Seemeilen, an deren Ende ihr neuer Arbeitsplatz in der Karibik wartet. Dort wollen sie mit ihrer 17-Meter-Yacht Charter fahren. Ihre seglerischen Erfahrungen sind allerdings gering – nur die Fahrt von Bremerhaven, quasi als Mitsegler, bis Gran Canaria liegt hinter ihnen. Um dieses Manko auszugleichen, haben sie Jörg Röttich als Navigator und dessen Freundin Andrea Kleefeld angeheuert. Und weil ihre Bordkasse durch einen Diebstahl geplündert wurde, haben sie die zwei zahlenden Gäste Oliver Otten und Charlie Geißler aufgenommen.

Röttich steht am Ruder. Er schaut den Eigner an und fragt: »Alles klar?«

Der hat einen Kloß im Hals, nickt nur.
»Beide Achterleinen los!«
»Achterleinen sind los!«
»Muringleine los!«
»Muringleine ist los!«
Die schöne Yawl *Apollonia* löst sich langsam vom Steg. Viele Zuschauer haben sich versammelt, wollen sehen, wie dieses besondere Exemplar in seiner vollen Länge aussieht, wie es im Wasser liegt, denn vom Steg aus erkennt man nur einen Teil der Schönheit. Yawls, mit dem zweiten, kleineren Mast hinter dem Steuerstand, gibt es kaum noch. Sie sind Relikte aus der Zeit, als Autos noch lang geschwungene Kotflügel besaßen.
»Fender rein!«
Genüsslich beobachtet Jörg Röttich vom Steuerstand aus, wie zehn Hände die verschiedenen Fender an beiden Seiten der Reling entknoten und ins Cockpit legen, wo sie unter der Sitzbank verschwinden. Er gibt jetzt ein bisschen mehr Gas, in einem leichten Bogen nimmt die Yacht Fahrt auf und wendet ihren Bug in Richtung Molenköpfe, in Richtung Westen.

Eigner Manfred Schön stellt sich hinter seinen Steuermann und lehnt sich an den Besanmast. Er genießt es, die vielen Segelfreunde am Steg und auf den anderen Yachten zu grüßen.

Einige winken, andere rufen: »Gute Fahrt!«

Ein Engländer schreit: »Ihr wisst ja, immer nach Süden und wenn die Butter schmilzt, dreht ab nach Westen!«

Petra stellt sich neben ihren Freund, in einer Hand eine Zigarette, legt ihren freien Arm um ihn und sagt: »Ich liebe dich. Jetzt beginnt unser neues Leben.«

»Ich muss dir gestehen, dass ich zu aufgeregt bin, um jetzt an die Zukunft zu denken. Meine Gedanken rasen nur so durch den Kopf. Ich bin froh, dass Jörg das Ablegemanöver fährt«, erwidert Manfred.

Er drückt ihr einen Kuss auf die Stirn, will noch mehr sagen, wird aber durch ein fetziges Signalhorn irritiert. Der Schall kommt von dem Steilhang als Echo zurück. Dann blasen auch andere Segler in ihr Nebelhorn und der ruhige Hafen verwandelt sich in einen Orchestergraben, in dem Dutzende von Hörnern beim Einstimmen wetteifern. Winken, Zurufe, Geschrei, geschwenkte T-Shirts, trompetende Männer, das Echo der Hörner: Der Hafen spielt verrückt. Nicht jeder, der die Marina verlässt, um über den nordatlantischen Ozean zu segeln, erhält derartige Ovationen. Es scheint, als ob es bei dieser besonders schönen Yacht auch besonders laut zugeht.

Auch an Bord der *Apollonia* winken zehn Arme, werden Abschiedsrufe laut. Nur Jörg Röttich hat beide Hände fest um das Ruder gelegt. Seine schwarzen Augen sind auf den Bug und das Wasser davor gerichtet. Er ist konzentriert und lässt sich nicht ablenken.

Den beiden Männern auf dem Vorschiff ruft er zu: »Stellt euch direkt vor den Mast, dann habe ich freie Sicht!«

Er gibt noch ein wenig mehr Gas, so als ob er schnell diese Abschiedsovationen hinter sich lassen will. Röttich weiß, dass beim Erreichen der Molenköpfe das Orchester seine Instrumente schweigen lässt und keine Zurufe die *Apollonia* mehr erreichen werden.

Während er die Molenköpfe passiert, die offene See vor sich, die Marina hinter sich, wendet er sich zu dem Eigner und seiner Freundin um: »Wenn wir diszipliniert segeln, sind wir in weniger als zwanzig Tagen in Barbados.« Jörg sieht mit seiner großen, starken Figur und dem Vollbart wie das Urbild eines Seemannes aus. Er sagt diesen einen Satz ruhig; aus seiner tiefen Stimme klingt Kompetenz, sodass jedes Wort seine Richtigkeit hat und es nichts zu rütteln gibt. Von jetzt an weiß jeder an Bord, dass sie in weniger als zwanzig Tagen in der Karibik sein werden.

»Dann wollen wir mal die Segel setzen, sonst schaffen wir es nicht.« Röttich dreht langsam den Bug des Schiffes in den Wind.

Petra Meinhard will vor dem ersten Segelmanöver ihre Sonnenbrille aus ihrer Kajüte holen. Sie hat noch nicht die erste Stufe des Niedergangs erreicht, als sie nach oben schreit: »Es brennt!«

Im Nu ist Eigner Schön neben ihr. Es stinkt nach verbrannter Farbe und verbranntem Gummi. Röttich schreit: »Der Feuerlöscher! Hast du den Feuerlöscher?«

Schön öffnet die Motorraumverkleidung an den beiden Hebelverschlüssen, er reißt die Verkleidung zur Seite und starrt in den dunklen Motorraum. Noch stärkerer Gestank kommt ihm entgegen. Neben ihm taucht Röttich auf, der dem Chartergast Otten das Ruder übergeben und den Motor schnell auf Leerlauf gestellt hat.

»Irgendetwas ist zu heiß geworden. Das ist kein Feuer.«

»Was können wir machen?«

Röttich antwortet nicht, schiebt seinen Oberkörper in den Motorraum, seine Hand tastet zum Seeventil, das den Motor mit Kühlwasser versorgt. Er hält den Atem an und bekommt den Hebel zu fassen. Der Griff steht quer zur Leitung. Er verstellt ihn um 90 Grad, parallel zur Wasserleitung, und zwängt sich wieder ins Freie. Schwer atmend richtet er sich auf und versucht durchzuschnaufen.

»Was ist?«, fragt die blonde Freundin des Eigners.

»Dein Mann hat vergessen, das Seeventil zu öffnen. Der Motor hat keine Wasserkühlung bekommen. Gleich ist die Sauerei vorbei.«

»Welch ein Glück, dass du das so schnell gefunden hast.«

Schön steht auch auf: »Nehmen wir diesen kleinen Zwischenfall als gutes Omen für die Reise.«

Er wartet, bis der letzte Gestank verflogen ist und schließt dann die Motorraumverkleidung.

»So, jetzt lassen wir uns nicht mehr vom Segeln ablenken. Setzt ihr die Segel?« Röttich hat wieder das Ruder übernommen.

Der Eigner fühlt sich angesprochen: »Oliver, Charlie! Wir ziehen die Segel hoch.«

»Aye, aye, Captain«, ruft Charlie Geißler.

»Macht zuerst die Bändsel vom Großsegel los. Ich schlage das Großfall an.«

Dann kurbelt Manfred Schön das Großsegel den achtzehn Meter langen Mast hoch.

»Bis du das Groß gesetzt hast, sind wir unter Motor längst in Barbados«, frotzelt Oliver Otten.

»Dir werde ich es zeigen. Los, jetzt kannst du die Genua hochziehen.«

Sie schlagen die Stagreiter an das Vorstag und mit der zweiten Winsch am Mast wird die große Genua, das Vorsegel, hochgekurbelt. Schweißglänzend kommen die drei Männer vom Vorschiff ins Cockpit zurück. Sie setzen anschließend noch das kleine Besansegel. Dann legt Jörg das Ruder um und lässt die *Apollonia* abfallen. Die Segel füllen sich. Manfred übernimmt die Feineinstellung, holt die Genuaschot dichter; als er auch noch die Großschot getrimmt hat, nimmt die Yawl weiter Fahrt auf.

Aber noch schiebt der Dieselmotor mit.

Kritisch blickt Steuermann Röttich zum Masttop und zu den Segeln, prüft, ob alle drei optimal stehen; danach schaut er zum Windanzeiger, dann gibt er den Befehl: »Motor aus!«

Der schönste Augenblick der Reise beginnt. Die Yacht ist von ihren Fesseln befreit und auch das nagelnde Hämmern des Dieselmotors ist verstummt. Ein neues Geräusch durchdringt langsam die Wahrnehmung der Crew: das Rauschen, Plätschern und Gurgeln des Wassers am Schiffsrumpf. Ein Geräusch, das sie die gesamte Reise begleiten wird. Die Yacht hat offenes Wasser erreicht, die enge, steinerne Marina liegt hinter ihnen. Vorbei die Gedanken an die wochenlange Arbeit am Schiff, die endlosen Vorbereitungen, Checklisten, Einkaufsfahrten. Die Freiheit auf dem Wasser, die die sechs Segler gesucht haben, erfühlen sie in dem Moment, als der Motor nicht mehr hämmert und qualmt, als ihr neues Zuhause nur mit den Kräften des Windes bewegt wird und zwar auf eine weiche, unvorstellbar angenehme Weise. Jetzt ist jedem der Sechs gewiss, dass mit diesem Übergang zu den neuen, sanften und natürlichen Geräuschen und Bewegungen die Traumreise begonnen hat.

Es ist Nachmittag. Immer noch keine Wolke am Himmel. Nur weit im Nordwesten ist ein weißer Tupfer am Himmel zu sehen. Jörg hat das Ruder an seine Freundin Andrea Kleefeld übergeben.

»Schau mal, dahinten unter der kleinen Wolke liegt der Pico de Teide auf Teneriffa. Das ist das letzte Anzeichen von Land für die nächsten drei Wochen.«

»Du meinst zwanzig Tage.«

»Richtig.« Otten nimmt eine der Schoten und setzt einen Achtknoten an das Ende der Schot, sodass diese nicht mehr durch einen Umlenkblock ausrauschen kann.

»Du kannst nicht einmal eine Minute still sitzen, ohne etwas zu tun.«

»Richtig.« Er nimmt die Schot der Steuerbordseite und setzt auch hier den Knoten.

»237 Grad ist der Kurs. Du musst dich ganz auf den Kompass konzentrieren. Du übernimmst gleich jetzt das Ruder, damit du dich schnell daran gewöhnst. Also: stur 237 Grad.«

Röttich nimmt sich die Kombizange vor und sprüht sie mit Caramba ein, um sie wieder gangbar zu machen.

»Du fährst ja dein Autogramm ins Kielwasser!«, ruft von achtern Manfred Schön der neuen Steuerfrau zu. Der Eigner hat es sich mit seiner Freundin Petra hinter dem Besanmast bequem gemacht. Beide blicken zurück auf das sich langsam entfernende Land.

»Endlich, endlich sind wir frei.« Petra nimmt einen Zug aus ihrer Zigarette und kuschelt sich an Manfred. »Nach dem Einbruch dachte ich, wir kommen nie mehr weg. Jetzt bin ich glücklich. Wir brechen zu einem neuen Leben auf. Es ist meine Bestimmung, mit dir in der Karibik zu leben.«

»Ich hätte beinahe aufgegeben. Erst die Trennung von der alten Crew. Dann das Geld und die Papiere weg. Wenn wir Jörg nicht begegnet wären, dann hätten wir in Pasito Blanco überwintern müssen. Alles hätte sich um ein Jahr hinausgezogen, unsere Finanzen wären wahrscheinlich gekippt. Wer weiß, wie alles gekommen wäre.«

Petra nimmt seine Hand, drückt sie fester und sagt: »Du hast Ideen, aber Jörg hat zwei goldene Hände. Was der anpackt, klappt. Der hat Ahnung vom Motor, von der Elektrik und selbst beim Kalfatern war er Spitze. Er hat uns viel Geld gespart. Siehst du, erst klaut man dir dein Geld und dann schickt dir das Schicksal einen Helfer an Bord, der all die Arbeiten kostenlos macht.«

»Du hast Recht, den hat uns der Himmel spendiert.«

Langsam entfernen sie sich vom Land. Der Wind hat zugelegt und die *Apollonia* segelt mit gut acht Knoten in ihre erste Abenddämmerung. Auf dem Vorschiff sitzen die Freunde Oliver Otten und Charlie Geißler. Beide in Badeshorts, beide tragen eine Sonnenbrille, liegen auf dem Rücken, sind barfüßig, haben Kopfhörer auf und hören Musik aus ihren Walkmen.

Otten nimmt seine Kopfhörer ab, klatscht seinem Nachbarn auf den Bauch, dreht sich zu dem Erstaunten um und grinst ihn an: »So könnte es die nächsten dreißig Jahre weitergehen!«

»Nicht schlecht, Alter! Das mit der Anzeige in der YACHT war deine beste Idee seit langem. Sonst würden wir noch auf dem Bodensee dümpeln.« Auch sein Freund Charlie Geißler hat seine Kopfhörer abgenommen. »Ich war gerade fantasiemäßig mit Bob Marley auf Jamaika.

Und jetzt wache ich mit dir auf dem Atlantik auf. Das Einzige, was mir noch fehlt, ist ein gut gefüllter Bikini.«

»Die paar Tage wirst du noch aushalten. Ich sag dir, drüben hast du die große Auswahl. So einen Lockenkopf wie deinen haben nicht einmal die Rastas. Du wirst denen wie Jesus Christ Superstar erscheinen.«

»Du warst doch schon drüben. Hast du damals 'ne Schwarze gevögelt?«

»Charlie, Oliver, kommt doch mal nach achtern!« Röttich, der vom Cockpit ihr Gespräch nicht hören konnte, ruft alle zu sich ins Cockpit.

»Meinst du nicht auch, Manfred, dass wir jetzt über die Wachen und die Backschaft reden sollten? Bald wird es dunkel. Also, wer macht das Essen? Ich schlage vor, das wird der Job für die beiden Frauen. Und was die Wache angeht, sollten wir bei den drei Parteien bleiben. Jede Partei geht vier Stunden Wache; das haben wir auf der *Pelikan* auch so gemacht. Ich und Andrea übernehmen von 20 bis 24 Uhr. Die anderen acht Stunden müsst ihr dann aufteilen.«

»Dann habt ihr das Sahnestück. Gut Charlie, hier ist eine Münze. Wappen ist die Wache von 24 bis 4 Uhr, Zahl von 4 bis 8 Uhr, einverstanden?«

Die Frage ist rhetorisch und Manfred Schön bleibt keine andere Wahl als diese zwei Alternativen. Er hat die Zahl und gibt sich mit der letzten Wache für sich und seine Freundin Petra zufrieden.

»Was haltet ihr von einem Sundowner?« Schön will die Initiative wieder übernehmen.

»Na, darauf warten wir doch schon den ganzen Tag. Was darf ich holen?« Charlie Geißler ist schon im Niedergang. »Ab heute bin ich euer Barkeeper. Ihr könnt wählen zwischen Sherry, Matheus Rosé und Cerveza Miguel.«

Mit der Bierflasche in der Hand, den Blick zur untergehenden Sonne, erzählt Otten: »Als ich in der Karibik war, haben wir jeden Abend bei gutem Wetter den *green flash* gesucht. Er entsteht in dem Moment, wenn die Sonne mit ihrem letzten, oberen Teil am wolkenlosen Horizont versinkt. Genau dann gibt es einen grünen Blitz. Da flippst du aus. Oben auf der Höhe von Charlotte Heights auf Antigua fangen dann alle Yachties an zu jodeln. Dabei haben die meisten den grünen Blitz nur durch ihre grüne Heineken-Flasche gesehen.« Er lacht. »Übrigens, meine Freunde nennen mich Verdi. Ihr könnt mich auch so nennen.«

Jeder trinkt langsam seinen Sundowner und hängt den eigenen Gedanken nach, während die Sonne schnell im Meer versinkt. Die Zeit der Dämmerung ist kurz. Der erste gemeinsame Tag an Bord geht zu Ende. Also bereiten die Frauen das Abendessen zu. Röttich hat die Navigationslichter eingeschaltet. Nach dem Essen können die vier von der Freiwache noch nicht schlafen. Erst am späten Abend macht sich Müdigkeit breit und nacheinander begeben sich Schön, Meinhard, Otten und Geißler in ihre Kojen. Der Navigator und seine Freundin übernehmen die erste Nachtwache einer zweiundzwanzig Tage langen Atlantiküberquerung.

Jeder an Bord hängt jetzt seinen persönlichen Träumen für diese Reise nach und selten waren Erwartungen so unterschiedlich.

Erster Tag

Charlie Geißler steigt den Niedergang hoch, springt behände über die Backskisten des Cockpits Richtung Achterschiff, gleicht dabei mit seinem Körper geschickt die Bewegungen des Schiffes aus, klopft der rauchenden Petra am Ruder freundschaftlich auf die Schulter, tänzelt einen Schritt hinter sie, greift zur kopfhoch am Besanmast aufgehängten Schiffsglocke, schwingt drei-, viermal den Schlegel und ruft aus voller Kehle: »Frühstück ist fertig!«

Er hat die Gläser, Teller, Schalen, Körbe, Tassen, die Kanne auf den Klapptisch im Cockpit gestellt. Und als alle bis auf die Rudergängerin Platz genommen haben, schenkt er den Kaffee ein.

»Die Schlacht am lauwarmen Büfett kann beginnen. Ihr wisst ja, dass man in den Tropen schnell essen muss, bevor das Essen warm wird.« Er lacht über seinen eigenen Witz. »Ich habe meine Brötchen in der Gastronomie verdient und solange ich noch gute Laune habe, verpflichte ich mich, jeden Tag das Frühstück zu machen. Es sei denn, jemand hat einen besseren Vorschlag.«

»Typisch, wie sich dieser Kerl überall beliebt zu machen versucht. Erst umgarnt er die Männer, dann macht er sich an die Frauen ran. Ich sag euch, passt auf ihn auf.« Sein Kumpel grinst.

»Wir gehen auch tagsüber Wachen. Im gleichen Rhythmus wie nachts. Wenn Segelmanöver notwendig sind, müssen jedoch alle ran.« Röttich fühlt, dass nicht jeder seinen abrupt geäußerten Vorschlag mitbekommen hat und fügt noch ein »Klar?« hinzu.

»Nun genießt doch erst mal alle mein Frühstück, bevor du Befehle gibst«, raunzt Charlie ihn an.

Manfred Schön fühlt, dass er heute mehr Kompetenz ausstrahlen sollte als am Tag der Abfahrt: »Charlie, das mit dem Frühstück finde ich gut. Auch das mit den Wachen geht in Ordnung. Die Frauen werden sich dann abwechselnd um das Essen kümmern. So haben wir aus jeder Wache einen, der kocht. Der Zweite im Team kann den Abwasch machen. Am Ende der Reise wählen wir den besten Koch, der bekommt von mir ein karibisches Kochbuch. Einverstanden?«

»Ich sag's euch gleich, dass ich die Verliererin sein werde. Küchenmäßig bin ich eine Niete. Manfred liebt mich trotzdem«, meldet sich Petra.

»Ich dachte, Liebe geht durch den Magen. Wie kommt ihr dann mit einander zurecht?«, versucht sie der Student vom Bodensee zu provozieren.

»Verdi, dann weißt du nicht, wo der Magen liegt!«, kommt prompt ihre Antwort retour.

Auch Jörg Röttich lacht. Dann wird er sachlich: »Manfred, du solltest dich mal mit dem Motor befassen. Immerhin hat es der Starter bei der Abfahrt nicht gebracht. Wir können den Motor doch nicht immer mit einem Kurzschluss am Zündschloss anlassen.«

»Ich habe da keine Ahnung von. Das muss ich auf Barbados machen lassen. Eventuell brauchen wir einen neuen Starter.«

»Ich schau mir das Ding mal an. Bin ja schließlich gelernter Elektriker«, verspricht Jörg.

Dieser Tag auf der *Apollonia* beginnt wie der erste: mit guter Laune und großen Erwartungen bei allen. Keiner ist seekrank, was sich spätestens jetzt gezeigt hätte. Die besonders weichen Bewegungen der *Apollonia* wirken sich offensichtlich im atlantischen Seegang günstig aus. Ihre Rumpflinien stammen von dem bekannten amerikanischen Konstrukteur William H. Tripp. Und von ähnlichem Renommee ist die Bootswerft Joh. De Dood & Sohn in Bremen, wo die Yawl gebaut wurde.

Sie war 1967 fertig gestellt und auf den Namen *Wappen von Bremen* getauft worden. Auftraggeber war die Segelkameradschaft Wappen von Bremen, abgekürzt SKWB, eine Vereinigung von Seglern, die sich eben nicht als Verein versteht, sondern als Kameradschaft. In den Satzungen steht ausdrücklich, dass man sich zum Ziel gesetzt hat, die Mitglieder nicht nur zu guten und harten Seeseglern, sondern vor allem auch zu verantwortungsbewussten, lebenstüchtigen Menschen zu formen: »Nicht auf die Zahl unserer Aktiven kommt es an, sondern auf das, was sie leisten, auf See wie im Leben.« Diese Forderungen bezogen sich ausschließlich auf Männer, denn bis vor wenigen Jahren wurden in die Segelkameradschaft keine Frauen aufgenommen. »Sitzpisser«, wie man das weibliche Geschlecht zu vorgerückter Stunde zu titulieren pflegte, wollte man nicht.

Als der Auftrag erteilt wurde, hatten die verantwortungsbewussten und lebenstüchtigen Männer aus der Hansestadt eine exakte Vorstellung von ihrem Schiff. Es sollte ein Seeschiff mit zwölf Kojen sein. Zwölf Kojen deshalb, damit sechs gestandene Seeleute dieses Schiff anständig segeln können und somit Platz für weitere sechs Jungs blieb, denen die Seebeine erst noch wachsen sollten.

Auf Langfahrten durfte das Schiff aufgrund seiner Konstruktion nicht zu schwierig zu handhaben sein, trotzdem musste es in der Lage sein, sich unter allen Bedingungen von einer Leeküste frei zu kreuzen. Ganz wichtig: Wegen der Regatten sollte es schnell sein. Baumaterialien und Konstruktion des Rumpfes sollten so gewählt werden, dass das Schiff auch bei nicht immer sachgemäßer Behandlung nicht in kurzer Zeit zu Kleinholz gebolzt würde. Wie die Bremer mit Selbstironie damals kommentierten, schwebte ihnen ein schwarzer Schimmel vor.

Verarbeitet ist die *Wappen von Bremen*, als ob sie Arbeiten wie ein Ackergaul vollbringen solle. Doppelte Planken aus Mahagoni wurden über Eichenspanten montiert, die wiederum durch eine Bronze- und Edelstahlkonstruktion verstärkt wurden. Das Deck besteht aus zwei Schichten Bootsbausperrholz, auf die das Teakstabdeck geleimt und genagelt ist. Für das 18 Tonnen schwere Schiff wurde zunächst ein 45-PS-Perkins-Diesel ausgewählt. Nach vielen Jahren wurde dieser aber gegen einen neuen Mercedes OM 636, mit 42 PS, getauscht.

Die *Wappen* ist also nicht irgendeine gebrauchte Yacht, die Manfred Schön angeboten bekommt, sondern sie ist eine reife Dame aus gutem Haus, mit bester Reputation, allerdings in die Jahre gekommen. Und ein so stabiles und schnelles Schiff zu besitzen ist genau nach Manfred Schöns Vorstellungen. Er lässt ein Gutachten der Sachverständigen Kap. J. Boeck + Partner erstellen und hält am 8.7.1980 das Ergebnis in Händen: Die Yacht ist nach Ansicht der Sachverständigen aufgrund ihrer stabilen Bauart für längere Hochseefahrten ausgerüstet und sehr geeignet. Außer der dem Alter entsprechenden Abnutzung konnten keine wesentlichen Schäden festgestellt werden. Vergleichbar stabile Schiffe werden auf dem Gebrauchtbootmarkt nicht sehr oft angeboten.

Was nicht in diesem Gutachten steht: Als *Wappen von Bremen* hatte die Dame fast 125 000 Seemeilen (232 000 Kilometer) unter dem Kiel und siebzehn Mal den Atlantik überquert. Im Sommer 1976 hatte sie als erste Yacht Spitzbergen bei über 81° 11' Nord umrundet. Sie wurde wegen der hohen Unterhaltskosten verkauft. Im Gutachten fehlte natürlich auch der Satz, den jeder Segler an der Weser im Laufe der Jahre irgendwann gehört hatte: »Wer auf der Wappen segelt, soll eine Bauplane mitnehmen.« Innen konnte es nämlich ziemlich nass werden.

Am 30.7.1981 hatte Schön in Bremen den Kaufvertrag unterschrieben und die Schönheit für 175 500 DM erworben. Er ließ sie im Seeschiffsregister des Amtsgerichts Bremen (Band 35 / Blatt 3996) auf den Namen *Apollonia* eintragen. Wahrscheinlich wusste er nicht, was jeder Segler weiß: Ein Schiff umzutaufen bringt Unglück.

Während Schön weitere 80 000 DM in Reparaturen, Umbau, Ausrüstung und Wartung investierte, dichtete er einen Werbetext für seinen Farbprospekt, um Chartergäste für Karibiktörns zu gewinnen – dabei gelang ihm durchaus eine Idealisierung seiner eigenen traumhaften Vorstellungen:

»Die Auslegung des Törns richtet sich im Wesentlichen nach den Wünschen und Interessen der Gäste. So steht es den Gästen frei, entweder in längeren sportlich gesegelten Etappen weite Gebiete der Kleinen Antillen zu durchfahren oder in kurzen, bequemen Schlägen kleine und kleinste Antilleninseln kennen zu lernen.

Nachts wird gewöhnlich nicht gesegelt, sondern in einer der zahlreichen idyllischen Buchten geankert. Hier besteht die Möglichkeit, sich mit den an Bord befindlichen Sportgeräten wie Tauchgerät, Windsurfer oder Wasserski zu beschäftigen oder einfach an Deck liegend zu faulenzen. Abends kann man an einem der beliebten Jump-ups an Land teilnehmen, in einer einsamen Bucht ein Barbecue veranstalten oder an Bord in Ruhe den Tag ausklingen lassen. Die Crew sorgt rund um die Uhr für das leibliche Wohl der Gäste und kann auch bei der sportlichen Betätigung mit Rat und Tat behilflich sein.

Die Inselwelt der Karibischen See zählt zweifellos zu den interessantesten Gebieten unserer Erde. Diese Welt von einem Boot aus zu entdecken, bleibt ein unvergessliches Erlebnis. Hier schmückt sich die Natur mit einem Überfluss an Pflanzen, Farben und Formen. Hier leben Menschen aller Arten und Rassen. Hier haben sich ihre Kulturen zusammengefunden. Hier findet man ungezählte landschaftliche Schönheiten. Berge, Wälder, Strände und überall ist das tiefblaue Wasser der Karibischen See gegenwärtig.

Der Törn steht jedem offen: Ob Jung oder Alt, ob erfahren oder unerfahren, nie werden Sie das Gefühl haben, Ihre Zeit zu vergeuden oder sich zu langweilen. An Bord gibt es immer etwas zu tun. Sie werden Ihre Ferien genießen. Noch jeden, der diese ›Inseln der Sonne‹ erlebte, haben sie bezaubert, von den ersten weißen Entdeckern unter Kolumbus bis zu den Besuchern unserer Zeit, denen das Flugzeug die Welt erschließt.«

Als Absender wählte der Speditionskaufmann vom Niederrhein nicht seine Heimatadresse, sondern die berühmte Bar *Frangipani*, Treffpunkt der Fahrtensegler aus aller Welt, auf der kleinen ehemaligen Walfängerinsel Bequia, deren Besitzer Mitchell gleichzeitig Präsident des Inselstaates St. Vincent and the Grenadines ist.

Manfred Schön und seine Freundin haben alle Leinen zur Heimat gekappt. Jetzt segeln sie mit ihren vier Gästen ihren gedruckten Traumvorstellungen entgegen.

Der damals 34-jährige Manfred Schön hatte eine gesicherte bürgerliche Existenz aufgegeben. Er war Speditionskaufmann von Beruf. Sieben Jahre lang hatte er in seiner Firma die Position eines Akquisiteurs inne; kurz vor seinem Ausscheiden aus der Firma erhielt er Handlungsvollmacht. Er arbeitete weitgehend selbstständig. Sein hauptsächliches Arbeitsgebiet war die Kundenbetreuung.

Manfred Schön hatte im Jahr 1969 geheiratet, nach sieben Jahren trennten sich die Eheleute, ohne jedoch die Scheidung zu betreiben. Sie verstanden sich auch nach der Scheidung gut.

Schön war nach den Bekundungen von Christine Schön, seiner Ehefrau, ein lebenslustiger Mensch, der die Meinung anderer akzeptierte und Kritik an seiner Person gut vertragen konnte. Er konnte auf andere Menschen zugehen, war sehr umgänglich und neigte nicht zu Rechthaberei oder Besserwisserei.

Auch nach ihrer Trennung verlebten die Eheleute Schön gemeinsame Ferien, zumeist in Gesellschaft seiner Freundin und ihres Freundes. Diese Ferien verbrachten sie meist in der Karibik. Schön gefiel besonders die Mentalität der dort lebenden Menschen; er hatte den Eindruck, sie seien, im Gegensatz zu den Europäern, in ihrem Leben weniger eingeengt. Für Schön wurde ein Leben auf einem eigenen Segelboot in der Karibik zunehmend zu einem solchen Wunschtraum, dass er plante, ein Schiff zu erwerben und in der Karibik ins Chartergeschäft einzusteigen.

Als ersten Schritt zur Verwirklichung seiner Idee erwarb er bei der Segellehrerin Lövenich in Krefeld den A-Schein, den Grundausbildungsschein für Segelboote auf Binnengewässern. Gleichzeitig machte er sich auf die Suche nach einem geeigneten Schiff. Nachdem ihm Anfang 1981 die Hochseeyacht *Wappen von Bremen* angeboten worden war, verkaufte er mit Zustimmung seiner Ehefrau ihre gemeinsame Eigentumswohnung. Anfang Februar 1981 erwarb er die *Wappen von Bremen*. Er begann einen neuen Segelkurs bei der Segellehrerin Lövenich, um einen BR-Schein zu erwerben. Diesen Segelkurs beendete er jedoch nicht, sondern brach ihn ohne Abschlussprüfung ab. In der Zwischenzeit bemühte er sich, eine gute Crew zusammenzustellen. Er schloss mit seinem Freund Michael Eissing, einem erfahrenen Segler, einen Vertrag ab, wonach Eissing seinen Beruf aufgeben und als Skipper auf der *Apollonia* mit Schön in die

Karibik segeln sollte. Dort wollten beide gemeinsam das Chartergeschäft aufziehen, den Gewinn teilen und beide davon leben. Schön sollte sein Schiff als Kapital, Eissing seine Arbeit als Skipper in das geplante Vorhaben einbringen. Schön fragte auch die Segellehrerin Lövenich, ob sie von Deutschland in die Karibik mitsegeln wolle. Diese entschloss sich dazu, nachdem sie das Schiff gesehen hatte und von der Ernsthaftigkeit des Vorhabens von Schön überzeugt war. In den Segelkursen hatte Schön die Herren Walther, Wickelrath und Jan te Bur kennen gelernt. Auch ihnen bot er an, bis in die Karibik mitzusegeln, worauf alle drei eingingen.

Seine 24-jährige Freundin, die Kosmetikerin Petra Meinhard, wollte Schön nicht nur auf der Überführungsfahrt mitnehmen, sondern sie sollte – wie Michael Eissing – in der Karibik an Bord bleiben. Ihre Aufgabe sollte die Verpflegung der Passagiere sein.

Im Mai 1981 gaben Schön, Meinhard und Eissing ihre Berufstätigkeit auf, lebten von nun an auf der *Apollonia* und rüsteten diese für das Chartergeschäft um. Sie ließen das Schiff auf der Werft überholen und arbeiteten zum Teil selbst mit an den nötigen Innenausbauten. Am 24.8.1981 lief Schön mit der *Apollonia* und der oben genannten Crew von Bremerhaven aus. Sie segelten in zirka sieben Wochen über Dover, Cherbourg, La Coruña, Vigo, Madeira nach Gran Canaria.

Dort sollten die letzten Arbeiten auf dem Schiff erledigt werden. Die Stimmung an Bord war gut. Frau Lövenich fiel allerdings auf, dass Schön seine Interessen als Eigner nicht in vollem Umfang wahrnahm. Er fragte sogar um Erlaubnis, ob er mit seinem eigenen Sextanten die Sonne schießen dürfe. Ihm fehlte das Durchsetzungsvermögen und er wollte Streit und Unstimmigkeiten vermeiden, selbst als die Crew etwas achtlos mit der Ausrüstung umging.

Die *Apollonia* war gut zu segeln, aber auf der Fahrt

ging vieles entzwei, was zur Technik gehörte. Zum Beispiel die Lichtmaschine, der Anlasser für den Hauptmotor, eine Lenzpumpe. Durch diese anfallenden Reparaturen an der Technik, zum Teil aber auch durch die Urlaubsstimmung, aus der heraus die Crew nicht zügig arbeitete, verzögerten sich die für den Charterbetrieb notwendigen Innenausbauten. Schön war darüber verstimmt, äußerte sich aber auf der Überfahrt dazu lediglich so weit, als er Michael Eissing mehrfach vorwarf, er repariere zu nachlässig.

Eine Woche nach der Ankunft in Gran Canaria drang wieder Wasser ins Schiff ein und die Ausbesserungsarbeiten waren wieder nicht vorangegangen. Daraufhin eröffnete Schön am 20.10.1981 beim Frühstück dem überraschten Eissing sehr ruhig, er ginge achtlos mit dem Schiff um, er repariere nicht die anfallenden Defekte, er sei zu faul. Mit ihm könne er deshalb die Reise nicht fortsetzen, er kündige daher den Vertrag. Die übrigen Crewmitglieder waren wie Eissing überrascht, versuchten zwischen Schön und Eissing zu vermitteln, was aber scheiterte, da beide nach dem Eindruck von Frau Lövenich zu große Dickköpfe waren. Nachdem feststand, dass der Skipper Eissing von Bord gehen würde, schloss sich die gesamte Mannschaft an. Schön wusste, dass er allein mit seiner Freundin Petra Meinhard den Atlantik nicht überqueren konnte. Deshalb plante er, zunächst auf Gran Canaria zu überwintern, um dort alle Arbeiten am Schiff fertig zu stellen.

Seine Frau beschreibt ihren Mann als einen gutgläubigen, ehrlichen und großzügigen Menschen. Als Kind habe er unter Asthma gelitten und sei in seiner Jugend stets verwöhnt worden. Er habe eine Diskussion immer einem rauen rechthaberischen Ton vorgezogen. Eher sei er unkritisch, kein sehr guter Menschenkenner. Er sei immer sehr gepflegt aufgetreten, was man daran erkennen könne, dass er z.B. handgenähte Handschuhe anzog.

Ihr Fazit: Manfred und seine Freundin seien einfach zu gutgläubig. Der unerfahrene Eigner, dessen Qualifikation laut seiner Segellehrerin »allenfalls fürs Segeln in Küstengewässern ausreicht, nicht für eine Atlantiküberquerung«, wusste nicht, dass die Auswahl der Mannschaft, die Führungsqualitäten des Skippers und das Verantwortungsbewusstsein während eines Seetörns genau so wichtig sind wie das Schiff selber.

Zweiter Tag

Hättest du in Pasito Blanco nicht Plus mit Minus bei der Reparatur am Autopilot verwechselt, könnten wir jetzt unter Autopilot fahren. So sind wir gezwungen, Tag und Nacht Sklaven am Ruder zu sein«, begrüßt Röttich am Morgen den Eigner.

»Ist vielleicht gar nicht schlecht. So kann jeder das Rudergehen üben. Deiner Andrea tut das bestimmt besonders gut.«

»Die Bemerkung hättest du dir sparen können.« Schön will das Thema wechseln: »Hast du schon den neuen Standort in die Seekarte eingetragen?«

»Nein, ich warte auf den ersten Sonnenschuss. Frag mich in zwei Stunden noch mal.«

Röttich hat sich die Druckwasserpumpe vorgenommen, um sie auseinander zu nehmen. Sie ist bereits mehrfach ausgefallen. Er breitet ein altes Tuch auf der Sitzbank im Cockpit aus und fängt an, die demontierten Teile sorgfältig nebeneinander zu legen.

»Kann ich dir helfen?« Es ist Schöns Schiff, seine Pumpe, er fühlt sich zu dieser Bemerkung verpflichtet.

»Wenn du nicht zwei linke Hände hättest, dann hätte ich dich schon gefragt.«

»Nett, wie du den Tag beginnst. Dann eben nicht.«

Schön nimmt sein Buch und geht aufs Vorschiff. Hier liegt seine Freundin. Sie hat das Top ihres Bikinis abgenommen und cremt ihren Körper genüsslich mit Sonnenöl ein.

»Kannst du mir die Zigarette aus dem Mund nehmen, ich habe zwei fettige Hände?«, nuschelt sie. Als sie den Mund frei hat, fügt sie hinzu: »Röttich hat wohl seine Tage. Seit wir auf See sind, befiehlt der ständig.«

»Wird sich schon legen.« Schön lehnt sich gegen den Mast, sucht nach dem Eselsohr in seinem Buch *Der verschenkte Sieg* von Bernard Moitessier und beginnt zu lesen.

Unter Deck kramt Oliver Otten, seit zwei Monaten Diplombetriebswirt, in seinem Schapp nach ein paar Kassetten mit Musik aus der Karibik, setzt seine Sonnenbrille auf und begibt sich zum Achterschiff hinter das kleine Cockpit des Rudergängers. »Du fährst ja einen zielgenauen Barbados-Kurs. Noch siebzehneinhalb Tage, drei Stunden und vierzig Minuten und wir sind da«, bemerkt er im Vorbeigehen zu Andrea Kleefeld und setzt sich bequem neben den Besanmast. Er hat diese Stelle schnell als seinen Lieblingsplatz entdeckt. Er drückt auf Play, hört Reggae von Peter Tosh und beobachtet den Verlauf der Heckwellen.

Sein Freund Charlie Geißler hat sich nach dem Frühstück in die obere Koje gelegt. Im Schiff gibt es drei geschlossene Kajüten mit je zwei übereinander liegenden Kojen. Zwei an Backbord, eine an Steuerbord, hier schlafen die beiden jungen Männer vom Bodensee. Auf der anderen Gangseite, in der Kajüte neben dem Salon, schläft das Eignerpaar, in der davor der Navigator und seine Freundin. Schön hat die vierte Kajüte, an Steuerbord, ausbauen und eine zweite Toilette einbauen lassen und für seine Chartergäste Schrankplatz geschaffen. Die Eignerkajüte ist nahe am Schiffsmittelpunkt, hier sind die Schiffsbewegungen ruhiger.

Steigt man den Niedergang hinunter, dann liegt der Navigationstisch links auf der Backbordseite. Gegenüber auf der Steuerbordseite gibt es einen Schrank für nasses Ölzeug für zwölf Personen; eine kleine Bar trennt die davor liegende Küche ab, zu der Seeleute Pantry sagen. Und hinter der Pantry ist die Dusche mit dem WC. Gegenüber der Pantry erstreckt sich U-förmig das große Sitzsofa mit dem ausklappbaren Tisch, an dem acht Personen bequem Platz haben. Darüber sind auf der Backbordseite viele Schapps als Stauraum sowie Bücherregale. An der Schottwand zur davor liegenden Eignerkajüte hat Schön ein zweitklassiges Ölgemälde anbringen lassen, das er auf dem bekannten Antiquitätenmarkt an der Portobello Road in London gekauft hat. Es zeigt eine Brigantine in einer tropischen Bucht vor Anker liegend. Im Vordergrund sieht man Seeleute und polynesische Frauen.

Dieser Teil des Schiffes wird allgemein Salon genannt. Vom Salon aus gelangt man durch den Mittelgang an den zwei Kajüten an Backbord und der dritten Kajüte an Steuerbord vorbei in den Bugraum. Hier können vier weitere Rohrkojen, zwei auf jeder Seite, heruntergeklappt werden. Früher, auf der *Wappen von Bremen*, schlief hier der Segelnachwuchs. Auf der *Apollonia* dient dieser Raum als Segellast. Auffallend bei der Einteilung, dem Layout des Schiffes ist, dass der Navigationstisch und die Eignerkajüte nicht auf der Steuerbordseite liegen. Dies ist in alter Tradition die »vornehme« Seite auf Schiffen – die Kapitänsseite. Aber die ansonsten traditionsbewusste Segelkameradschaft Wappen von Bremen hat hierauf keine Rücksicht genommen.

Die *Apollonia* hat zwei Cockpits: das kleinere, achterliche, nur für den Rudergänger, mit dem starken, im neuen Lack glänzenden Holzruder, davor die Kompasssäule, und das vordere Cockpit mit zwei großen Sitzbänken auf jeder Seite, die hochzuklappen sind, unter denen geräumige Stauräume, so genannte Backskisten, liegen. Auf dem Süll hatte Schön die vier alten Bronzewinschen gegen moderne, selbstholende Winschen ausgetauscht. Hinter dem Rudercockpit steht der Besanmast, der die Yacht zur Yawl macht. Stünde der kleinere, achterliche

Mast vor dem Ruder, wäre es eine Ketsch. Dieser kleine Unterschied macht aus der *Apollonia* ein besonders ästhetisches Schiff. Zwischen dem flachen Deckshaus und dem Hauptmast sind die Ausrüstungsteile untergebracht, die schnell zur Hand sein müssen: ein extra schwerer Stockanker, das Beiboot, zwei Rettungsinseln und zwei fest mit dem Deck verschraubte Segelkisten, in denen auch Tauwerk und Schäkel aufgehoben werden. Rechts und links von dem Aluminiummast sind zwei hüfthohe Schutzbügel angebracht, die bei Segelmanövern wichtigen Halt bieten. Vorne auf dem Vorschiff gibt es eine große Luke, durch die die Segel direkt aus der Segellast gereicht werden können. Diese Luke wird auf dieser Reise noch eine wichtige Rolle spielen.

Der Wind hat in der Nacht ein wenig nachgelassen. An Deck ist es heißer als am Vortag. Schön kann sich nicht auf sein Buch konzentrieren.

»Was hältst du von einem Bad im Meer?«

Halb dösend, von der Sonne erhitzt, antwortet seine Freundin: »Verlockend!« Und nach einer kurzen Besinnungspause schnellt ihr nackter Oberkörper hoch: »Du meinst im Meer? Hier? Mitten im Ozean?«

»Klar, das Schiff macht nur noch drei bis vier Knoten. Wir lassen einen Tampen raus, an dem wir uns festhalten. Ganz einfach.«

»Ich glaube, du spinnst. Ohne mich.«

»Komm, ich zeig's dir.« Er steht auf, legt sein Buch in ein Schwalbennest im Cockpit, holt einen langen Festmacher aus einer der Segelkisten und belegt ein Ende an der achterlichen Klampe. Dann lässt er den zwanzig Meter langen Festmacher ins Meer rauschen.

Petra hat währenddessen ihr Bikinioberteil wieder umgebunden und beobachtet ihren Freund vom Cockpit aus.

»Kannst du die Badeleiter über Bord werfen?«, ruft er ihr zu.

Röttich schaut von seiner Arbeit auf und beobachtet die beiden. Geißler ist von dem Getrampel an Deck wach geworden und erscheint am Niedergang.

Otten legt die Kopfhörer ab und fragt den neben ihm hantierenden Schön: »Willst du Haie füttern?«

»Komm mit! Wir nehmen ein Bad.«

»Ich käme nicht mal ins Wasser, um dich zu retten.«

Schön steigt die paar Stufen der Strickleiter runter. Die Beine im Wasser ruft er: »Verdi, Charlie, Jörg, kommt! Wir versuchen gemeinsam das Schiff festzuhalten.«

Mit einem Satz ist er im Wasser, taucht kaum unter und ist mit wenigen Schwimmzügen am Tampen. Er umklammert ihn mit beiden Händen und im Nu wird sein Körper ins Kielwasser gezogen. Mit drei bis vier Knoten Geschwindigkeit wird Schön durch die See gezerrt. Die Kraft des Wassers drückt ihn nach unten, nur mit Mühe hält er seinen Kopf hoch.

»Wie ein tropischer Wasserfall.«

»Schatz, ich komme auch.«

»Du hast ja noch deine Zigarette im Mund«, mahnt Röttich.

Die Zigarette fliegt ins Meer. Und mit wenigen Schritten ist die Blondine auf der Badeleiter. Sportlich springt sie ins Meer und ist mit schnellen Kraulbewegungen am Tampen.

»Du musst dich mit beiden Händen fest halten, sonst reißt es dich los.«

»Herrlich, das mach ich jetzt jeden Tag«, ruft sie, ihren Kopf möglichst hochreckend.

»Kommt, Männer!«, brüllt Schön. »Jörg, du Feigling, was ist?«

Otten und Geißler blicken Jörg Röttich an.

»Einer muss sich schließlich um das Schiff kümmern. Von wegen Feigling!«, verteidigt sich Röttich.

»Also, was ist mit den Herren vom Bodensee?« Schön gibt noch nicht auf.

Die beiden scheinen sich blind zu verstehen. Sie gehen auf das Vorschiff. Zuerst springt Geißler mit angezogenen Beinen, Bombe genannt, ins Meer, kaum ist er aus dem Wasser, macht Otten einen eleganten Kopfsprung aus dem Stand über die Reling. Auch er taucht schnell wieder auf und beide sind mit wenigen Schwimmzügen am Achterschiff und versuchen den Tampen zu greifen.

»Voll Spaß!«, schnaubt Geißler, als alle vier an der Leine hängen.

»Komm! Wir springen auch vom Vorschiff«, ruft Schön seiner Freundin zu.

Und so beginnt ein Badespaß, der für die Beteiligten zu einem der Höhepunkte dieser Atlantiküberquerung werden soll.

Irgendwann, als alle Badenden leichte Erschöpfung zeigen, ruft Schön: »Jörg, übernimm mal das Ruder und geh in den Wind.«

Röttich löst seine Freundin ab und legt das Ruder um, der Bug des Schiffes zeigt in Richtung Wind. Die Yacht bäumt sich jetzt gegen die gegenan laufenden Wellen. Aus der Pantry hört man Geklapper von Geschirr. Von der Sitzbank fallen einzelne Teile der Pumpe, die Röttich gerade zusammensetzen will. Seinen Ärger bekommen die anderen gleich zu spüren. Die Genua fängt an zu schlagen, wie Peitschen knallen die beiden Schoten. Schnell kommt die Fahrt aus dem Schiff. Und mit wenigen Schwimmzügen sind Schön und Petra Meinhard an der Badeleiter. Er lässt seine Freundin zuerst aufsteigen, dann folgen Otten, Geißler und er selbst; noch auf der obersten Stufe stehend, gibt er Anweisung: »Kannst wieder den alten Kurs aufnehmen!«

»Wer hat meine Zigaretten gesehen?«, fragt Petra ganz außer Atem von ihrem Abenteuer.

Röttich übergibt das Ruder seiner Freundin, die zu all dem geschwiegen hat. Er sammelt die Teile der Pumpe vom Cockpitboden auf und setzt sich wieder auf die

Sitzbank, nimmt seine Arbeit an der gereinigten Pumpe auf. Als der Eigner, seine Freundin und die zwei Charterer mit trockenen Sachen an Deck erscheinen, blickt er von seiner Arbeit auf: »Nun setzt euch mal. Wir haben da etwas zu bereden.« Sein Ton ist ernst und bestimmend.

Wie Schüler setzen sich Eigner und Freundin Röttich gegenüber ins Cockpit.

»Also, da hast du ja was verpasst, das Bad im Atlantik war einsame Spitze! Was gibt's?«, beginnt Schön gut gelaunt.

»Manfred, so geht das nicht!« Röttichs Stimme klingt jetzt so anmaßend, dass auch Otten und Geißler, die gemeinsam den nassen Tampen aufschießen, aufhorchen. »Du bist hier der Eigner, willst Kapitän sein und veranstaltest einen so leichtsinnigen Wahnsinn, dass ich mir nur an den Kopf greifen kann.«

»Langsam, Junge, wovon redest du überhaupt?«

»Erstens bin ich nicht dein Junge. Und zweitens rede ich von eurer Baderei im Meer. Das geht so nicht. Das ist saugefährlich. Habt ihr schon mal was von Haien gehört? Von plötzlichen Strömungen, von Windböen? Unser Starter funktioniert nicht und ihr geht im Ozean baden! Was ist, wenn der Motor nicht anspringt? Euer Verhalten entspricht einfach nicht der Seemannschaft. Das darf gar nicht wahr sein. Ab jetzt geht keiner mehr im Meer baden, so lange wir segeln.«

Plötzlich mischt sich Petra Meinhard ein: »Wo steht geschrieben, dass man keinen Badespaß haben darf? Wenn ich baden will, dann gehe ich im Meer baden. Du hast mir gar nichts zu sagen!«

»Langsam, langsam, was geht hier vor? Das ist mein Schiff. Und wenn ich mich im Meer abkühlen will, dann frag ich doch dich nicht. Du bist hier der Navigator und nicht der Ausbilder aus deiner Bundeswehrvergangenheit«, springt Schön ihr bei.

»Ich glaube, ihr kapiert nicht, um was es geht. Ich bin

kein Feigling! Aber ich wäre ein Feigling, wenn ich euch nicht aus meiner Erfahrung sagen würde, dass es nicht zur guten Seemannschaft gehört, beim Hochseesegeln ins Wasser zu springen. Das gibt es auf keinem Berufsschiff. Die dürfen noch nicht einmal bei Flaute im Meer baden.«

»Mensch, Jörg, lass uns doch machen, was wir wollen. Wir sind doch hier nicht bei der Berufsschifffahrt«, mischt sich jetzt auch Geißler ein.

»Das haben wir auf der *Pelikan* auch nicht gemacht. Ich bin doch nicht gegen Spaß an Bord. Aber ich ersetze hier eine fehlende Autorität, die für Sicherheit sorgen sollte.« Und nach einer Gedankenpause fährt er fort: »Aber bitte, macht doch euren Kram, wie ihr wollt.«

Röttich steht auf, geht nach unten zum Navigationstisch, hebt den Sitzdeckel hoch, nimmt den Sextantenkasten heraus, öffnet ihn und ergreift vorsichtig das Präzisionsinstrument. Dann hängt er sich das Bändsel der Stoppuhr um den Hals und begibt sich wieder an Deck.

Geißler hat inzwischen seine Gitarre geholt, setzt sich auf das Süll im Cockpit. Er stimmt sie kurz ein. Und als ob er mit einem Song die Stimmung wieder auf den Punkt bringen will, auf dem sie vorher war, singt er das Lied von Rod Stewart, wobei alle staunen, wie nahezu wörtlich er die Songtexte aus dem Gedächtnis zitieren kann:

> *I am sailing, I am sailing home again cross the sea.*
> *I am sailing stormy waters, to be near you, to be free.*
>
> *I am flying, I am flying like a bird, cross the sea*
> *I am flying passing high clouds to be near you, to be free.*
>
> *Can you hear me, can you hear me thru the dark night far away?*
> *I am dying, forever trying to be with you; who can say?*

We are sailing, we are sailing cross the sea.
We are sailing stormy waters to be near you to be free.

Oh Lord, to be near you, to be free.
Oh Lord, to be near you, to be free.

Es gibt Beifall und Bravorufe. Das Lied hat alle von der leidigen Diskussion befreit und die gute Laune wieder an Bord geholt. Nur Röttich steht mit dem Sextanten stumm am Großmast. Er schiebt die Schattengläser vor die Optik und führt das Winkelmessgerät an sein Auge. Irgendwann hat er die abgedunkelte Sonne im Blickfeld. Langsam schiebt er die Alhidade so weit, dass in seinem eingebauten Fernglas der untere Rand der Sonne auf der Kimm, dem Horizont, erscheint. Die Feinkorrektur erhält er durch Drehen an der Minuteneinstellung. Zur Absicherung seiner Präzisionsmessung pendelt er den Sextanten leicht von links nach rechts, was wegen der Schiffsbewegungen nicht einfach ist. So macht die Sonne in seiner Optik eine leichte Kreisbewegung auf dem Horizont und er kann den wirklichen Moment, wo Sonne und Kimm sich küssen, wie der Seemann sagt, besser feststellen. Just in diesem Moment drückt er mit dem Daumen auf den Knopf der Stoppuhr, die er in der rechten Hand hält, mit der er auch gleichzeitig den Sextanten gegriffen hat. Der Winkel zwischen Sonne und Horizont ist jetzt festgelegt. Und die Zeit auch.

Ohne ein Wort zu sagen, geht Röttich zum Navigationstisch. Hier liegen schon die amerikanischen *HO-249-Tafeln* und das *Nautische Jahrbuch*. Mithilfe der Tafeln und des Jahrbuchs sowie seines gemessenen Sonnenwinkels und der sekundengenauen Zeit ermittelt er die Standlinie, auf der sie sich befinden. Dann rechnet er die zurückgelegten Seemeilen und den Kurs seit der letzten Messung vom Vortag aus. Auch das ergibt eine Standlinie, die er beide auf ein Hilfspapier, einem so genannten *plotting sheet*, einzeichnet. Da, wo beide Standlinien sich kreuzen, ist der wahrscheinliche Standpunkt der *Apollonia* auf dem Atlantik.

Die Koordinaten trägt er nach Breite und Länge als winziges Kreuz mit dem Bleistift in der Seekarte ein. Neben das Kreuz schreibt er das Datum: 29.11.81 Anschließend notiert er zusammen mit anderen Beobachtungen wie Windstärke, Kurs, Geschwindigkeit, Wetter, Barometerstand oder Motorlaufzeit seine errechneten Koordinaten im Logbuch. Den Sonnenschuss wiederholt Röttich am Nachmittag, sodass er pro Tag zwei Standlinien und zweimal am Tag seine Position kennt. Und auch am Nachmittag trägt er seine aktuellen Beobachtungen ins Logbuch ein. Mit einer Differenz bis zu sechs Seemeilen weiß er nach jeder Standlinienberechnung, wo sich die *Apollonia* befindet. Somit ist Navigator Röttich der wichtigste Mann an Bord. Denn nur mit seiner Hilfe gelangt die *Apollonia* zur kleinen Insel Barbados am anderen Ende des Atlantiks.

Dritter Tag

Die ersten Tage sind bei langen Seereisen Tage der Angleichung und der Gewöhnung der Segler an die Besonderheiten auf dem Meer. Seekranke erholen sich meist nach drei Tagen; selbst erfahrene Kapitäne, die immer noch bei jedem Reiseantritt seekrank werden, merken, dass sich ihr Körper ab dem dritten Tag den Bewegungen des Schiffes anpasst. Die Geräusche des Meeres sind auch den Landratten inzwischen vertraut. Die Nachtwachen werden leichter überstanden. Tagsüber kann man versäumten Schlaf nachholen. Das Zubereiten der Mahlzeiten unter Deck und in der Enge der Pantry fällt leichter. Die Verletzungsgefahr wird geringer, jeder Passagier kennt inzwischen die Ecken und Kanten im Schiff.

Auch auf der *Apollonia* bewegen sich alle mit zunehmender Sicherheit an Bord, zumal die Lady aufgrund ihres langen Kiels ruhigere Schiffsbewegungen produziert als ein moderner Kurzkieler. Auch an die Enge haben sich alle gewöhnt. Die Menschen haben sich an das Schiff angeglichen. Nur haben sich die Menschen nicht an die anderen Menschen angepasst. Jeder geht am Morgen des dritten Tages seinen eigenen Dingen nach.

Schön liest in seinem Buch *Der verschenkte Sieg* und träumt zwischendurch vom unabhängigen Leben an Bord seines Schiffes in der Karibik. Er und Petra haben es sich auf dem Vorschiff bequem gemacht. Sie hat wie üblich ihr Bikinioberteil abgelegt und widmet sich ihrer Schönheit. Während sie ihre Nägel feilt, findet sie immer wieder Zeit, an ihrer Zigarette zu ziehen. Ihre langen blonden Haare fallen bis über die Schultern. Am Glanz ihrer Haut erkennt man, dass sie sich gerade eingeölt hat. Sie zeigt, dass ihr Körper ihr wertvollster Besitz ist.

Charlie Geißler hat die Angel herausgeholt und die Nylonleine zwei Schiffslängen lang ins Heckwasser auslaufen lassen. Er trinkt ein Bier und beobachtet vergnügt den tanzenden Wobbler, in dem sich der gefährliche Doppelhaken verbirgt. Geißler ist mittelgroß, am auffälligsten ist seine Haarpracht: ein blonder Lockenkopf im Afrolook.

Otten hat die Kopfhörer auf. Entspannt sitzt er im Schatten des Besanmastes auf seinem Stammplatz. Er lauscht den Klängen einer Steelband und starrt ebenfalls auf den Wobbler im Heckwasser der Yacht. Verdi, wie ihn alle seit seiner Kindheit nennen, hat glatte dunkle Haare, ein gut geschnittenes Gesicht, einen sportlichen Körper. Mit Sicherheit hat er besonderen Schlag bei den Damen zu Hause und das wird sich auch in der Karibik nicht ändern.

Andrea Kleefeld steht wie jeden Tag um diese Zeit am Ruder. Sie hat sich schnell ans Rudergehen gewöhnt. Dabei kann sie ihren Gedanken nachhängen und alle beobachten – ihre Lieblingsbeschäftigung –, ein Hobby hat sie nicht.

Röttich ist der Größte und Stärkste an Bord. Sein Vollbart lässt ihn aussehen wie einen Seemann, der nach langer Reise in die Zivilisation zurückgekehrt ist – ein Image, das er pflegt. An diesem Morgen hat er sich eine Dose mit alten Schäkeln vorgenommen. Er säubert die Schäkel vom Rost, ölt sie ein, macht sie wieder gangbar und wischt anschließend den Ölfilm mit einem alten Tuch ab. Sie sehen fast wie neu aus. Nur er und Andrea halten sich in den beiden Cockpits auf.

»Liebling, woran denkst du?«, eröffnet sie nach einer Weile ein Gespräch.

»Das mit dem Feigling ist mir schwer auf den Sack gegangen. Außerdem geht mir seit Beginn der Reise der Mist mit Ladwig nicht aus dem Kopf. Eines Tages kriege ich den.«

»Bestimmt kriegst du den.«

»Die 3000 DM, die ich ihm rausgebaggert habe, betrachte ich nur als Abschlagszahlung. Der Anwalt auf Gran Canaria hat mir erzählt, dass ich die *Pelikan* in jedem Hafen der Welt, in dem englisches Recht herrscht, an die Kette legen lassen kann. Und fast jede Insel in der Karibik hat englisches Recht. Unser Rauswurf wird den noch teuer zu stehen kommen!«

»Jörg, mach dir nichts vor! Wir mussten 600 DM Anwaltsgebühren bezahlen und 630 DM Verpflegungsgeld an Schön. In unserer Kasse sind noch schlappe 1700 DM. Das langt ja nicht mal für ein Rückflugticket. Wir haben überhaupt nicht die Kohle, um Ladwig zu suchen. Lös mich lieber ab! Es ist genau 10 Uhr, deine Wache.«

»Ich habe alles in der Heimat aufgegeben. Und dann setzt dieser Zuhälter uns wie blinde Passagiere in Pasito Blanco an Land.«

Röttich hat Andrea nicht zugehört. Es wird heiß. Er setzt seine Schirmmütze auf. Es ist eine blaue Mütze mit goldener Schrift: *Pelikan*. Er hasst die Mütze seit seinem unfreiwilligen Abgang von Bord, aber er besitzt keine andere. Ohne große Ausschläge am Ruder, mit ruhiger Hand steuert er die 17-Meter-Yacht. Souverän, mit geringem Gegensteuern, gleicht er jede kleine Bö und jedes Versetzen durch die Wellen fast schon automatisch aus – ein Beweis, dass er ein guter Rudergänger ist.

Seine Gedanken sind immer noch bei Ladwig und der *Pelikan*. Im Jahr 1976 hatte er sich auf Ladwigs Anzeige – »Suche Mitsegler für Weltumseglung« – in der BILD-Zeitung gemeldet. Aber damals hatte er nicht genug Geld.

Dann rief ihn Ladwig 1980 nochmals an, ob er jetzt einsteigen wolle. Röttich sagte zu und bezahlte für sich und seine Freundin Andrea Kleefeld 15 000 DM an Ladwig. Sie lösten ihren Hausstand auf und zogen am 15.12.1980 an Bord der *Pelikan* im Hafen von Kiel. Sie war ein stäbiger umgebauter Fischkutter von stattlichen 23 Meter Länge. Noch weitere vier zahlende Gäste sollten dazu kommen. Die Abreise verzögerte sich noch einmal um ein halbes Jahr, weil Ladwig Immobilien verkaufen musste und seinen Puff auflösen wollte; Umstände von denen Röttich bei Vertragsunterzeichnung nichts wusste.

Seeleute sagen: Schiffe und Seeleute vergammeln im Hafen und so war es auch auf der *Pelikan*. Hinzu kam eine latente Spannung und ein Unwohlsein wegen des Vertrags für die bevorstehende Weltreise, den Ladwig den beiden vorgelegt und den sie unterschrieben hatten. Darin hielt der selbst ernannte Kapitän Ladwig alle Trümpfe in der Hand:

Zwischen Kapitän Andreas Ladwig, Eigner der seegehenden Yacht *Pelikan*, und dem Unterzeichner wird folgender Vertrag geschlossen:

Herr Jörg Röttich nimmt an der geplanten Weltumseglung teil. Start der Reise ist Ende 1980 bis Anfang 1981. Die Reise wird voraussichtlich zwei Jahre dauern.

1. Für die Reise mit der Yacht, die Sicherheit, die Unterbringung und die Verpflegung ist Kapitän Ladwig verantwortlich.

2. Die Generalroute wird von Kapitän Ladwig festgelegt, Abweichungen oder Änderungen sind durch Absprache möglich.

3. Die Weltreise soll nicht nur dem Vergnügen dienen; es ist geplant durch Tauchen nach verborgenen Schätzen der Weltmeere und nach Muscheln, Schwämmen usw. einen Nebenverdienst zu erlangen. Der anfallende Nebenverdienst wird wie folgt aufgeteilt: 50 % für Kapitän und Schiff und 50 % zu gleichen Teilen für die Mannschaft.

4. Der Unkostenbeitrag für die Reisedauer von zwei Jahren wird zur Deckung von Verpflegung, Diesel, Wasser, Hafengebühren etc. verwendet und beträgt pro Person 7500 DM (siebentausendfünfhundert). Bei der Unterzeichnung des Vertrages sind wenigstens 3000 DM anzuzahlen, der Restbetrag wird vor Reisebeginn fällig. Sollte die Reise aus einem unvorhersehbaren Grund nicht stattfinden, wird die eingezahlte Summe voll zurückerstattet. Sollte der Unterzeichner von der Reise Abstand nehmen, gibt es keine Rückerstattung. Es kann jedoch eine geeignete Person als Ersatz gestellt werden. Bei Abbrechen der Reise auf eigenen Wunsch oder durch eigenes Verschulden verbleibt die Einzahlung zur weiteren Durchführung der Reise bei der Restbesatzung (Schiffskasse).

Sollte der Unterzeichner die Reise wegen einer Krankheit (nachweisbar) nicht antreten können oder abbrechen müssen, werden ihm $2/3$ der von ihm eingezahlten Summe zurück gezahlt.

5. Wer nach Antritt der Reise auf See oder im Hafen gegen die Sicherheit von Schiff oder Besatzung verstößt, wird von der weiteren Teilnahme ausgeschlossen und bei nächster Gelegenheit an Land gesetzt ohne Anspruch auf eingezahlte Gelder!

6. Bei allen Entscheidungen wird die gesamte Besatzung hinzugezogen und es wird abgestimmt, außer bei der Entscheidung über die Sicherheit. Hier gilt allein das Wort des Kapitäns. Jeder Teilnehmer verpflichtet sich, den Anordnungen des Kapitäns zu folgen und seine Entscheidungen zu akzeptieren.

7. Mitzubringen sind: ausreichende Bekleidung, gültiger Reisepass, Gesundheitspass, Impfpass etc. Sehr empfohlen wird eine persönliche Taucherausrüstung, die Ausbildung wird an Bord kostenlos gegeben. Dazu ist eine Untersuchung bei einem Sportarzt nötig, der bescheinigt, dass die Person zum Tauchsport geeignet ist.

8. Körperliche Gebrechen und ansteckende Krankheiten lassen eine Teilnahme nicht zu!

9. Mit Unterzeichnung dieses Vertrages erkennt der Teilnehmer alle hier aufgeführten Satzungen an. Der Rechtsweg ist ausgeschlossen.[1]

Dieser Vertrag, besonders Paragraph 5, kam Röttich wie ein Knebel vor. Dennoch unterschrieb er ihn. Und weil Andrea Kleefeld ihrem Freund grenzenlos vertraute, unterschrieb auch sie.

Unabhängig von diesem Vertrag war Streit vorprogrammiert. Erst am 29.7.1981 verließ die *Pelikan* den Hafen. Bis dahin hatte Röttich am Schiff gearbeitet. Die halbjährige Wartezeit, das ständige Hinauszögern und das Festsetzen neuer Abreisetermine, die unbezahlte Arbeit an Bord, fremde Mitsegler, das Wegsickern des ersparten Geldes und immer wieder nicht eingehaltene Versprechungen Ladwigs hatten für eine gereizte Stimmung gesorgt. Auch konnte Ladwig sein geerbtes Haus nicht verkaufen. In all dieser Zeit versorgte er seine »Yachties« mit Lebensmitteln von solch einer miserablen Qualität, dass Röttich einmal schimpfte: »Der hat bestimmt auch noch zusammengekehrten Dreck hineingemischt.«

Ende Februar machte Röttich Druck. Als Sprecher für seine Freundin und einen Mitsegler und Mitwartenden erzwang er von Ladwig einen Zusatzvertrag. Sollte die *Pelikan* nicht bis Ende Juli 1981 auf Fahrt gehen, müsste Ladwig das einbezahlte Geld zurück erstatten, zuzüglich 5000 DM pro Kopf für geleistete Arbeit.

Von diesem Moment an war Ladwig nicht mehr gut auf Röttich zu sprechen. Hier lag offensichtlich die Hauptursache ihrer sich ständig steigernden Differenzen. Während der Überfahrt nach Pasito Blanco gab es oft Streit zwischen den beiden Männern an Bord.

---

[1] Entspricht im Wesentlichen dem Originalvertrag.

Ladwig äußerte sich später sehr detailliert darüber:

Das lag daran, dass Röttich sehr rechthaberisch war; er ist geltungsbedürftig, was wohl seinen Grund darin hat, dass er sehr viele Komplexe haben dürfte. Ich habe Röttich nur mitgenommen, weil es mir einfach nicht gelang, Ersatz zu bekommen. Ich habe sogar im Logbuch vermerkt, dass es mit Röttich mehrmals Schwierigkeiten gab, die so eskalierten, dass man von Anstiftung zur Meuterei sprechen könnte. Er beschwerte sich auch ständig darüber bei der Besatzung, dass ich ein miserabler Koch sei. Mein Essen könne ›kein Schwein fressen‹. Ich halte mich aber durchaus für einen guten Koch. Er sagte es mir auch nicht direkt, sondern er wiegelte die Besatzung auf, um an Bord Unruhe zu stiften. Er war Wortführer und hetzte auch bei allen anderen an Bord, bis sie dahinterkamen, dass das Gegenteil von dem, was Röttich behauptete, der Fall war.

Ich möchte noch sagen, dass Röttich darauf bestand, eine Waffe in Form eines Revolvers in Kiel an Bord zu nehmen. Ob er die Waffe dann tatsächlich mitgenommen hat, vermag ich natürlich nicht zu sagen, es ist aber möglich. Man kann Röttich als Waffennarr bezeichnen.

Nach dem Anlegen in Pasito Blanco hatten sich die vier übrigen Besatzungsmitglieder wohl so über Röttich geärgert, dass sie an mich die Forderung stellten, Röttich und Kleefeld von Bord zu entlassen. Die übrigen Vier wollten sonst nicht mehr weiterfahren.

Ich habe dann Röttich und Kleefeld erklärt, dass sie das Schiff verlassen müssten, weil sie gegen Paragraph 5 unseres Vertrages verstoßen hätten. Andrea Kleefeld habe ich angeboten, dass sie ohne ihren Freund bleiben könne. Sie erklärte sich aber solidarisch und beide gingen von Bord. Zwei Tage später erschien dann überraschenderweise die Polizei und legte die *Pelikan* fest, d.h. die Beamten erklärten mir, dass ich mit dem Schiff den Hafen nicht verlassen dürfe. Sie hätten die *Pelikan* sogar an die Kette gelegt und nahmen davon nur deshalb Abstand, weil ich den Kommandanten persönlich kannte.

Es zeigte sich dann, dass Röttich eine Anzeige erstattet hatte. Sein Rechtsbeistand forderte von mir 30 000 DM Schadensersatz und 15 000 DM Fahrtkosten. Würde ich nicht zahlen, sollte das Schiff bis zur Begleichung dieser Summen im Hafen verbleiben.

Nach Rücksprache mit dem Konsul wurde mir erklärt, dass Röttich und Kleefeld kein Bares hätten und ich nicht ohne weiteres Besatzungsmitglieder ohne Geldmittel an Land setzen könne. Sie müssten schließlich in so einem Fall auf Kosten des Steuerzahlers nach Deutschland zurückgeschickt werden. Ich bot dem Konsul an – und zwar von mir aus, obwohl ich dazu gar nicht verpflichtet war –, 3000 DM für die Rückführung der beiden bei einem Anwalt zu hinterlegen. Dies geschah auch gegen Quittung. Beide hätten somit die Möglichkeit gehabt, nach Deutschland zurückzufliegen.[1]

Bei seiner ersten Vernehmung am 21.1.1982 wird Jörg Röttich die Ereignisse auf der *Pelikan* aus ganz anderer Sicht beschreiben:

Mit dem Kapitän Ladwig gab es eigentlich von Anfang an Schwierigkeiten. Die Spannungen verstärkten sich auf der Fahrt, als ich feststellen musste, dass er im Grunde genommen nicht die seglerischen Fähigkeiten besaß, die er vorgab.

Die Spannungen sind unter anderem auch dadurch entstanden, dass wir ihn gezwungen hatten, seinen immer wieder hinausgeschobenen Abfahrtstermin von Kiel endlich einzuhalten. Jedes Crewmitglied hatte für die beabsichtigte Reise zwischen 7500 DM und 10 000 DM eingezahlt.

Nach der Ankunft in Gran Canaria war Andreas Ladwig wieder nach Deutschland geflogen, um sein Haus zu verkaufen und seine Freundin nachzuholen. Nach zirka zwei Monaten

---

[1] Der Text entspricht im Wesentlichen dem Polizeiprotokoll.

kehrte er wieder zurück und danach stellte sich heraus, dass er mich nicht mit auf die Reise nehmen wollte. Als Begründung gab er an, dass ich gegen die Sicherheit an Bord verstoßen hätte, und unter anderem, dass ich mich mit der Mannschaft nicht verstehen würde.

Frau Kleefeld hat sich dann entschieden, mit mir von Bord zu gehen. Einflechten möchte ich noch, dass Herr Ladwig zunächst beabsichtigte, Frau Kleefeld wohl mitzunehmen. Möglicherweise sie auch der Prostitution zuzuführen. Das ist aber nur eine Vermutung von mir.[1]

Röttich blickt seine vor ihm sitzende Freundin an: »Kannst du dich an unseren ersten Probeschlag auf der Ostsee erinnern? Ich stand nachts auf der Brücke. Du hast geschlafen. Alles lief bestens. Der Wind kam aus der richtigen Richtung. Es war gute Sicht; ich erinnere mich noch deutlich an den klaren Sternenhimmel. Man sah die Leuchtfeuer zur Einfahrt in die Kieler Förde und ich stand zufrieden mit mir und der Welt am Ruder. Plötzlich geht die Tür auf. Ladwig poltert rein. Mit diesem unausgeschlafenen kritischen Unterton fragt er mich: ›Wo sind wir?‹ Ich antworte ganz ruhig: ›Wir fahren jetzt in die Kieler Förde.‹ ›Was?‹, schreit er. ›Wenn wir einlaufen, dann muss der Kapitän am Ruder stehen!‹ Wieder antworte ich ihm ganz ruhig: ›Aber der steht doch am Ruder. Ich bin voll ausgebildet. Alles ist in Ordnung. Du musst nicht auf der Brücke stehen.‹ Dann blieb er an Deck, orderte das erste Segelmanöver und fuhr sofort eine Halse. Kannst du dich noch an den langen Baum auf der *Pelikan* erinnern? Ein richtiger Oschi. Jedenfalls wäre der um ein Haar gebrochen.

Und weißt du noch, wie kurz vor den Kanarischen Inseln dieses riesige Omega-Navigationsgerät ausfiel? Lad-

---

[1] Diese Passage entspricht im Wesentlichen der Originalaussage vor Gericht.

wig hatte ja keine Ahnung von Navigation. Also hat er mich gefragt, ob ich die Navigation machen könne, einen Sextanten habe er. Du weißt ja, wie ich damals unsere Position bestimmt habe. Er war aber der Ansicht, wir seien 60 Seemeilen näher an den Inseln. Also gab es wieder Streit. Irgendwann haben wir dann nachts die Spitze von Lanzarote gesehen und siehe da, ich hatte mal wieder Recht gehabt. Kein Wunder, dass der Kerl Jahre später die *Pelikan* vor Australien aufs Riff gesetzt hat. Nee, der Ladwig hatte überhaupt keine Ahnung von Navigation, von Segelführung und schon gar nicht von Menschenführung.« Röttich macht eine lange Pause. »Irgendwann bekomme ich das Schwein!«, sagt er dann voller Groll. »Was habe ich alles an Bord repariert! Ohne Bezahlung. Über ein halbes Jahr meines Lebens habe ich vertrödelt. Und dann schmeißt der uns von Bord! Alles Ersparte weg. Der hat mich doch nur rausgeschmissen, weil er dich in seinen Puff haben wollte.« Er zieht sich die Mütze tiefer über die Stirn. »Und wenn ich um die ganze Welt segeln muss, den kriege ich!«

An diesem dritten Tag geht jeder, fast wie miteinander abgesprochen, an Bord der *Apollonia* der anderen Partei aus dem Weg. Vielleicht sucht jeder Ruhe in seiner inzwischen vertrauten Umgebung. Jeder hängt seinen Gedanken nach und besonders die vier Aussteiger an Bord scheinen sich zu fragen: Was mache ich hier? Wie wird es weitergehen? Bin ich wirklich auf dem richtigen Weg?

Vierter Tag

Die *Apollonia* kommt gut voran. Röttich will so lange einen südwestlichen Kurs segeln, bis der Passatwindgürtel erreicht ist, erst dann will er Kurs in westliche Richtung nehmen. Er hat diese Variante mit Schön abgestimmt. Die Alternative wäre ein direkter, kürzerer Kurs nach Barbados, der allerdings die Gefahr in sich hat, dass die *Apollonia* erst spät den achterlichen Passatwind erreicht und vorher auch mit Gegenwinden zu rechnen ist. Bei einem Etmal von zirka hundertfünfundvierzig Seemeilen wird man die von Röttich vorausgesagten zwanzig Tage benötigen. Vorausgesetzt die *Apollonia* kommt in keine Flaute.

Weil der Wind so gut steht, wählt Röttich nun anstatt des südwestlichen Kurses einen mehr westsüdwestlichen Kurs.

Jeden Mittag trägt der Navigator das gesegelte Etmal der letzten vierundzwanzig Stunden in das Logbuch ein. Dabei verwendet er die Koordinaten des letzten Sonnenschusses vom Vormittag und addiert die Seemeilen, die sie seitdem gesegelt sind, hinzu. So kann er an jedem Tag gegen Mittag feststellen, wie viele Seemeilen sie pro Tag zurückgelegt haben.

»Ein Viertel der Strecke liegt hinter uns«, verkündet er, als er sich zu den im Cockpit Versammelten gesellt. Keiner scheint ihm zuzuhören und mit lauter Stimme durchbricht er das allgemeine Gespräch: »In fünf Tagen haben wir die Hälfte der Strecke geschafft.«

»Klasse, dann feiern wir das Bergfest. Von da an geht es den Berg runter«, freut sich Schön.

»Welchen Berg?«, versucht sich Andrea Kleefeld an dem Gespräch zu beteiligen.

»Na, den atlantischen Berg. Der liegt genau auf der Mitte. Oben auf dem Gipfel wird gefeiert. Ihr müsst mich daran erinnern, dass ich am Tag vorher den Sekt kalt stelle«, frotzelt Schön.

»Ich finde, wir sollten uns an diesem Tag verkleiden. Wie an Karneval«, mischt sich Petra Meinhard ein.

»Seeleute verkleiden sich nur bei der Äquatortaufe. Aber vom Äquator sind wir noch Hunderte von Meilen entfernt«, korrigiert Röttich ihren Vorschlag.

»Jörg, hast du eigentlich schon mal Karneval gefeiert? Bei uns am Bodensee heißt das Fasenacht, da ...«

Sein Freund Charlie Geißler unterbricht ihn: »Kennst du überhaupt ein einziges Karnevalslied? Ich bin im Rheinland groß geworden, lebe jetzt am Bodensee. Ich kenne die Schlager von Köln bis Konstanz. Zum Bergfest können wir dir einige beibringen. Zum Beispiel von den Black Föß, das ist die bekannteste Gruppe.« Er greift zur Gitarre und trifft sofort die richtigen Akkorde:

Drink doch eine met,
stellt dich nit esu ahn,
Du steihs je de janze Zick eröm.
Häs de och kei Jeld.
Dat es janz ejal,
drink doch met un kümmer dich nit dröm.

Er singt nur die wenigen Zeilen. Alle an Bord kennen den ungefähren Text. Nur Röttich nicht.

»Ob Äquator oder nicht, zum Bergfest verkleide ich mich. Hast du eine Idee, Andrea?«

Es ist während der letzten Tage nicht oft vorgekommen, dass Petra die zweite Frau an Bord direkt angesprochen hat. Jetzt nimmt sie ihre Zigarette aus dem

Mund, hebt den Abflussdeckel des Lenzrohres und wirft die glühende Zigarette in das Abflussrohr am Boden des Cockpits.

»Sag mal, bist du doof? Schmeißt die glühende Zigarette in das Lenzrohr? Ich habe mühsam zwei neue Lenzrohre aus PVC-Schläuchen montiert und du verwechselt das mit einem Aschenbecher! Wenn die Kippe hängen bleibt und ein Loch in den Schlauch brennt – was dann? Dann saufen wir ab!« Röttich steigert sich regelrecht in Wut hinein. »Immer deine verdammte Raucherei! Beim Kochen, beim Abwasch, sogar beim Essen. Wahrscheinlich rauchst du noch beim Duschen.«

»Das kannst du ja mal testen.« Petra Meinhard grinst.

»Manfred, sag du es ihr! Sie kann keine brennenden Kippen in die Lenzrohre schmeißen.«

»Okay, reg dich ab, Jörg! Das macht sie nicht mehr. Und jetzt Frieden an Bord!«

»Gestern ist ihr beim Kochen die Asche in den Topf gefallen. Ich habe geschwiegen. Diese Schlamperei an Bord kann doch so nicht weitergehen. Schau dir an, wie dein frisch abgezogenes Teakdeck am Vorschiff aussieht. Da liegt deine Freundin, eingeschmiert wie eine Ölsardine und versaut jeden Tag mit neuen Fettflecken das Deck.«

»Ist das dein Schiff oder meins? Also reg dich ab.«

»Ich versuche hier nur ein Minimum an Ordnung und Disziplin zu erhalten. Überall fliegt Asche rum. Die hat doch noch nie einen Aschenbecher benutzt …«

»Schluss jetzt! Von beiden Seiten. Du nimmst in Zukunft einen Aschenbecher. Und du kümmerst dich nur um die Navigation.«

»Das ist ja auch das Einzige an Bord, was stimmt! Glaubst du vielleicht, dass ich nicht mitbekomme, dass ihr alle vier bei den Nachtwachen pennt?«

»Kümmere du dich um deine Navigation! Ich bin hier der Eigner und Kapitän. Ich will keine Stressreise. Stress hatte ich in meinem Job und ich nehme an, wir alle mehr oder minder. Also, Jörg, wir sind hier nicht auf der *Gorch Fock*, sondern auf einem Charterschiff. War aber gut, dass wir uns ausgesprochen haben.«

»Darf ich mich da mal einmischen, schließlich sitzen wir ja alle in einem Boot?« Der frisch gebackene Betriebswirt Otten schaut dabei Schön an. »Wie ist das eigentlich mit den Kompetenzen hier an Bord? Okay, du bist der Eigner. Aber wenn es um die Stellung des Kapitäns geht, habe ich schon meine Zweifel, ob du das auch bist. Jörg macht die Navigation und führt das Logbuch – muss nicht der Kapitän das Logbuch führen? Außerdem kommandiert er uns alle hier seit Antritt der Reise herum, als ob er allein das Sagen hat. Ich glaube, es wird Zeit, da was zu klären.«

Schöns Blick ruht auf seiner Freundin, als ob er ihren Rat suchen würde. Aber Petra raucht wie immer und ihr leerer Blick ist auf den Boden des Cockpits in Richtung Lenzrohr gerichtet.

Schön dreht seinen Kopf zu Otten: »Verdi, damit das dir und allen an Bord ganz klar ist: Jörg ist hier der Navigator. Sicherlich versteht er auch sonst viel rund ums Schiff. Er war mir in den Wochen an Land eine große Hilfe, aber der Kapitän ist hier der Eigner – und beides bin ich. Ich habe mit Jörg abgesprochen, dass er ab jetzt das Logbuch führen wird; ich lese es täglich und zeichne ab. Verantwortlich bin also ich. Und es bleibt dabei, dass du als erfahrener Regattasegler der Steuermann bist.«

Röttich streicht nervös über seinen langen schwarzen Vollbart. Er kocht vor Wut. Aber er schweigt. Er kann seine verletzten Gefühle nicht zeigen, denn er braucht das Wohlwollen des Eigners. Schön hat versprochen, ihm am Ende der Reise ein Zeugnis auszustellen, dass er sich als Überführungsskipper bewährt hat. Dieses Zeugnis soll Röttich den neuen Berufsweg in der Karibik öffnen, als Skipper ins Chartergeschäft einzusteigen. Von seinem Traum, ein Schiff zu führen, ist er also nur noch vierzehn

Tage entfernt. Schön hat ihm in Pasito Blanco sogar noch mehr versprochen: Nach der Ankunft soll Röttich die ersten Wochen und Monate als bezahlter Skipper auf der *Apollonia* bleiben, bis Schön ausreichende Navigationskenntnisse erlangt hat.

Als sie sich vier Wochen vor der Abreise kennen lernten, hatte Schön gerade seinem Freund und Skipper Michael Eissing den Vertrag gekündigt. Geschlossen war die Crew von Bord gegangen. Besonders bedauerte er, dass auch Ruth Lövenich, seine Lehrerin, Navigatorin und die erfahrenste Seglerin, das Boot verließ. Sie fürchtete die Fortsetzung der Reise mit einer fremden Crew und erklärte Schön aus ihrer Erfahrung heraus, dass an Bord eines Schiffes auf hoher See total andere Gesetzmäßigkeiten herrschen als an Land, wobei die Gefahren im Allgemeinen weniger vom Schiff ausgehen als von der Crew, da an Bord kaum Rückzugsmöglichkeiten bestehen. Sie führte ihm sogar einige drastische Beispiele vor Augen, in denen sich Menschen auf hoher See wesensmäßig total verändert hatten. Schön saß damals also ohne Crew da, befand sich in einer vergleichbaren Situation wie Röttich. Der eine brauchte den anderen – ein Nährboden, auf dem schnell Freundschaften entstehen.

Beide hatten in Pasito Blanco zu unterschiedlichen Zeitpunkten den amerikanischen Varietékünstler James Robinson kennen gelernt. Er wurde später von den Ermittlungsbeamten zum Verhältnis der beiden verhört:

Frage: »Kennen Sie Herrn Jörg Röttich?«
Antwort: »Ja, ich kenne Herrn Jörg Röttich. Ich befand mich im November 1981 zusammen mit meiner Ehefrau Nancy in Pasito Blanco, um unser dort gebautes Schiff abzuholen. Ungefähr sechs Wochen bevor wir abfuhren – wir lebten bereits auf unserem fertig gestellten Schiff –, traf ein großes Segelschiff mit Namen *Pelikan* ein. Herr Röttich befand sich auf dem Schiff. Das Schiff lag in Rufweite unseres Schiffes, so-

dass wir in Kontakt kamen und uns gegenseitig auf unseren Schiffen besuchten.«

Frage: »Kennen Sie Herrn Schön?«

Antwort: »Herrn Schön lernte ich auf ähnliche Weise wie Herrn Röttich kennen, nachdem er mit seinem Schiff *Apollonia* ebenfalls im Hafen von Pasito Blanco angekommen war, meiner Erinnerung nach einige Zeit nach der Ankunft der *Pelikan*. Herr Schön gab sich mir als Eigner der *Apollonia* zu erkennen. Er stellte mich auch einer Frau vor, die er als seine Gattin bezeichnete.«

Frage: »Kannten sich Herr Röttich und Herr Schön?«

Antwort: »Ich weiß nicht, wie sie sich kennen lernten. Eines Tages kam jedoch Herr Röttich zu mir und sagte, er habe sich bei Schön als Kapitän für die *Apollonia* beworben. Hierzu muss ich folgendes erläutern: Einige Tage vorher hatte Herr Röttich mich gefragt, ob ich einen Kapitän benötige. Er suche eine Position als Kapitän. Ich hatte ihm seinerzeit erklärt, ich sei mein eigener Kapitän, könne ihn jedoch als 1. Maat gebrauchen. Herr Röttich hat mir seinerzeit gesagt, er sei bereit, als 1. Maat bei mir anzuheuern, allerdings unter der Voraussetzung, dass er keine Position als Kapitän auf einem anderen Schiff fände und jederzeit die Möglichkeit hätte bei mir aufzuhören, wenn ihm eine solche Kapitänsposition angeboten würde. Damit hatte ich mich einverstanden erklärt, da Herr Röttich von vornherein einen ausgezeichneten Eindruck auf mich gemacht hatte. Dieser gute Eindruck von Herrn Röttich hatte sich in den folgenden Tagen, die vor dem Zeitpunkt lagen, an dem mich Herr Röttich von seiner Bewerbung bei der *Apollonia* unterrichtete und in denen Herr Röttich bereits auf unserem Schiff wohnte, bestätigt. Ich hatte entsprechend meiner Absprache mit Herrn Röttich keine Einwände dagegen, dass er sich als Kapitän für die *Apollonia* bewarb. Nach meiner Erinnerung kam noch am selben Tag später Herr Schön auf meine Yacht und fragte mich – wohl aus Höflichkeit –, ob ich etwas dagegen habe, wenn Herr Röttich bei ihm als Kapitän anheuern würde; ich sei ja mein eigener Kapitän, er selbst fühle sich als Kapitän jedoch nicht qualifiziert genug, sein Schiff über den Atlantik zu steuern. Dies solle ich jedoch vertraulich behandeln. Es sei ihm insbesondere seinen Begleitern gegenüber peinlich, mit denen er ja schon eine längere Strecke zurückgelegt habe, dies eingestehen zu müssen.«[1]

De facto ist Jörg Röttich der Schiffsführer, der Kapitän an Bord der S.Y. *Apollonia*. Er und der Regattasegler Oliver Otten haben die meiste Erfahrung, Röttich beherrscht aber als Einziger die Sextantennavigation, ohne die man zu der Zeit keine Hochseefahrten durchführen konnte. Zwar gab es damals bereits die ersten Satellitennavigationsgeräte, Vorläufer der heutigen GPS-Geräte (Global Positioning System), die die Koordinaten des aktuellen Schiffsortes automatisch anzeigten, aber ein solches Gerät war nicht an Bord der *Apollonia*. Röttich hatte den Sporthochseeschifferschein erworben, der zusammen mit dem C-Schein die beste theoretische Ausbildung für einen Segler darstellt. Um diesen Schein zum Führen einer Yacht zu erwerben, hatte er die Prüfungen zu all den anderen Segelscheinen wie A-Schein, BR-, BK-Schein, Sportseeschiffer abgelegt, zusätzlich besaß er das Sprechfunkzeugnis und hatte den Waffenbesitzschein, der zum Führen einer Signalpistole berechtigt, erworben. Als Segelpraxis konnte Röttich aber nur einige wenige einwöchige Fahrten um die dänische Insel Fünen vorweisen, die er für eine Hamburger Segelschule durchgeführt hatte, sowie den Törn auf der *Pelikan* als Crewmitglied mit Ladwig von Kiel nach Gran Canaria. Durch jahrelangen Abendunterricht wusste Röttich wesentlich mehr von theoretischer Seemannschaft als Schön. Immerhin besaß Otten den BK-Schein und das Bodenseeschifferpatent, während Schön nur den A-Schein gemacht hatte, die Segelprüfung für Anfänger.

---

[1] Diese Aussage entspricht im Wesentlichen den Gerichtsakten.

Fünfter Tag

Am Vormittag tritt das ein, was bereits der Navigator vorausgesehen hat: Die *Apollonia* hat etwas südlich vom Wendekreis des Krebses die beständigen Winde des Passatgürtels erreicht.

Es ist Frühwache und Jörg Röttich steht am Ruder.

»Sag Manfred, er soll mal rauf kommen«, ruft er seiner Freundin zu, die vor ihm im Cockpit sitzt.

Wenige Minuten später taucht Schön im Niedergang auf, sichtlich im Schlaf gestört. »Was gibt's?«

»Wie ich vorausgesagt habe, sind wir heute im Passat. Wir müssen den Kurs ändern.«

»Klasse!« Schön kommt ins Cockpit und sieht sich um. »Das sind gute sechzehn Knoten wahrer Wind. Genau aus Osten, prima. Ich habe heute Geburtstag. Will mir denn keiner gratulieren?«

»Aus Nordosten«, korrigiert Röttich, ohne auf ihn einzugehen, »wir müssen die Segelstellung ändern.«

»Na, dann stellen wir die Geburtstagsfeier hinter das Segelmanöver. Sollen wir das so machen wie besprochen?«

»Ja, wir haben keine Passatsegel. Also fahren wir unter Spinnaker. Später können wir mal sehen, ob wir neben dem Groß- und dem Besansegel auch das Besanstagsegel setzen können. Schaffst du das?«

»Ich hole mir die beiden Sunnyboys zur Hilfe. Bleib du am Ruder, dann weiß ich, dass wir keine Halse fahren.« Schön ruft die beiden Chartergäste zu sich.

Nach einer Stunde Arbeit segelt die *Apollonia* auf neuem Kompasskurs von 270° ihrem Ziel, der winzigen Insel Barbados, entgegen. Der rot-weiß gestreifte Spinnaker zieht sie nach Westen. Da der Wind konstant bei zirka achtzehn Knoten bleibt, winschen die Männer zusätzlich das selten gefahrene Besanstagsegel hoch; es wird nur bei raumen Winden gesetzt und bringt knapp einen Knoten Geschwindigkeit mehr.

Die *Apollonia* segelt mit sieben Knoten, das verspricht ein gutes Etmal. Von jetzt an muss sich die Crew an das Gieren des Schiffes gewöhnen. Wellen und der raume, fast achterliche Wind drücken die Yacht mal auf die Backbord- und dann wieder auf die Steuerbordseite. Jeder Handgriff, auch das Schlafen und besonders das Kochen werden jetzt schwieriger an Bord. Trotz dieser Unbequemlichkeit hat Andrea die letzten Tomaten, die vor einer Woche noch grün waren, zu einem Tomatensalat verarbeitet, dazu gibt es ein paar Salami-Sandwiches. Als das Segelmanöver vorbei ist, ruft sie aus dem Niedergang: »Das Essen ist fertig. Wollt ihr auch ein Bier? Wir sollten auf den Passat anstoßen!«

»Und auf den Geburtstag des ehrenwerten Kapitäns!«, ruft Petra in die Runde.

Auch Röttich akzeptiert, ganz gegen sein Prinzip – keinen Alkohol während des Tages – eine Flasche Miguel. »Wenn wir Glück haben, war das unser letztes Segelmanöver auf dem ganzen Törn.«

Otten hebt die Flasche: »Gott beschütze uns vor Sturm und Wind und Deutschen, die im Ausland sind. Herzlichen Glückwunsch, Kapitän!«

»Verdi, hast du auch einen Trinkspruch gegen Flauten?« Schön hebt seine Flasche.

»Nee, Flauten muss man meiden. Die gehen auf die Nerven, mehr als jeder Sturm. Flauten entzweien, Stürme schweißen zusammen. Bei Flauten sollten wir den Miefquirl anschmeißen und durchmotoren.« Schön ist erleichtert, das Segelmanöver bewältigt zu haben. »Jetzt beginnt der schöne Teil der Reise. Was wollt ihr an meinem Geburtstag hören? Ich hab nicht umsonst die Außenlautsprecher einbauen lassen.« Er fasst nach: »Also, Jörg, Andrea, was darf es sein? Auf der *Apollonia* werden alle Hörerwünsche erfüllt.«

»Hast du was von Elvis Presley? Jörg und ich hören ihn gern.«

»Ich glaube ja. Petra will bestimmt Abba. Und unsere Chartergäste wahrscheinlich Bob Marley. Wird erfüllt, und zwar genau in der Reihenfolge. Macht es euch bequem. Heute ist Manni euer DJ.«

»Ich hatte den Passat auf dem 23. Breitengrad vermutet. Ist genau so eingetroffen. Die Engländer nennen ihn *trade wind*, Handelswind, das finde ich besser. Mit dem *trade wind* haben sie die Welt entdeckt und erobert. Ich habe alle Bücher ihrer großen Entdecker gelesen.« Sogar Röttich wird gesprächig.

»Haben ihre Schiffe auch so von einer zur anderen Seite gegeigt?« Petra sitzt Röttich gegenüber. Um ihn zu provozieren, hat sie einen Aschenbecher zwischen ihre Beine gestellt.

Röttich doziert sein Wissen: »Die hatten ganz andere Segel als wir. Gegeigt haben sie auch. Dafür waren sie viel langsamer und konnten nur sehr schlecht gegen den Wind kreuzen. Da geht es uns schon viel besser, trotz der Geigerei. Wartet ab, nach zwei Tagen haben wir uns dran gewöhnt.«

»Ich werde mich nie daran gewöhnen. Ich habe ein Gefühl auf der Zunge, als ob die Bordratten darauf gevögelt hätten. Werde wohl seekrank.« Petra streckt ihre belegte Zunge raus.

»Kannst du das nicht ein bisschen vornehmer ausdrücken?« Schön schüttelt den Kopf.

»Den Spruch habe ich von einer Kollegin im Kosmetiksalon. Das sagte sie jeden Morgen, wenn sie reinkam.

Mir ist schlecht. Geht das die ganze Zeit bis Barbados so weiter?«

»Sag mal, Jörg, das ist ja schön und gut mit dem Passat, aber können wir an der Schaukelei nicht etwas ändern?«

»Wir können ein wenig anluven. Dann segeln wir nicht mehr einen achterlichen Kurs, sondern einen raumen. Wir geigen dann nicht mehr so, fahren aber einen Umweg, weil wir quasi vor dem Wind im Zickzack segeln. Bei jeder neuen Kursänderung müssen wir dann halsen. Verstehst du?«, belehrt Röttich.

»Klar doch! Also, Petra, willst du so schnell wie möglich rüber oder im Zickzack, aber dafür bequemer?«

Petra ist dabei, ihr Bikinioberteil wieder anzuziehen: »Ich befürchte, mein Zigarettenvorrat langt nur für die schnellstmögliche Überfahrt.«

Seit vier Jahren ist Petra Meinhard die Freundin von Manfred Schön. Dennoch ist er immer noch mit seiner ersten Frau verheiratet. Viel später meint Charlie Geißler – als er auch Manfred Schöns Frau kennen lernt –, dass beide Frauen sich sehr ähnlich seien.

Im Düsseldorfer Café Nussbaum haben sich Manfred und Petra kennen gelernt. Er war damals bereits ein erfolgreicher Speditionskaufmann, konnte Menschen begeistern und begeisterte deshalb auch die junge Frau, die in einem Kosmetiksalon in Mönchengladbach arbeitete. Sie war sich ihrer schlanken Figur bewusst und betonte ihre Schönheit durch lange, blonde Haare, die sie glatt über ihre Schultern fallen ließ. Sie war Anfang zwanzig, lebenshungrig und meist gut gelaunt. Zu Hause war sie allerdings nur durch geringe Teilnahme am täglichen Geschehen aufgefallen. Die Küche interessierte sie nicht, ihr Zimmer glich einer Rumpelkammer und sie wollte noch nicht aus ihrem Elternhaus ausziehen. Zu Hause litt sie oft unter niedrigem Blutdruck und Kopfschmerzen. Aber kaum hatte sie die häusliche Schwelle überschritten, steckte sie ihre Umgebung mit ihrer guten Laune an. So auch Manfred Schön.

»Er ist mein Hobby!«, pflegte sie jedem zu sagen. Und so fixierte sie sich hundertprozentig auf ihn – den Lebensgefährten, der ihr wie ein Mann von Welt vorkam. Alles in ihrem Alltag wertete sie fortan danach, ob es ihrer Beziehung gut tat oder nicht. Und so folgte sie ihm blindlings in das Seeabenteuer, von dem sie nicht im Geringsten ahnte, was das für ihr junges Leben bedeuten sollte.

Niemals hatte die Yawl während ihrer siebzehn Atlantiküberquerungen als *Wappen von Bremen* Frauen an Bord gehabt. Und nie war die Crew so gegensätzlich gewesen, aufgeteilt in drei Gruppen, jede mit völlig unterschiedlichen Vorstellungen und Erwartungen: Für Manfred Schön und Petra Meinhard ist die Reise ein Abenteuer. Für Oliver Otten und Charlie Geißler ist es ein Urlaub. Und für Jörg Röttich und Andrea Kleefeld ist es eine todernste Angelegenheit.

Sechster Tag

Auf die Minute genau geht Röttich um 23.30 Uhr im schwachen Schein der Leselampe vom Kartentisch durch den Salon; er hält sich an der Halteleiste der Decke fest, tastet sich an der Eignertür vorbei nach vorn. Jeder Schritt ist ihm vertraut. Die Geigerei, die seit heute Morgen das Leben an Bord komplizierter macht, stört ihn nicht. Als er im Halbdunkel bei der offenen Kajüte an Steuerbord angekommen ist, ruft er überlaut: »Wachwechsel! Jungs, dreißig Minuten vor Mitternacht! Auf, auf!«

Otten und Geißler erscheinen wenig später schattenhaft im Cockpit.

»Irgendwas Besonderes?«, fragt Geißler, als er das Ruder übernimmt.

»Das Barometer ist gefallen, sonst nichts«, Röttich überlegt kurz, ob er mehr dazu sagen soll, entscheidet sich dagegen und verabschiedet sich: »Dann macht's gut, wir horchen jetzt am Kopfkissen.« Er verschwindet mit seiner Freundin im Dunkel des Niedergangs. Jeder der beiden nimmt sein Sitzkissen mit.

»Der kann seinen Feldwebelton nicht mehr ablegen. Jedenfalls ist auf ihn Verlass.« Otten gähnt.

»Immerhin hat er es bei der Bundeswehr zum Hubschrauberpilot gebracht. Das ist auch mein Traum: das Fliegen. Ich finde, dass Segeln viel mit Fliegen gemeinsam hat. Die Einsamkeit, der Horizont, die Navigation. Vielleicht mache ich mal meinen Flugschein.«

»Danach muss er abgesackt sein. Manfred hat mir erzählt, dass Jörg zuletzt in Hamburg S-Bahnfahrer war. Wohl nicht die große Nummer.«

»Jedenfalls tritt er mit seinem Vollbart immer wie die Nummer eins auf. Mann, bin ich müde. Ich hau mich noch mal hin.« Otten legt sich sein Sitzkissen unter den Kopf und starrt in den Sternenhimmel.

»Wieso nehmen die zwei immer die Sitzkissen mit in ihre Kabine?«

»Erstens heißt es auf Yachten nicht Kabine, sondern Kajüte – Kabinen gibt es nur bei der Großschifffahrt. Zweitens: weil die spinnen. So, ich döse noch 'ne Runde.«

Geißler überkommt eine tiefe Zufriedenheit. Alle schlafen. Nur er ist wach und steuert das Boot. Das Steuern ist jetzt schwieriger mit der neuen Segelstellung. Röttich hat ihnen eingebläut, sehr konzentriert Ruderzugehen, da es sonst zu einer gefährlichen Halse kommen kann. Zwar wird der Baum wegen der Bullentalje nicht überschlagen, aber wenn das Großsegel back steht, ist die Yacht sehr schlecht auf den alten Kurs zurückzusteuern.

»Das geht nur mit Motor«, hatte Röttich gesagt.

Geißler hat sich schnell an die Nacht und das schwache Kompasslicht gewöhnt. In der Nacht steuert sich das Boot besonders schwierig für ihn. Die Bändsel entfallen als Anhaltspunkte an den Wanten an Steuerbord und Backbord, die ihm den Winkel des einfallenden Windes zeigen. So muss er sich ständig auf den Kompass konzentrieren. Und hier liegt die Crux, an die er sich auch nach einer Woche nicht gewöhnt hat: Läuft die Kompassanzeige langsam nach Backbord aus, muss er das Ruder nach Steuerbord drehen und umgekehrt. Dabei würde er viel lieber das Ruder in die Richtung drehen, in die sich auch die Kompassrose dreht. Stundenlang hat ihm Röttich in den ersten Tagen das Rudergehen nach Kompass beigebracht, aber Geißler tut sich hiermit schwerer als die anderen.

Vor zwei Monaten war er auch eher zurückhaltend auf Ottens Vorschlag eingegangen, die Anzeige in der Segelzeitschrift aufzugeben: »Zwei junge Männer suchen Atlantiktörn auf großer Yacht.« Drei Jahre lang hatte er sich keinen Urlaub gegönnt, in letzter Zeit konnte er seine Kneipe und die Gäste nicht mehr sehen. Er brauchte dringend Abwechslung. Gut, dass Verdi die Initiative übernommen hat. Bis jetzt ist ja alles paletti, denkt er.

»Na, Charlie!«, kommt eine Stimme aus dem Dunkeln.

Geißler erschrickt und erkennt am Glühen einer Zigarette, dass Petra Meinhard im Niedergang steht. Die Glut kommt näher, jetzt erkennt er auch die Umrisse der jungen Frau. Sie setzt sich dem scheinbar schlafenden Otten gegenüber. Charlie nimmt ihre nackten Schultern wahr, sieht, dass sie auch nachts nur einen Bikini anhat.

»Ich kann nicht schlafen. Man kugelt von einer Seite zur anderen. Ihr habt euch über Jörg unterhalten?«

»Hast du auch gehört, was wir über dich gesprochen haben?« Otten war also doch noch wach.

»Ja, du hast Charlie gebeichtet, dass du dich in mich verliebt hast. Aber lasst uns über etwas anderes reden. Ich kann diesen Röttich langsam nicht mehr ausstehen. An Land war er prima. Aber seitdem der an Bord ist, hat er sich um hundertachtzig Grad geändert.«

»Haben wir das nicht alle?«, stichelt Geißler und lacht dabei.

»Mir ist nicht zum Lachen zu Mute. Ich wünschte, ich könnte die Zeit zurückdrehen. Als Manfred noch nicht ans Segeln dachte, ging es uns besser. Ich sehe, wie das Schiff immer mehr zu einem Keil wird, der sich langsam in unsere Liebe schiebt. Mein Lebenstraum ist ein Bauernhaus irgendwo zu Hause am Niederrhein. Die sind gar nicht teuer. Für den Schiffspreis hätten wir locker ein Bauernhaus kaufen können. Es kann klein sein, nichts Großes. Aber es muss eine schöne Wiese mit Apfelbäumen haben. Ich sehe weiße Wäsche und drei Kinder. Ja, zwei Mädchen und einen Jungen wollte ich. Das ist doch nicht zu viel verlangt. Oder?« Sie erkennt trotz der Dunkelheit, dass Charlie und Oliver sie anstarren. Und weil die Beiden schweigen, fährt sie fort: »Ich weiß gar nicht, weshalb ich euch das erzähle. Vielleicht weil wir gleichaltrig sind. Zu Hause kann man seine tiefsten Gedanken doch keinem anvertrauen. Sag ich etwas meiner Freundin, weiß es am nächsten Tag mein Bruder. Erzählte ich etwas Persönliches meiner Kollegin, wusste es bald die ganze Firma. Okay, ich bin egoistisch, vielleicht auch manchmal zu oberflächlich. Aber doch nur, weil ich mich mit niemandem ausspreche. Dann wirkt man arrogant, die Leute nennen das schnell: Oberflächlichkeit. Wen interessieren denn schon meine Träume? Wen interessiert denn schon, wie ich den Kosmetiksalon gehasst habe? Und diese dummen Kühe von Kolleginnen. Aber noch schlimmer waren die Kundinnen. Keine Intimität war denen heilig. Die wollten sogar wissen, wann und wie lange ich meine Tage habe und wie Manfred im Bett ist. Trotzdem sage ich euch: Niemand interessiert sich für mein wirkliches Leben, meine Gedanken und Träume. Manfred hat auch seine eigenen Träume. Die sind ganz anders als meine. Je älter ich werde, desto mehr merke ich, dass man doch sehr alleine ist auf der Welt. Man wird alleine geboren, lebt und entscheidet meist alleine und stirbt alleine. Das habe ich in unserer Verwandtschaft gesehen.« Sie macht eine Pause, wirft die Haare nach hinten und schaut in den Sternenhimmel. »Manfred hat in unserer Beziehung gewonnen. Er hat sein Schiff und ich keinen Bauernhof.« Sie schluchzt. »An Kinder wage ich ja gar nicht zu denken.« Ihre Tränen glitzern im schwachen Kompasslicht. Sie wischt sie mit dem Handrücken fort: »Was soll ich denn auf diesem Schiff? Es ist mir so fremd. Ich habe von nichts eine Ahnung. Ich habe Angst vor Wasser. Besonders nachts. Am meisten Angst überkommt mich bei dem Gedanken, wie tief das Wasser unter uns ist. Ich darf gar nicht auf der Seekarte nach den Tiefenangaben schauen. Die Vorstellung, dass ich über Bord fallen könnte und irgendwann mal da unten in der ewigen Dunkelheit ankommen sollte, macht mich panisch. Es läuft mir jetzt, trotz der warmen Tropennacht, kalt den Rücken runter, wenn ich an diese schwarze Tiefe denke.«

Sie richtet sich auf. »Vielleicht bin ich der Grund, dass hier auf dem Schiff so viel schief läuft. Ich bin hier das Dummerchen, das spüre ich, das braucht mir kein Jörg Röttich zu sagen. Ich kann mich auch nicht richtig anpassen, ich schaffe es einfach nicht, mich hinzusetzen und Knoten zu üben oder Segelführung zu lernen. Bei mir hat sich so viel Frust aufgebaut, dass ich jetzt etwas mache, was ich eigentlich gar nicht will. Der Frust gilt mir selber. Ich war zu schwach, versteht ihr, was ich meine? Und jetzt bin ich blockiert. Ich kann nichts lernen und merke ganz genau, dass ich mich nicht so verhalte, wie Manfred es gerne hätte. Der will natürlich so eine zupackende junge Seefrau, die blitzschnell kapiert. Und der Röttich hasst mich auch. Und ihr?« Sie überlegt, wie sie ihr Geständnis beenden kann. »Ihr seht mich wahrscheinlich in der Rolle, die ich am meisten hasse: als oberflächlichen Nichtsnutz.« Sie steht auf. Wie eine Sternschnuppe fliegt ihre Kippe ins Meer. »Nein, sagt nichts. Ich will keine Diskussion. Meine Zigarettenpause ist vorbei. Euch noch süße Träume. Aber schlaft nicht dabei ein.«

Ihre Silhouette verschwindet im Niedergang. Die beiden Männer schweigen lange. Jeder hängt seinen Gedanken nach und irgendwann gehen diese tatsächlich in ihre Träume über.

Für Charlie Geißler beginnen immer die schönsten Stunden, wenn er nachts allein am Ruder steht. Über sich die Sterne, den weißen Schaum der Bugwelle an beiden Seiten des Schiffes, gefolgt von Tausenden phosphoreszierender Planktonteilchen im Wasser. Anders als bei seinen ersten Nachtwachen ist für ihn die Nacht schon längst nicht mehr abweisend. Das Licht der Sterne, das des Kompasslichtes, sogar das Licht der Wellenkämme und das des leuchtenden Planktons langen als Restlicht, um die engere Umgebung der *Apollonia* leicht zu erhellen. Er ist ein Nachtmensch, sonst hätte er die Kneipe gar nicht führen können. Jetzt lässt er Oliver während der Wache oft schlafen und übernimmt einen Großteil von dessen Wache mit. »Die Nächte auf See sind super, endlich herrscht Ruhe, kein Trubel, kein Kneipenmief, keine lärmenden Menschen, nur das Rauschen des Wassers, ein Meer von Sternen, nur Natur«, schreibt er in sein Tagebuch.

Irgendwann, am Ende dieser Wache – Oliver Otten schläft immer noch – geht im Salon das Licht an. Geißler erkennt vom Ruderstand aus Röttich. Kurz darauf erlischt das Licht wieder.

Röttichs Stimme erklingt vom Niedergang: »Das Barometer fällt weiter. Sieht nicht gut aus.«

»Was bedeutet das, Jörg?«

»Wetteränderung. Ich dachte, der Passat steht bis Barbados durch, aber der wird wohl gestört. Mal sehen, was kommt.«

»Gibt es Sturm?«

»Es kann auch eine Flaute geben. Oder ein anderes Windsystem. Aber sehr wahrscheinlich Starkwind. Vielleicht Sturm.«

»Ich lege mich wieder flach. Gleich werden dich Manfred und die Raucherin ablösen.«

»Also, bis zum Frühstück.«

Röttich hat in dieser Nacht schlecht geschlafen. Mehrfach ist er aufgestanden, um das fallende Barometer zu überprüfen. Als er in den Morgenstunden in einen ersten, tiefen Schlaf fällt, braucht es viel Lärm, um ihn wieder zu wecken. Er wacht nicht durch Geschirrklappern auf noch von dem Geruch gebratener Spiegeleier mit Speck. Getrampel an Deck, schlagende Segel machen ihn endlich wach. Blitzartig denkt er an das fallende Barometer und springt auf. Nur mit seinen Boxershorts bekleidet, erscheint er an Deck. Es ist ein grauer Morgen, der Himmel ist bedeckt, die Sonne nicht zu sehen. Er entdeckt Petra am Steuer. Die Männer sind auf dem Vorschiff. Röttich begreift sofort, was geschehen ist.

»Wieso habt ihr mich nicht geweckt? Das war doch so ausgemacht.«

»Gut, dass du kommst. Der Wind hat gedreht«, ruft ihm Schön zu.

»Das wusste ich schon in der Nacht. Das Barometer ist gefallen.«

»Du weißt ja wieder alles«, empfängt ihn die Freundin des Eigners.

»Der Wind kommt aus der Richtung, in die wir wollen. Wir müssen kreuzen. Scheiße.«

»Ich bin schon abgefallen. Wir segeln seit zehn Minuten wieder zurück.«

»Wir müssen zuerst den Spi und das Besanstagsegel abschlagen. Fangen wir mit dem kleineren an.« Röttich übernimmt das Ruder und das Kommando.

Schön und seine Chartergäste nehmen zuerst das Besanstagsegel runter und verstauen es in einem Segelsack. In der Abdeckung des Großsegels bergen sie den 196 Quadratmeter großen Spinnaker. Auch er wird in einen Segelsack gestopft. Beide Segelsäcke verschwinden im Vorschiff. Als sie die Genua II gesetzt und alle Schoten dicht geholt haben, segelt die *Apollonia* am Wind. Aber ihr Bug zeigt nicht mehr in Richtung Ziel. Der Wind hat schnell von Nordost über Nord nach West gedreht. Nass vom überspritzenden Wasser und schweißgebadet kommen die drei Männer ins Cockpit.

»Ich bin reif für ein doppeltes Frühstück.« Otten schaut seinen Kumpel an.

»Mit dem Frühstück müssen wir warten. Der Wind hat noch zugelegt. Wir müssen erst noch ein weiteres Reff einbinden.« Röttich schaut auf den Windanzeiger.

»Mein Segellehrer am Bodensee hat gesagt, man soll dann reffen, wenn man dran denkt, und nicht dann, wenn es zu spät ist. Also, ran an den Feind.« Ottens Hunger scheint verschwunden und zu Dritt machen sie sich daran, ein Reff ins Groß zu binden.

»Jetzt liegt die Dame nicht mehr so schräg. Manfred, wie wär es mit Musik?«, fragt Otten gut gelaunt.

»Keine Musik! Das Barometer fällt immer noch. Das verspricht nichts Gutes«, tönt Röttich.

»Kriegen wir Sturm?« Petra schaut ihn mit großen Augen an.

»Charlie, mach schnell mit dem Frühstück. Andrea, du übernimmst das Ruder. So, Manfred, jetzt sag uns mal, welche Sicherheitsmaßnahmen du für Sturm getroffen hast.«

Der Navigator hat durch diese Frage die Aufmerksamkeit aller auf sich gezogen.

»Kriegen wir Sturm? Nun sag doch was«, wiederholt Petra sich.

Schön überhört seine Freundin: »Wie meinst du das?«

»Na, die Sturmfock anstelle der Genua und das Trysegel an Stelle vom Großsegel. Wo hast du die?«

»Sind alle vorne in der Segellast. Wenn wir sie brauchen, weiß ich, wo sie sind.«

»Und was ist mit den Rettungswesten, den Sicherheitsleinen?«

»Die sind im Ölzeugschrank, gleich hier unten an Steuerbord.«

»Ich finde ja, dass wir gleich am Anfang ein Mann-über-Bord-Manöver hätten üben sollen«, mischt sich der segelerfahrene Otten ein. »Erst wenn sich der Himmel bedeckt, der Wind auffrischt, fragt ihr nach den Rettungsmitteln.«

»Keine Panik, ist doch alles da«, beschwichtigt der Eigner. »Die Rettungswesten sind ganz neu. Sie sind vollautomatisch und blasen sich sofort auf, wenn die Tablette an der CO_2-Patrone nass wird.«

»Hört mal alle zu!« Röttich will sich Gehör verschaffen. »Wir bekommen sehr wahrscheinlich Sturm. Der kann nach der Winddrehung um 180° in ganz kurzer Zeit über uns kommen. Das ist meist mit Regen verbunden. Alle sollten eine Regenjacke anziehen und darüber die Rettungsweste. Jeder sollte sich eine Sicherheitsleine an seine Rettungsweste anpieken. Und hier sind die Halteaugen im Cockpit.« Er deutet auf zwei Nirostabeschläge am Fußende des Cockpits. »Hier müsst ihr euch bei Sturm einpieken.«

In den Regenjacken ist es allen zu warm. Die Rettungsweste stört bei jeder Bewegung. Keinem schmeckt das Frühstück.

»Es scheint, dass Jörg wieder mal Recht hat. Der Wind nimmt zu.« Otten ist der Erste, der beim Frühstück spricht.

»Richtig, der Windanzeiger – wenn er auch nicht genau geht – zeigt weit über dreißig Knoten. Wenn wir unsere Fahrt davon abziehen, dann haben wir Windstärke sechs bis sieben.«

»Bei sieben Beaufort beginnt Starkwind, das haben wir erreicht«, ergänzt Otten.

»Richtig, dann sollten wir die Genua wegnehmen und deine kleinste Genua setzen. Findest du die schnell?«

»Ich habe vier Genuas. Die sind auf jedem Segelsack durchnummeriert. Kein Problem.«

»Wenn man ans Reffen denkt, soll man es auch tun. Wie wär's, Manfred?«

»Okay, Verdi. Ich reiche den Segelsack durch die Luke nach oben. Aber erst gebt ihr mir die Genua II runter.«

Röttich übernimmt das Ruder, während die drei Männer auf dem Vorschiff mit dem Segelwechsel beginnen.

Es ist eine nasse Angelegenheit, sie müssen sehr vorsichtig arbeiten. Alle haben sich mit ihren Sicherheitsleinen eingepiekt, was die Arbeit noch mehr verlangsamt. Die *Apollonia* segelt jetzt mit verkleinerter Segelfläche genau so schnell wie vorher, allerdings mit weniger Krängung, weniger Schräglage. Im Laufe des Tages legt der Wind zu. Immer häufiger steigt Spritzwasser über und duscht den Rudergänger. Die Crew im Cockpit ist durch das Deckshaus und die kleine Spritzkappe über dem Niedergang besser geschützt. Der Sundowner fällt aus. Und zum ersten Mal hilft Charly Petra bei den Vorbereitungen zum Abendessen. Gleich danach legt sie sich in ihre Koje. Ihr ist schlecht.

Jörg und Andrea gehen ihre Wache. Kein Stern durchbricht die Wolkendecke. Die einzige Helligkeit kommt vom matten Kompasslicht, das den Rudergänger in ein unheimliches, düsteres Licht hüllt. Immer größer werden die hellen Wellenköpfe. Immer lauter das Klatschen und Schlagen des vorbeiströmenden Wassers am Rumpf. Zum ersten Mal ist keinem an Bord wohl in seiner Haut. Es ist mehr die Ungewissheit darüber, was sie erwartet, als die Unbequemlichkeit, die ihnen der Starkwind zu diesem Zeitpunkt zumutet.

Siebter Tag

Während der zweiten Nachtwache kommt leichter Regen auf, der dem Rudergänger ins Gesicht klatscht; die Augen schmerzen. Manfred geht seine vierstündige Wache allein. Er hat gegen die peitschenden Regentropfen seine Taucherbrille aufgesetzt und sieht in seinem Regenzeug im schwachen Kompasslicht fast wie ein Höhlenforscher aus. Seine Freundin liegt seekrank im Bett. Als es in den frühen Morgenstunden langsam hell wird, erblickt er ein Bild, das er bis dahin noch nicht kennen gelernt hat. Überall weiße Wellenkämme, die Farbe des Meeres verwischt mit der Farbe des grauen Himmels. Er kann nicht einschätzen, wie weit er exakt sehen kann. Eine Seemeile, vielleicht auch nur hundert Meter? Trotz der Regenjacke ist ihm kalt. Er sehnt sich nach seiner Ablösung. Will nur noch in die wärmende Koje! Übermüdet schaut er auf seine Uhr. Es ist bereits Zeit für den Wachwechsel. Wo bleiben die beiden, die doch sonst so pünktlich sind? Endlich erscheint Andrea im kompletten Regenzeug mit hochgezogener Kapuze und Rettungsweste samt Sicherheitsleine. Sie klinkt die Leine mit dem Karabinerhaken in das Niro-Auge im Cockpit ein und setzt sich in Luv auf die Cockpitbank.

»Jörg kommt später, dem ist nicht gut«, sagt sie entschuldigend.

»Seekrank?«

»Weiß er selbst nicht. Er hat mir nur befohlen, ich soll

auf das Barometer klopfen. Es ist wieder gesunken. Jörg meint, dass der Wind noch mehr zulegen wird.«
»Dann sollten wir ein zweites Reff ins Groß binden!«
»Davon hat er nichts gesagt.«
»Der Feigling. Okay, übernimm du. Das Ruder hat jetzt mächtig Druck. Ist nicht ganz einfach. Ich wecke die Jungs zum Reffen.«
Röttich kommt an diesem Tag erst gegen Mittag aus seiner Koje. Er gibt keinen Grund an, weshalb er nicht zu seiner Wache erschienen ist. Er ist blass und wortkarg. Der Wind lässt nicht nach. Jeder an Bord schaut ständig auf den Windmessanzeiger, der den scheinbaren Wind anzeigt. Um den wahren Wind zu ermitteln, muss man die Geschwindigkeit der *Apollonia* von zirka sieben Knoten, die hoch am Wind segelt, abziehen. Als Tagesdurchschnitt ergibt sich ein Starkwind von vierunddreißig Knoten.

Am späten Nachmittag des 3. Dezember 1981 segelt die deutsche Yacht *Loreley* ebenfalls hoch am Wind wenige hundert Meter westlich der *Apollonia*. Die *Loreley* ist bei Dübbel & Jesse auf Norderney gebaut, eine schnelle, stabile Aluminiumyacht vom Typ Nordsee 39. Sie läuft auf dem gleichen Kurs wie die wesentlich größere *Apollonia*. Beide Yachten sind auf dem Weg von Gran Canaria nach Barbados. Auf dieser dreitausend Seemeilen langen Strecke ist es höchst unwahrscheinlich, einer anderen Yacht zu begegnen. Selbst bei gutem Wetter kann man eine Yacht höchstens in einem Abstand von zirka vier Seemeilen ausmachen. An diesem Tag sind die Sichtverhältnisse besonders schlecht und es ist nur dem guten Ausguck auf der *Loreley* zu verdanken, dass alle an Bord die *Apollonia* erkennen.
Werner Krengel ist mit zwei Freunden unterwegs. Er ist ein erfahrener Segler, der sein Schiff sportlich segelt und an vielen Regatten teilgenommen hat. Krengel hat

einen guten Blick für Yachten und identifiziert bei diesen schlechten Wetterbedingungen die *Apollonia* hauptsächlich deshalb, weil er sie schon in der Marina in Pasito Blanco bewundert hatte.

Im letzten Tageslicht beobachten die Segler, die mit Werner Krengel unterwegs sind, wie die *Apollonia* langsam von achtern näher kommt. Sie ist schneller als die *Loreley*, weil sie größer ist. »Länge läuft«, heißt es bei Seglern. Der erfahrene Skipper überblickt sofort, dass die *Apollonia* nicht richtig gesegelt wird.

»Die schoben viel zu viel Lage. Die hatten zu viel Tuch drauf. Wir konnten sehen, dass die zwar schneller waren, aber wir die Höhe liefen. Die knüppelten das Schiff durch den Sturm, hätten viel mehr reffen müssen.«

Später wird im Logbuch der *Loreley* zu lesen sein: »Am 2.12. hatten wir den Salat, Südwest 20 kn, am nächsten Tag Südwest 30 kn, am 4.12. Südwest 45 kn. Um 15.00 Uhr gingen wir nicht mehr gegenan. Beigedreht unter Sturmfock lagen wir 20 Stunden und wurden 20 sm nach NO zurückgetrieben.«

Achter Tag

Es ist kurz nach Mitternacht, die zweite Sturmnacht. Andrea Kleefeld kann nach ihrer Nachtwache trotz Erschöpfung nicht schlafen. Röttich liegt in der Koje über ihr. Beide haben sich mit Leesegeln gesichert, damit sie nicht herausrollen, denn die *Apollonia* segelt schräg auf Steuerbordbug. Röttich liegt auf dem Rücken mit offenen Augen. Neben ihnen rauschen Tonnen von Wasser vorbei. Sie sind nur durch die doppelte Beplankung des Rumpfes davor getrennt. Das Geräusch der endlosen Wasserkaskaden kann durch diese wenigen Zentimeter Holz nicht gedämmt werden.

»Ich habe Angst, richtige Angst«, kommt es von der unteren Koje.

Röttich antwortet nicht direkt. Der Fußteil seiner Koje ist nass. Wasser tropft von der Decke. Er weiß, dass irgendwo über ihm das Deck undicht ist. Er denkt an seine Kalfaterarbeiten am Rumpf, nur wenige Zentimeter von der Stelle entfernt, wo jetzt sein Kopf liegt. Das war eine Woche vor der Abfahrt. Schön war einige Zeit in Deutschland, um nach dem Einbruch Geld und neue Schiffspapiere für seine Yacht zu besorgen. Währenddessen hatte Röttich weitere Arbeiten an Bord erledigt. Dabei war er im Vorschiff auf eindringendes Wasser gestoßen, auf das ihn die automatische Bilgenpumpe aufmerksam gemacht hatte, die in regelmäßigen Intervallen ansprang und eingedrungenes Wasser außenbords pumpte. Er informierte Schön nach dessen Rückkehr, das Schiff wurde aus dem Wasser gehoben und Röttich kalfaterte diesen Bereich des Vorschiffs neu. Das dazugehörige Werg, der notwendige Kitt und das Kalfatereisen waren noch aus den Zeiten an Bord, als die Yawl als *Wappen von Bremen* unterwegs war. Röttich hatte gute Arbeit geleistet, denn seit dieser Zeit schien die *Apollonia* trocken. An diesem achten Tag aber fragt er sich voller Sorge, ob seine Kalfaterarbeit auch diesen Sturm überdauern wird.

»Du brauchst keine Angst zu haben. Der Sturm wird sich bald legen. Meistens hören Stürme nachts auf«, er weiß natürlich, dass das nicht stimmt.

»Vom nächsten Hafen aus fahre ich zurück. Das ist nichts für mich. Ich habe zu viel Angst. Ja, ich gebe es zu. Ich will nichts als nach Hause.« Andreas Stimme klingt entschlossen.

»Liebling, morgen sieht die Welt anders aus. Versuch zu schlafen. Danach wird alles besser sein.«

»Versprich mir, dass wir die Reise in Barbados beenden. Ich hab solche Angst, bitte.«

»Ich kann noch nicht zurück. Ich bin hinter Ladwig her. Der hat unser Geld und das hole ich mir zurück.«

»Dann fahre ich allein nach Haus.«

Es sind ihre letzten Worte. Die Übermüdung ist mächtiger als das unendliche Rauschen, Klatschen und Knallen unzählbarer atlantischer Sturmwellen gegen den Rumpf der übertakelten Holzyacht.

An Deck halten die beiden Chartergäste vom Bodensee, von denen jeder eintausend Mark für diese Urlaubsreise gezahlt hat, Nachtwache.

»Meinen Urlaub habe ich mir ganz anders vorgestellt«, ruft Rudergänger Otten gegen den Wind seinem Kumpel zu.

»Was hast du gesagt?« Geißler rückt aus dem Schutz des Deckshauses auf der Sitzbank nach hinten in Richtung Steuerstand.

»Vergiss es! Im Ölzeug durch die Tropen, so 'ne Scheiße.«
»Es war ja dein Vorschlag mit dieser Atlantiküberquerung.«
»Nur wer die Hölle kennt, scheut nicht den Tod.«
»Red keinen Scheiß!«
»Haste Muffensausen?«
»Mann, ich bin das erste Mal auf einem Boot und dann gleich so 'ne Sauerei! Ist vielleicht besser, wenn wir uns bei dem Sturm alle halbe Stunde ablösen?«
»Guter Vorschlag, dann übernimm jetzt. Mir läuft das Wasser schon durchs Ölzeug. Ich binde mir mein Handtuch um den Hals. Das machen wir bei Regatten auch so.«
»Verdi, da ist jetzt erheblich mehr Druck auf dem Ruder.«
»Klar, der Sturm hat zugelegt.«
Die Unterhaltung ist anstrengend. Die Freunde legen eine längere Pause ein.
»Ich stehe nur noch auf dem rechten Bein. Der Ruderdruck wird immer stärker. Da muss etwas passieren«, schreit Charlie schließlich in die Nacht.
»Ich wecke Schön, soll der entscheiden.« Mit der Taschenlampe leuchtet Oliver auf die Windanzeige. »Über vierzig Knoten wahren Wind, dicker Sturm, höchste Zeit zum Reffen.«
Als Schön im schwachen Licht der Kartentischbeleuchtung am Niedergang erscheint, knipst er die Decksbeleuchtung an und im Nu wird das Szenario für Otten und Geißler an Bord sichtbar. Was sie sehen, macht ihnen Angst. Das enorme Krängen des Schiffes. Die Brecher, die der Bug über Deck schaufelt, die sich nach Lee verteilen und sich schlürfend und gurgelnd ihren Weg durch die Speigatten an der Steuerbordseite zurück ins Meer suchen. Selbst die Geräusche des vorbeirauschenden Wassers, der killenden Segel, das Pfeifen im Rigg scheinen durch die abrupte Beleuchtung lauter zu werden.

Schön trägt sein rotes Ölzeug mit Leuchtstreifen. Er sieht aus wie ein Helfer beim Katastrophenschutz. »Lasst uns das Groß runternehmen. Die kleine Genua und das Besansegel sind genug«, ruft er Otten zu, dem er wegen seiner Regattaerfahrung in dieser Situation mehr vertraut als Geißler.

»Einverstanden.«

»Verdi, übernimm du das Ruder. Charlie und ich holen das Groß runter.«

Otten zeigt ihm den hochgestreckten Daumen und übernimmt das Ruder.

Auf allen Vieren kriechend, krabbeln Schön und Geißler auf der höher liegenden Backbordseite, der Luvseite, zum Mast. Mehrfach müssen sie ihre kurzen Sicherheitsleinen an dem Handlauf auf dem Deckshaus, an der Befestigung des Beibootes und am Halterahmen neben dem Mast umpieken. Endlich am Mast angekommen, sind sie bis auf die Haut durchnässt.

»Hoffentlich rutscht das Groß von alleine runter. Wenn nicht, musst du Verdi sagen, dass er in den Wind steuern muss. Also!«

Schön sucht Halt an dem Rahmen und stützt sich mit dem Rücken dagegen. Er öffnet die Bremse an der Fallwinsch, aber der Winddruck ist zu groß im Segel. Es bleibt oben. Schön nickt Geißler zu und der krabbelt in Richtung Cockpit. Er legt die Hände um den Mund und ruft seinem Freund zu: »Geh in den Wind!«

»Weshalb?« Plötzlich steht Röttich neben Geißler. Er ist durch den Lärm wach geworden. »Was macht ihr denn?«, schreit er los. Mit einem schnellen Blick erkennt er im Decklicht Schön vorne am Mast. »So eine Scheiße! Ohne mich zu wecken! Was soll das?«

»Manfred will das Groß runterholen. Wir machen zu viel Lage«, erklärt Geißler die Situation.

»Aber doch nicht das Groß. Die Genua muss runter. Dafür die kleine Fock hoch!«, schreit Röttich den Mann an, der am wenigsten vom Segeln versteht. Er merkt, dass er den Falschen vor sich hat. Jetzt ruft und winkt er Schön zu, ins Cockpit zu kommen. Schön sichert die Bremse und krabbelt langsam zurück. Gerade will er sich im sicheren Cockpit aufrichten, als ihn Röttich anbrüllt: »Du Arschloch, das Groß bleibt oben. Du hast doch keine Ahnung. Die Genua ist zu groß. Die Sturmfock muss hoch.«

Schön setzt sich ins Cockpit und lehnt seinen Rücken an das schützende Deckshaus. »Wir haben viel zu viel Ruderdruck. Den kriegen wir nur raus, wenn wir das Großsegel runternehmen. Das ist der Vorteil einer Yawl. Die kann mit Vorsegel und dem kleinen Besansegel segeln.«

»Scheiße. Es wird das gemacht, was ich sage! So haben wir das in Pasito Blanco vereinbart.«

»Jörg, reg dich ab. Die haben mich bei der Segelkameradschaft in Bremen extra darauf hingewiesen, dass sie bei Sturm nur unter Fock und Besan segeln. Nun glaub es mir doch!«

»Wieso hat mich denn keiner geweckt? Mann, das haben wir doch ausgemacht. Keine Segelmanöver nachts ohne mich!«

»Ich kann das Ruder kaum noch halten!«, schreit Otten.

Schön steht auf. »Halt noch wenige Minuten durch«, ruft er dem Rudergänger zu. Dann wendet er sich an Röttich. Der steht im engen Cockpit direkt neben ihm. Einen Moment lang erinnert ihr Gehabe an zwei Kampfhähne. Schön schaut Röttich an und erteilt dann seine Order wie ein erfahrener Kapitän: »Jetzt wird gemacht, was ich anordne. Diskutieren können wir später.« Und zu Otten gewendet, befiehlt er: »Wenn ich am Mast bin, geh kurz in den Wind. Ist das okay?«

Otten hebt den Daumen. »Komm!«, mahnt er Geißler. Und an seinen Navigator gerichtet, sagt er: »Du bindest dann das Großsegel hinten fest, wir tun's vorne. Wenn wir mit dem Großsegel fertig sind, kommt die Genua runter und wir setzen die Sturmfock«, Schön erwartet von Röttich jetzt keine Antwort mehr.

Als das Großsegel geborgen ist und die kleine Fock am Vorstag angeschlagen ist, merkt jeder an Bord, auch unter Deck, dass die Krängung nachgelassen hat; die enorme Schräglage ist weg. Besonders Rudergänger Otten spürt, dass der Druck aus dem Ruder verschwunden ist.

Röttich weiß, dass er an Deck überflüssig ist und geht nach unten.

»Mach bitte die Deckslampen aus«, ruft Schön hinter ihm her.

Das Licht erlischt. Röttich entledigt sich seines Ölzeugs und legt sich auf seine Koje. Er weiß, dass Schön ihm nach dieser Nacht kein Zeugnis ausstellen wird. Und er weiß: Ohne Zeugnis gibt es für ihn keine Zukunft in der Karibik. Von dieser Minute an findet Jörg Röttich für den Rest der Reise keinen ruhigen Schlaf mehr.

Am Morgen sitzen die vier Männer mit gekrümmten Rücken im Cockpit. Jeder hat sich auf seine Weise so abgestützt, dass die nächste Welle ihn nicht umwerfen kann. Ihre Sicherheitsleinen haben sie an den beiden Beschlägen im Cockpit eingepiekt. Keiner spricht ein Wort. Übermüdet frühstücken alle im Ölzeug mit hochgezogenen Kapuzen. Geißler hat Fertigsuppen bereitet und jeder der vier schlürft seine heiße Suppe aus der Tasse. Die beiden Frauen liegen, geschwächt die eine, seekrank die andere, in ihren Kojen und denken an alles, nur nicht ans Essen.

»Ich möchte mich bei dir entschuldigen.« Röttich hat beide Hände um die wärmende Tasse gelegt und schaut Schön an. »Das heute Nacht war nicht so gemeint. Auch bei euch beiden.« Er nickt ihnen zu.

»Okay, schon gut. Wir fröhlichen Rheinländer vergessen schnell.« Schön will ablenken. »Hast du schon auf das Barometer geschaut?«

»Fällt nicht mehr.«

»Na, dann können wir ja morgen schwimmen gehen.«

Auch Otten versucht die Stimmung zu heben. Dabei sind seine Gedanken beim Sturm, der sie nach wie vor umfängt. Solch ein Wetter hat er bisher noch nicht erlebt. Er ist zwar viele Regatten auf dem Bodensee gesegelt, auch auf der Ostsee bei Europameisterschaften in Schweden und sogar vor Seattle in den USA war er dabei. Er kennt alle Klassen, die man als Jugendlicher üblicherweise segelt: Pirat, 470er, Zugvogel. Sogar auf einer Swan, dem Rolls-Royce unter den Yachten, ist er gesegelt und hat bereits einmal zwei Monate auf einer Yacht in der Karibik gelebt, wobei allerdings mehr gefeiert als gesegelt wurde.

»Als ich diesen Röttich zum ersten Mal sah, dachte ich, einen erfahrenen Seebären vor mir zu haben«, sinniert er. »Ich kam an Bord, da schaute mich dieser Kerl mit dem Walfängerbart aus dem Maschinenraum aus an. In der einen Hand einen Gabelschlüssel, die andere Hand hat er zur Begrüßung ausgestreckt. Das hat mir imponiert. Seine erste Frage war: ›Was hast du für Scheine?‹ Und wie ein Schüler hab ich stolz geantwortet: ›Den BR-Schein und das Bodenseeschifferpatent.‹ Jetzt weiß ich, weshalb er mich nicht nach meiner Segelerfahrung gefragt hat; weil er selbst bloß ein Theoretiker ist, ein Schreibtischsegler. Der hat sich alles, was er weiß, nur angelesen. Von der Praxis hat der keine Ahnung. Das hat das Segelmanöver heute Nacht gezeigt. Am besten, ich lass ihn seinen Kasernenhofton austoben. Wenn ich dem von meinen Segelerfahrungen erzähle, kriegt der noch mehr Komplexe.«

Was Otten bereits am achten Segeltag ahnt, deckt sich mit der Aussage von Kapitän Ladwig auf der *Pelikan* in seiner Zeugenvernehmung am 19.1.1982: »Ich halte Röttich für keinen guten Segler und meine damit, dass er keine große seemännische Erfahrung hat. Meines Erachtens ist er nur drei Monate in seinem Leben zur See gefahren; und zwar einen Monat auf der Ostsee für diese Segelschule, einen Monat bei mir und einen auf der *Apollonia*. Er mag ein einigermaßen guter Navigator sein, auf keinen Fall ist er ein guter Praktiker.«[1]

Das Barometer fällt an diesem Vormittag nicht weiter, aber es will auch nicht steigen. Die Männer sind alle an Deck; gegen Mittag fragt Geißler, ob noch jemand Appetit auf eine zweite Tasse Suppe hätte. Röttich brummt, dass die meisten Unfälle an Bord durch Verbrennungen am Herd geschehen.

»Verbrenn dir ja nicht deinen Schwanz! Sonst hast du in der Karibik schlechte Karten.«

Unter seiner durchnässten Kapuze grinst Oliver nach dieser Provokation Charlie an, bevor der sich an die beschwerliche Arbeit macht. Bei dem hohen Seegang ist die Arbeit an dem kardanisch aufgehängten Herd nicht einfach. Jeder Handgriff muss überlegt sein. Zu allererst müssen die Füße eine sichere Stelle finden. Mit der Hüfte stützt sich Charlie an dem Unterbau der Spüle ab. Den Teekessel klemmt er mit zwei Nirostabügeln am Herd fest, sodass der nicht rutschen kann. Und mit beiden Händen umklammert er dann die Handleiste über sich, denn jede heftige Bewegung des Schiffs könnte ihn sonst umwerfen. Er wartet, bis das Wasser kocht. Die vier Tassen mit dem Suppenpulver hat er bereits vorbereitet und rutschfest verstaut; vorsichtig füllt er sie nun und reicht eine nach der anderen behutsam nach oben.

Schön steht am Steuer. Als Geißler seine Tasse ausgetrunken hat, löst er ihn ab und der Eigner wärmt seine nasskalten Hände an der Tasse.

»Sollten wir nicht nach drei Tagen Nordwestkurs eine Wende fahren?«, Schön sieht Röttich an.

---

[1] Entspricht im Wesentlichen dem Polizeiprotokoll.

»Schlechtwetterperioden dauern meist drei Tage. Ich nehme an, die Scheiße hört heute auf.«

»Was meinst du, wie weit wir nach Norden gesegelt sind?«

»Keine Ahnung. Ist auch auf dem Atlantik egal. Ich hau mich jetzt aufs Ohr. Wenn was ist, weckt mich.«

Röttich pellt sich unter Deck aus seinem nassen Ölzeug, hängt es in den Schrank und hangelt sich nach vorne zu seiner Kajüte. Kaum liegt er, gibt es an Deck einen Schlag, als ob jemand einen Schuss abgefeuert hätte. Danach schlägt und knallt es wie von Hunderten von Peitschenhieben, die durcheinander schlagen. Zusätzliches Hämmern an Deck lässt Röttich sofort umkehren. Ohne Ölzeug stürzt er ins Cockpit. Hier stehen Schön und Otten und stieren fassungslos auf das Vorschiff.

»Die Schoten haben sich von der Fock gelöst!«, schreit Schön.

»Scheiße! Das Segel muss runter!« Röttich dreht sich zu Geißler um. »Ich habe keine Rettungsweste an. Mach du das, ich geh Ruder!« Und er springt behände zum Ruderstand.

Schön krabbelt an der Backbordseite zum Mast. Wieder hakt er sich auf dem Weg ein.

»Mach schnell, bevor dir dein Segel zerfetzt ist!«, ruft Röttich ihm nach, aber der hört nur das Knallen und Peitschen des Segels.

Während Schön an der Bremse der Fallwinsch hantiert, steuert Röttich die Yacht mehr in den Wind. Die Fock, die durch keine Schot mehr gehalten wird, peitscht und schlägt. Es ist ein Wunder, dass sie noch nicht zerrissen ist. Der metallene Ring, das Schothorn, an dem die zwei Schoten festgeknotet werden, kann einen Segler erheblich verletzen, wenn der sich ungeschickt anstellt. Schön löst die Bremse und langsam sackt das Vorsegel, immer noch wild schlagend, nach unten auf das Deck. Hier wird es sogleich vom Sturm erfasst, gegen die Reling gedrückt und schließlich über die Reling ins Wasser gefegt.

»Oliver, hilf Manfred mit dem Segel. Du kannst ja den Palstek. Mach beide Schoten mit einem Palstek fest. Verstehst du mich?«

Oliver zeigt den erhobenen Daumen und macht sich auf den Weg nach vorne. Sie bergen mühsam das Segel aus dem Meer. Es hängt tief im Wasser, ist fast zu schwer für zwei Männer. Als sie es an Deck haben, werfen sie sich auf das Segeltuch, damit der Sturm es nicht wieder erfassen kann. Otten macht sich lang und erfasst beide Schoten. Wie viele Mal geübt, knotet er jede Schot mit einem Palstek am Schothorn fest. Dann zeigt er Röttich den erhobenen Daumen, und der steuert die Yacht mehr in den Wind. Schön klemmt seinen Rücken wieder an die Haltestütze am Mast und kurbelt das Fall mit der angeschlagenen Fock nach oben. Inzwischen ist Otten im Cockpit angekommen und holt die Schot dicht. Die Yacht kann ihre Sturmfahrt fortsetzen.

Als auch Schön im Cockpit ist, kommt es zu dem zweiten Streit an diesem Tag.

»Deine Knoten haben sich geöffnet. Und du willst Kapitän sein!«, empfängt ihn der einzige Mann ohne Ölzeug.

Schön ist von den Manövern auf dem Vorschiff erschöpft. Er zieht sich die Kapuze vom Kopf, dreht seinen verschwitzten Kopf zu Otten: »Vielen Dank!«

»Du hast einen Hausfrauenknoten gemacht. Dadurch hast du deine Crew in Lebensgefahr gebracht. Wann lernst du endlich richtige Knoten?« fragt Röttich im Gesicht rot vor Wut.

»Vielleicht hat er ja den richtigen Knoten gemacht und der hat sich gelöst?« Geißler will beschwichtigen.

»Es gibt keinen Seemannsknoten, der sich einfach löst. Scheiße, Manfred, du beherrschst nicht mal die einfachsten Dinge.«

»Dann musst du mir die Knoten noch mal beibringen. Im Moment bin ich fix und foxi.«

Röttich kann sich nicht beruhigen: »So einen Laienhaufen habe ich noch nie gesehen.« Und meint natürlich den Eigner.

»Ich kann deine Besserwisserei nicht mehr hören! Halt endlich deine Schnauze! So was kann doch mal passieren!«, platzt es nun aus Schön heraus.

Die Männer werden durch die Wetterverbesserung von ihrem Streit abgelenkt. Sie merken, dass der Sturm nachgelassen hat. Noch am späten Nachmittag bricht die Sonne durch, der Wind dreht zurück über Nord nach Nordost. Die Crew schafft es noch im letzten Licht des Tages, alle Segel wieder anzuschlagen, die sie auch vor dem Sturm gefahren haben. Als die Sonne untergeht, zeigt der Bug der schönen Yawl wieder Richtung Barbados.

In der Seefahrt schweißen Stürme Mannschaften zusammen. Jeder Mann zählt, jeder wird gebraucht, um Schaden von dem Schiff abzuhalten. Seeleute wissen, dass nur eine geschlossene Mannschaft gegen einen tagelang wütenden Sturm eine Chance hat. Herrschen Uneinigkeit und Streit, werden Befehle nicht befolgt, dann droht Gefahr für das Schiff und Lebensgefahr für jeden Einzelnen an Bord. Stürme sind der gemeinsame Feind, eine übergeordnete Macht, die man nur als intaktes Team bekämpfen kann. Auf der *Apollonia* gibt es bei diesem Drei-Tage-Sturm keinen Kapitän mit einer geeinten Mannschaft. Der Mann, der alles richtig machen will, hat sich noch mehr isoliert. Für den Schiffseigner und die beiden Urlauber vom Bodensee ist Röttich nicht mehr die Autorität an Bord, höchstens der Navigator, derjenige, der ein bisschen mehr Kenntnisse der Seemannschaft besitzt als sie selbst. Sie nehmen ihn nicht mehr so ernst wie vorher, fangen an, ihn insgeheim zu belächeln. Die Männer sind zwar angeschlagen und müde, aber der Passatwind und das tropische Wetter haben ihre Lebensgeister nach dem Sturm wieder geweckt.

An diesem tropischen Abend gibt es keinen Sundowner. Als die Sonne rot im Meer versinkt, zitiert Röttich in schlechtem Englisch: »*Red sun in the night: sailor's delight, red sun in the morning: sailor keep warning.*«

Neunter Tag

Röttich hat wieder Recht. Der nächste Tag bringt *sailor's delight*. Wolkenloser Himmel, nicht einmal die Passatwolken sind zu sehen. Der Wind hat während der Nacht nachgelassen und mit einer leichten achterlichen Brise segelt *Apollonia* unter Spinnaker, Großsegel, Besansegel und Besanstagsegel. Die Yacht macht nur fünf Knoten Fahrt durchs Wasser. Immer häufiger fällt der fast 200 Quadratmeter große Spinnaker ein, füllt sich wieder; dann knallt das Nylonmaterial und ein leichter Ruck geht durch das Schiff, wenn das volle Tuch das Schiff wieder nach vorne zieht.

Andrea steht am Steuer. Die anderen fünf sitzen im Cockpit und frühstücken. Die Männer haben ihre T-Shirts abgelegt.

Der Frühstückskoch schaut in die Runde. »Irgendwelche Beschwerden? Hat jemand Verbesserungswünsche?«

»Kannst du vor dem Frühstück die Heizung ausstellen? Die Butter ist immer geschmolzen!« Oliver schaut seinen Kumpel todernst an.

»Verdi, wir sind auf der Barfußroute angekommen, da ist die Heizung immer an.«

»Bei diesem Wetter macht das Segeln sogar mir Spaß. Aber einen Sturm möchte ich nie wieder erleben.« Andrea dreht ihre Schirmmütze nach hinten, damit sie keinen Sonnenbrand im Nacken bekommt.

»Damen macht die Damenbrise Spaß, ist doch klar!« Petra schnippt die Asche ihrer Zigarette nach Lee weg.

»Na, wenigstens fliegt deine Asche jetzt in die richtige Richtung.« Wieder knallt der Spinnaker. Röttich blickt auf: »Nach dem Essen sollten wir den Spinnaker gegen den Leichtwetterspinnaker austauschen.«

»Der ist brandneu. Man hat mir gesagt, der zieht das Schiff noch bei Flaute«, verkündet Schön stolz.

»Liebling, welche Farben hat der? Dieses Rot-Weiß von unserem Spinnaker finde ich total spießig.« Petra wirkt plötzlich sehr interessiert.

»Ich habe keine Ahnung, bin selber neugierig.«

»Wenn der auch so hässlich ist, dann lasst ihn gleich unten. Es ist ein zu schöner Tag für ein hässliches Segel.«

Aus Röttich platzt es heraus: »Deine Bemerkung ist doch saublöd. Du kommst hier mit persönlichen Lieblingsfarben. Der Flautenschieber wird gleich gesetzt, egal welche Farbe der hat.«

»Jawohl, Herr Kapitän!« Petra blickt Röttich ironisch an und hebt ihre Hand an den Kopf wie zu einem militärischen Gruß.

»Du bist so blöd, du kannst noch nicht mal ein gelbes Loch in den Schnee pissen.«

»Weißt du was, Jörg, dich nehme ich doch seit dem ersten Tag auf See nicht mehr ernst. Da kannst du mich beleidigen, wie du willst.«

»Bekleide erst einmal deine müden Titten, dann kannst du auch mit mir reden!«

»Deine Freundin wäre doch froh, wenn sie meine Figur hätte.«

»Schlampe!«

»Feigling!«

»Aufhören! Kein Wort mehr!« Schön schmeißt seine Scheibe Brot wütend auf den Teller.

Charlie, der Mann für die gute Stimmung, lenkt ab: »Nun genießt doch erst einmal das Frühstück. Unsereins hat sich viel Mühe gegeben. Es ist doch Urlaub, oder?«

»Charlie, für dich ist es Urlaub. Das ist auch gut so.

Aber ich fühle eine Verantwortung für das Schiff und für euch. Ich will doch nur, dass wir alle heil übern Teich kommen. Ihr denkt immer, ich bin gegen Alles und Jedes, dabei will ich nur das Beste. Hier läuft doch so viel schief, dass ich gar nicht anders kann, als ständig zu korrigieren. Meinst du, ich gefalle mir in der Rolle des Sheriffs? Verstehst du?«

»Klar, verstehe ich. Das machst du ja auch gut so. Wenn du bloß diesen Feldwebelton abstellen könntest.« Charlie Geißler beginnt, die Frühstückssachen unter Deck zu bringen.

»Also Jungs, wechseln wir die Segel.« Schön will ablenken und er will sein neues Segel sehen.

Petra zündet sich mittlerweile eine Zigarette an der anderen an. Vom Cockpit aus beobachtet sie die Männer beim Segelwechsel. Irgendwann geht ein Lächeln über ihr Gesicht: Der neue Leichtwetterspinnaker ist knallgelb wie eine Zitrone. Sie holt ihre Sonnencreme, die Sonnenbrille, nimmt ihre Zigarettenpackung, das Zippo-Feuerzeug und begibt sich zum Sonnenbad auf das Vorschiff. Dieses Mal hat sie auch ein Badetuch dabei.

»Na, Schatz, wie gefällt dir die neue Blase?«

Über die Sonnenbrille hinweg fixiert sie ihren Freund: »Gelb wie die Sonne. Perfekt!«

»Wir könnten das neue Segel mit einer Flasche Schampus taufen.«

»Das tun wir nicht. Morgen ist Bergfest, dann trinken wir den Sekt.« Schön hat zwei kurze Tampen aufs Vorschiff mitgebracht. Für die nächste Zeit beschäftigt er sich mit verschiedenen Seemannsknoten. »Willst du auch mal Knoten lernen?«

»Jetzt sonne ich mich. Wenn wir drüben sind, fange ich mit all dem Kram an.«

»Ich kann es gar nicht mehr abwarten, bis wir da sind. Bin gespannt auf die ersten Charteraufträge, die uns im *Frangipani* erwarten.«

»Versprich mir eines: In Barbados trennen wir uns von der Tussi und diesem Arschloch!«
»Am liebsten würde ich das heute noch erledigen. Aber wohin mit ihnen?«
»Wir schmeißen die einfach über Bord. Und drüben sagen wir den Bullen, die seien aus Angst beim Sturm ins Wasser gesprungen.« Sie lacht.
»Konnte ich wissen, dass Jörg sich an Bord zum Captain Ahab entwickelt?«
»Wer ist Captain Ahab?«
»So ein irrer Kapitän. Hast du niemals *Moby Dick* gelesen?«
»Nö.«
Immer wieder misslingen Manfred zwei der wichtigsten Knoten. Er blickt zum Cockpit, will sich vergewissern, dass keiner zuschaut, und entdeckt, dass Jörg und Andrea nicht mehr an Deck sind. Er geht nach achtern und setzt sich neben den lesenden Oliver: »Kannst du mir den Palstek und den doppelten Schotstek zeigen?«
»Wenn das der Admiral sieht, gibt's Ärger.« Oliver zeigt ihm die Knoten, die an Bord nur er und Röttich beherrschen. Sie üben dieselben beiden Knoten immer wieder und wieder.
Die *Apollonia* hat zu diesem Zeitpunkt noch nicht einmal die Hälfte der Strecke hinter sich; am liebsten aber würde jeder der Mitsegler die Reise lieber heute als morgen zu Ende bringen. Schön merkt immer deutlicher, dass er seinen ersten langen Törn als Eigner ein Jahr zu früh angetreten hat. Es fehlen ihm viel Fachwissen, jegliche Erfahrung und Routine. Er kann nicht einmal Kompetenz ausstrahlen und hat Röttich wenig Sachliches entgegenzusetzen, obwohl er inzwischen weiß, dass dessen Wissen theoretisch ist. Ihn wurmt, dass Röttich ihn ständig vor seiner Freundin bloßstellt. Petra lehnt Röttich inzwischen auch ab. Er passt nicht in ihre Vorstellung von einem lässigen, sportlichen Erfolgsmann. Jedes

seiner Kommandos nährt diese Abneigung. Aber sie können beide ihre negativen Gefühle schnell wieder vergessen. Jedes Mal, wenn sich ihr Ärger gelegt hat, bricht ihre Frohnatur durch. Sie haben dann Spaß an ihrem Schiff und besonders Schön freut sich täglich an dem Gedanken, dass sich jede Mark lohnt, die er in seine Yacht gesteckt hat. Und sie haben einen gemeinsamen Traum. Dieser Traum vom schönen Leben in der Karibik mit gut gelaunten Chartergästen ist stärker als das bisschen Ärger, den sie an Bord haben. Am liebsten wären beide heute schon in ihrem Zielhafen Bequia und könnten ihre schöne Yawl beobachten, während sie bei einem Planter's Punch unter den Palmen der *Frangipani*-Bar sitzen.

Oliver und Charlie hat der Sturm aus ihren Urlaubsträumen gerissen. Aber das Ungemach ist überstanden. Sie genießen jetzt die Tage an Bord mit Musik und Lesen. Röttich kann ihnen ihre Urlaubsstimmung nicht verderben. Auch bei ihnen ist der Ärger, den er regelmäßig heraufbeschwört, nach kurzer Zeit verflogen. Das Ziel des 26-jährigen Betriebwirts und des 29-jährigen Gastwirts heißt: Spaß haben, Abwechslung und Erholung genießen. Die zehn Tage an Bord langen ihnen, jetzt könnte der Karibikurlaub richtig losgehen.

Sogar Andrea ist mittlerweile genervt von der Kommandosprache ihres Freundes. Aber sie fühlt sich von ihm abhängig und hat Vertrauen zu seiner Erfahrung und Stärke. Der Sturm hat sie ängstlich und noch unsicherer gemacht. Sie ist ziemlich verschüchtert und möchte die Reise so schnell wie möglich beenden.

Jörg Röttich hatte nur eine Vision bei Antritt der Reise gehabt: die *Apollonia* sicher über den Atlantik zu navigieren. Dafür erhoffte er sich ein gutes Zeugnis und eine Anstellung bei Schön als Skipper für die ersten Monate. Nach den letzten Ereignissen glaubt er allerdings nicht mehr an ein Zeugnis und seine Anstellung. Er hat nun ein neues Ziel: Er will Ladwig finden, um sich an ihm zu rächen und sein investiertes Geld wieder zurückzubekommen. Auch Röttich möchte jetzt nur noch schnell Barbados erreichen.

Keiner von den sechs Seglern hat ausreichend Hochseeerfahrung. Keiner von ihnen hat vorher gewusst, was es bedeutet, auf engem Raum, mit fremden Menschen, einen Sturm abzuwettern, lange Strecken zu segeln – und das ohne abgestimmte Kompetenzen.

Die Stressforschung geht davon aus, dass auf Segelyachten auf hoher See Bedingungen herrschen, die Besatzungsmitglieder extremen physischen und psychischen Belastungen aussetzen. Dabei kann es dazu kommen, dass sich der Charakter eines Menschen gänzlich ändert und abnorme Reaktionen folgen, insbesondere bei der Entwicklung aggressiver Affekte. Die Faktoren, die zu Stresssituationen führen können, nennen Wissenschaftler Stressoren. Erfahrene Segler sind den meisten der beschriebenen Situationen und Persönlichkeitsstrukturen bereits begegnet: Es kommt zu Reizüberflutung durch ständige Geräusche von Wasser, Wind, Segel und durch Lärm an Bord, den die Wasserpumpen, der Windgenerator oder das Hämmern der Dieselmaschine erzeugen. Viele werden in ihrer Leistung durch Mehrarbeit und ständige Einsatzbereitschaft überfordert. Einige finden an Bord nie zur Ruhe, können sich nicht richtig entspannen, leiden unter erhöhter körperlichen Anstrengung und ständiger Übermüdung. Ungewohnt ist auch der enge Raum: Keiner kann dem anderen ausweichen, keiner für sich sein, keiner kann weglaufen. Schon minimale Reize können zu einer aggressiven Aufladung selbst unter besten Freunden führen.

Ist eine Crew nicht streng hierarchisch mit klarer Rollenteilung aufgebaut, herrscht an Bord also ein *laissez-faire*-Stil, stellt dies die größte Gefahr von Konfliktbildung dar. Dadurch eskalieren Streitigkeiten, alles kann im Chaos gipfeln. Ein Aggressionsabbau ist nur durch Landgang möglich. In dieser Situation bedeutet Reden Gold, Schweigen Gift.

Ausgeprägt ist der Verlust des Gefühls von Sicherheit. Dem kann nur durch eine klare Rollenverteilung, einen hierarchischen Aufbau der Crew mit einem fähigen Kapitän begegnet werden. Eine wichtige Vorbedingung ist ein Vortraining mit allen erforderlichen Sicherheitsmanövern. Ist nicht vorgebeugt worden, schwindet die Moral; es bilden sich konspirative Gruppen, Spannungen, aggressive Affekte können auftreten. Die Normen an Bord sind andere als die Verhaltensnormen im alltäglichen Leben. Es besteht immer die Gefahr, dass jemand, der an das Bordleben nicht gewöhnt ist, nicht mit den speziellen Belastungen fertig wird.

Schwierige Charaktereigenschaften verstärken sich in der Regel an Bord; jemand, der sich schon an Land nicht durchsetzen kann, kann es noch weniger an Bord. Wenn der Skipper eine schwache Persönlichkeit ist, dann ist es wichtig, dass ein psychologisch erfahrenes Crewmitglied da ist, sonst geht es schief. Frauen an Bord können einen guten Einfluss ausüben, Situationen können aber auch allein durch ihre Anwesenheit besonders gefährlich werden. Beziehungen können auseinander fallen. Auch besteht die Gefahr des Rivalisierens zwischen Männern, wenn sie sich als Mann beweisen wollen.

Nicht zu unterschätzen sind Entscheidungskonflikte, insbesondere in Gefahrensituationen, zwischen mehreren Alternativen bei der Ungewissheit über die zu erzielenden Ergebnisse. Hinzu kommen individuelle Faktoren, die Stresssituationen begünstigen: Die geringe Fähigkeit, Ungewissheit und Unklarheit zu ertragen, sich auf neue Situationen in zwischenmenschlichen Beziehungen einzustellen oder sich an neue Reize zu gewöhnen.

Schwer haben es Mitsegler, die Ärger nicht nach außen, sondern nach innen abreagieren, die zur Verdrängung neigen oder die an einmal eingeschlagenen Denk- und Handlungsweisen festhalten – besonders auch Personen, die Situationen nur nach sehr wenigen Kriterien einschätzen und ihr Verhalten entsprechend einseitig ausrichten, sowie Personen mit dogmatischen Einstellungen. Es zeigt sich, dass emotional labile Personen oder solche mit geringer sozialer Umgänglichkeit sowie generell ängstliche Menschen erhebliche Integrationsschwierigkeiten an Bord einer Yacht haben.

Zehnter Tag

Die *Apollonia* segelt mit dem gelben Leichtwetterspinnaker, dem Großsegel, dem Besansegel und dem Besanstagsegel in den neuen Tag. An diesem Morgen zeigen sich wieder die vertrauten Passatwolken, die die Crew seit Tagen nicht mehr gesehen hat. Wie hunderte von weißen Wattetupfern ziehen sie am Himmel nach Westen vorbei. Diesen Wolken segelt die *Apollonia* hinterher.

»Der Wind hat zugelegt. Ich merke das an den Wassergeräuschen und am Schlingern, wir haben ganz andere Schiffsbewegungen als gestern«, weckt Röttich seine Freundin.

»Ich wünsche, wir würden heute in Barbados ankommen.«

»Heute haben wir erst die Hälfte hinter uns. Aber nachher gibt's das Bergfest, dann knallen die Sektkorken; das wird gefeiert.«

»Warte erst mal ab. Wer weiß, was Manfred heute für 'ne Scheiße baut.«

Nur mit Boxershorts bekleidet geht Röttich zuerst ins Bad, erfrischt sich mit wenig Wasser im Gesicht und putzt sich die Zähne. Er benetzt kurz die Zahnbürste und stellt das Wasser dann wieder an, um sich schnell die Zahnpasta aus dem Mund zu spülen und die Zahnbürste zu säubern. Er ist überzeugt, dass keiner an Bord so vorbildlich sparsam mit dem Süßwasservorrat umgeht. Nach dem Geräusch der Wasserpumpe rechnet er im

Kopf ständig mit, wie viel Wasser Petra, die er in seinen Gedanken nur noch die Schlampe nennt, verbraucht. Mit diesen Gedanken betritt er am Morgen des 7. Dezember 1981 das Cockpit.

Schön steht am Steuer.

»Moin, moin!«, ruft Röttich dem Rudergänger zu.

»Moin! Die Morgenstunden sind die schönsten am ganzen Tag. Wenn die Sonne dich langsam erwärmt und danach der erste Kaffee dich richtig wach macht. Am Schluss will man nur noch am Ruder stehen. Am liebsten den ganzen Tag.«

»Also brauche ich dich nicht abzulösen?«

»Na ja, frühstücken muss ich auch mal.«

»Meinst du nicht, dass wir die Segel verkleinern sollen?«

»Die alte Tante läuft so schön, später.«

»Wir geigen wieder. Vergiss nicht, der Spi ist nur für Leichtwetter, bis zu drei Beaufort. Wir sind aber drüber.«

»Ich habe überhaupt noch keinen Ruderdruck. Also lassen wir die Zitrone noch oben.«

»Kann aber sein, dass du dann gegen Mittag um fünf Riesen ärmer bist.«

»Der Spi hat genau 3800 Mark gekostet. Ich habe das Tuch in Hongkong bestellt und am Flughafen in Gran Canaria abgeholt, ohne Mehrwertsteuer.«

»Hat euch der Sekt auch ohne uns geschmeckt?« Im Niedergang steht Andrea. Mit einer Hand hält sie sich fest, mit der anderen Hand hält sie eine leere Sektflasche hoch.

»Habt ihr etwa schon das Bergfest gefeiert?« Es ist das erste Mal, dass Röttichs Stimme Unsicherheit verrät.

»Die Pulle haben wir heute Nacht mit Verdi ganz spontan geköpft.«

»Erzähl mir nichts. Ihr habt ohne uns gefeiert.«

»Jörg, nun sei doch nicht so stur. Wir haben ein Sektfrühstück gemacht. Kein Bergfest.«

»Du meinst, ihr habt nachts während der Wache gesoffen. Das nennst du Wachegehen?«

»Spiel dich gefälligst nicht so auf. Das ist mein Schiff, und ich trinke, wann ich will.«

Immer noch steht Andrea im Niedergang, noch hat sie die leere Sektflasche wie einen Beweis in der Hand: »Jörg, die haben ohne uns gefeiert. Die wollen nichts mit uns zu tun haben. Ist doch klar!«

»Seid ihr zwei denn panne? Das war die erste richtig schöne Nacht. Es war auch zum ersten Mal richtig warm. Der Mond schien. Verdi war so gut drauf, dass er nach seiner Wache bei uns blieb. Nur Charlie ist in seine Kajüte gegangen. Da kam mir die Idee, eine Flasche Sekt auf die lauwarme Nacht zu leeren. Da ist doch nichts dabei!«

»Und was ist mit unserem Bergfest?«

»Ihr könnt einem die schönste Stimmung kaputt machen. Wenn ihr euch so stur anstellt, dann machen wir eben keins.«

»Ich glaube dir kein Wort. Genau zu der Zeit, als wir die Hälfte der Strecke hinter uns haben, da feiert ihr. Du nennst das nach Art der Schiffseigner Sektfrühstück. Ich nenne das heimliches Bergfest.«

»Nennt es, wie ihr wollt; ihr geht mir auf den Sack.«

»Du hast uns richtig ausgebootet. Andrea, übernimm du das Ruder.«

Während dieser Wache erscheint keiner der Mitsegler bei Röttich und Kleefeld an Deck. Sie schlafen in ihren Kojen. Die *Apollonia* segelt, leicht übertakelt, ihrem fernen Ziel entgegen. Röttich schießt gegen zehn Uhr mit seinem Sextanten die Sonne und ermittelt den neuen Schiffsort. Sie haben noch 1580 Seemeilen vor sich. Bei einem durchschnittlichen Etmal von 158 Seemeilen sind sie in zehn Tagen am Ankerplatz von Barbados. Kurz vor Wachwechsel nimmt er allein das Besanstagsegel runter. Die Fahrt des Schiffes verringert sich nur um zirka einen Knoten.

Unter Deck muss sich die Auseinandersetzung vom frühen Vormittag herumgesprochen haben. Wortlos übernehmen Otten und Geißler das Ruder. Auch Röttich geht nach der Wache mit seiner Freundin nach unten; sie legen sich hin. Ihm ist es egal, ob der Leichtwetterspinnaker zerfetzt. An Bord der *Apollonia* knallen an diesem Tag keine Korken mehr.

»Da ist ja richtig dicke Luft an Bord.« Otten geht zuerst Ruder.

»Wenn ihr schon nachts Sekt trinkt, dann versenkt doch die Pulle im Meer. Du weißt doch, wie der Röttich reagiert.«

»Ich habe nur ein Glas getrunken, dann war ich platt, bin in die Koje.«

»Am besten halten wir uns da raus. Das ist allein Sache zwischen Schön und Röttich.«

»Die Weiber können sich auch nicht riechen.«

»Um so weniger dürfen wir uns da reinziehen lassen. Schön und Röttich haben beide wenig Ahnung, die verbreiten mehr Unsicherheit als Sicherheit. Verdi, wieso machst du nicht den Schiffsführer, ich meine den Skipper? Du hast doch mehr Seemeilen hinter dir als beide zusammen.«

»Charlie, wir sind hier Chartergäste. Die beiden Männer haben sich an Land prima vertragen. Aber hier muss sich jeder von ihnen vor seinem Weib behaupten. Besonders der Röttich. Manfred nimmt das Gott sei Dank nicht so ernst. Würde der die Dinge nicht so lässig abtun, hätte es zwischen den beiden schon stärker gekracht.«

»Ich glaube gar nicht, dass der das alles so locker nimmt. Der tut nur so. Schön ist in Wirklichkeit empfindlich wie 'ne Jungfrau. Seine Mannschaft, die das Schiff von Bremen nach Gran Canaria gesegelt hat, sollte mit ihm bis in die Karibik gehen. Aber Skipper und Crew hat er entlassen. Da hat es also auch schon Zoff gegeben. Das liegt nicht alles nur an Röttich.«

»Röttich und Schön passen zusammen wie Feuer und Wasser. Ich verstehe gar nicht, wie die sich vier Wochen lang an Land so prima verstanden haben. Als wir kamen, waren die doch noch richtige Freunde. Jörg, möchtest du noch ein Bier? Andrea, können wir euch zum Essen einladen? Jörg, nun lass doch mal den Hammer fallen, hast genug für heute getan. So ging das die ganzen Tage.«

»Manchmal habe ich das Gefühl, dass die Frauen schuld sind. Die Männer spielen tags die Helden und nachts in der Koje werden sie zu noch größeren Heldentaten angefeuert.«

»Ich glaube eher, dass beide Angst haben. Angst davor, dass die Frauen und wir merken, dass sie im Grunde genommen kaum Ahnung vom Segeln haben.«

»Mag sein.« Otten konzentriert sich kurze Zeit auf den Kompass. »Jörg ist ein starrer, enger, unbeweglicher Mensch. Er spürt fast nur das, was ihm selbst widerfährt; so hat er ständig das Gefühl, ihm wird etwas angetan. Der kann einfach mit Schwierigkeiten nicht fertig werden. Und Manfred, der kennt keine Schwierigkeiten. Der bügelt alles im Leben glatt. Größer können die Gegensätze nicht sein.«

»Ich entsinne mich an einen Spaziergang mit Jörg. Es war auf der Mole, am Tag bevor wir ausliefen. Schon damals erzählte er mir, dass Manfred vom Segeln keine Ahnung hätte. Wenn das man noch zehn Tage gut geht!«

»Was soll denn passieren? Schlimmer als heute kann es ja nicht mehr werden.«

»Wie wär's mit einer gepflegten Schlägerei? Danach weiß jede Partei, wo sie steht. Dann ist Frieden. Ich habe Schlägereien ab und zu in meiner Kneipe. Weiß genau, wann sich etwas zusammenbraut. Da habe ich eine Antenne für. Hier ist auch etwas fällig. Nur ist Röttich der Stärkere. Ich habe aber auch schon kleine Schmächtige gesehen, wie die so einen Tarzan blitzschnell von den Beinen holen. Man weiß nie so recht.«

»Sag mal, Alter, wie lange willst du eigentlich deine Kneipe noch weiterführen?«

»Da denke ich stündlich drüber nach. Eigentlich soll dieser Trip meine Weichen stellen. Besonders nachts denke ich über meine Zukunft nach. Dabei merke ich, dass ich mich mehr und mehr im Kreis drehe. Ich kann nun mal gut mit Menschen. Habe ja auch nichts gelernt außer dem Bedienen. Nach zwei Semestern Grafikdesign habe ich das Handtuch geschmissen. Keine Kohle von zu Hause. Studieren oder kellnern, das war irgendwann mal die Frage. Mann, ich hatte an manchen Wochenenden achthundert Mäuse. Das war zu dieser Zeit viel Asche. Aber jetzt hängt mir mehr und mehr die Kneipe zum Hals raus. Ich fühle mich in einer Sackgasse ohne Rückwärtsgang.«

»Bei mir ist es ähnlich. Alle haben mir gesagt, wenn du Betriebswirtschaft studierst, stehen dir die Türen offen. Aber welche? Ich habe keinen Bock auf ein Büroleben von acht bis fünf. Dazwischen jedem ›Mahlzeit‹ sagen, das war's. Die Vorwärtsgänge habe ich alle, ich suche nur den richtigen Berufsweg. Aber irgendwie bin ich für die Krawattenwelt noch nicht reif. Im tiefsten Inneren befürchte ich, dass ich dafür niemals der Richtige sein werde. Früher habe ich mich geweigert, erwachsen zu werden, ähnlich dem kleinen Oskar Matzerath in Grass' *Blechtrommel*. Jetzt bin ich erwachsen und fühle mich von all den traditionellen Aussichten tierisch gelangweilt. Den Lebenskick habe ich noch nicht gefunden. Wenn ich an Frau und Kinder denke, bekomme ich das Grausen.«

»Lass uns erst einmal in der Karibik ankommen. Da sind Franzosen, Engländer, Amerikaner. Da kommt die eigentliche Ablenkung. Da gehe ich mit offenen Augen rum. Vielleicht finde ich Ideen für eine Tropenbar am Bodensee, vielleicht ein kreolisches Restaurant, vielleicht mache ich ein Hotel auf und nenne es *Hemingway*. Ich spüre, wie ich mit jedem Tag, den wir der Karibik entgegen segeln, freier im Kopf werde. Ich will diesen Balken in meinem Schädel los werden. Will mich von dieser muffigen Enge meiner Kneipe befreien. Es gibt nichts Besseres als Reisen. Nur, auf diesem Schiff fühle ich mich nicht frei. Hier ist doch Gefängnisatmosphäre, oder? Nur in den Nächten, wenn ich alleine bin, dann spüre ich die Freiheit, dann ist nichts mehr zwischen mir und dem Universum. Verdi, wir hätten diese Reise alleine auf einem Charterboot machen sollen. Ich hätte dich sogar zum Skipper gemacht. Nur wir zwei und meine Gitarre. Auch keine Frauen. Vielleicht wären wir einfach durch die Karibik weiter gesegelt, immer der Sonne entgegen, bis zum Panamakanal. Und dort hätten wir uns gefragt: Wollen wir uns auch noch den Pazifik anschauen?

Kennst du dieses tolle Buch von Jack Kerouac? Ich glaube, es heißt *Unterwegs*. Er beschreibt, wie er mit Freunden in den 50er Jahren durch Amerika fährt. Das waren Beatniks, die kamen vor den Hippies. Irgendwann sagte der eine Typ: ›Und dann nahmen wir uns den nächsten Chevy und fuhren 600 Meilen gegen die Sonne.‹ Das ist Freiheit! Scheiß auf meine Kneipe! Mann, wenn ich erst einmal ins Reden und Träumen komme, dann finde ich keine Grenzen. Und irgendwann wachst du dann auf und findest dich in zwei Gefängnissen wieder. In meiner Kneipe und auf diesem Kahn. Also, lass uns schnell machen, dass wir Land sehen.«

Otten verspürt zunehmenden Druck auf dem Ruder. »Wir geigen immer mehr. Die Blase muss langsam runter.«

»Sollen wir nicht bis Schöns Wache warten?«

»Ne, die muss jetzt runter. Weck ihn!«

»Was ist mit Röttich?«

»Soll Schön entscheiden. Ich halte mich da raus.«

Schön erscheint ausgeschlafen und gut gelaunt an Deck. Gleich darauf folgt auch seine Freundin.

»Da ist zu viel Druck auf dem Leichtwetterspinnaker«, erklärt ihm der erfahrene Otten.

Schön schaut auf den Kompass, dann auf die Windanzeige: »Verdi, hast Recht. Wir nehmen die Zitrone runter. Stattdessen setzen wir die Genua. Wir haben raumen Wind, da dürfte die Genua nicht zu sehr in die Abdeckung des Großsegels kommen. Petra, übernimm du das Steuer. Kommt, Jungs.«
»Was ist mit Röttich? Das ist ein riesiges Segel.«
»Den Schulmeister brauchen wir nicht.«
»Wenn das Tuch bei dem Wind in den Bach fällt, kriegen wir es zu Dritt nicht mehr rein. Lass uns Röttich holen.« Otten weiß um die Schwierigkeit, 200 Quadratmeter leichtes Nylon zu bändigen.
»Ich sag dir, den brauchen wir nicht.«
Am Mast erklärt Schön den beiden Chartergästen das Segelmanöver: »Charly, du ziehst vorne den Spi nach unten. Verdi, du gehst in die Mitte und pass auf, dass der Lappen nicht in den Bach rutscht. Ich fiere erst langsam das Fall. Wenn es los ist, ruf ich ›los‹, komme schnell an die Schot und zieh von da aus am Tuch. Wir müssen einfach zu Dritt wie die Verrückten das Ding schnell an Deck ziehen.«
Jeder geht auf seine Position. Schön steht am Mast, löst die Bremse an der Fallwinde. Das Fall ist mehrfach um die Windentrommel gelegt. Die Reibung ist so groß, dass es sich nicht bewegt. Langsam nimmt er mit der rechten Hand einen Törn von der Trommel. Mit seiner linken Hand hält er sich an dem Spinnakerfall fest. Dann nimmt er einen weiteren Törn von der Trommel. Was er nicht sehen kann, ist die Bö, die mehr Winddruck in das Vorsegel presst; der Druck überträgt sich auf das Fall, an dem das Segel hängt, und dies löst sich blitzschnell von der Trommel. Schön greift instinktiv mit der zweiten Hand zum Fall, um sich fest zu halten. Im selben Moment wird das Fall von dem großen Leichtwindspinnaker nach oben gerissen. Schön hält mit beiden Händen das Fall fest und wird wie ein Leichtgewicht hoch kata-

pultiert. Auf zirka drei Meter Höhe lässt er los und fällt an Deck.

»Scheiße! So ein Mist! Meine Hände!«

Vom Ruderstand schreit Petra auf: »Liebling! Bist du verletzt?«

Otten und Geißler sehen ihn hilflos an Deck liegen.

Er starrt auf seine roten Hände: »Das brennt wie Säure. Das war saublöd von mir.«

»Bist du okay?«

Schön rappelt sich auf. Beide Hände hält er vor sich, die Handflächen nach oben, wie ein Wunderheiler. Langsam blickt er auf, dann sieht er das Malheur: Der große Leichtwindspinnaker ist ins Wasser gefallen. Wie eine riesige gelbe Regenjacke wird der Spi neben dem Schiff durch das Wasser gezogen. Er wirkt wie ein Treibanker, der die Geschwindigkeit des Schiffes stark bremst.

Otten schreit: »Charlie, los, zieh um dein Leben!«

Zwei junge Männer, barfuss, nur in Badeshorts, bemühen sich, zweihundert Quadratmeter Segeltuch, vollgesogen mit Wasser, das durch die Geschwindigkeit des Bootes immer mehr unter die Wasseroberfläche gedrückt wird, an Bord zu ziehen. Das lose Fall baumelt in Kopfhöhe von einer Schiffseite zur anderen. Hilflos müssen Eigner und Freundin mit ansehen, wie das Unterfangen ihrer bemühten Chartergäste erfolglos bleibt. Der Eigner kann mit verbrannten Händen nicht zupacken. Seiner Freundin sind die Hände gebunden, sie kommt nicht vom Ruder weg, hätte auch nicht die Kraft, hier wirklich zu helfen. Ein Zuschauer beobachtet mittlerweile das Geschehen. Es ist Röttich. Der Krach hat ihn aufstehen lassen. Er schaut zu und sagt nichts.

»Jörg, kannst du nicht mit anpacken?«, kommt hinter ihm die Stimme der Rudergängerin.

Er dreht sich nicht um, aber seine Antwort erreicht sie: »Ich wusste gar nicht, dass du noch meinen Vornamen kennst.«

»Bitte, Jörg, Manfred ist verletzt. Bitte, hilf den Jungs. Die schaffen das nicht.«

»So wie die das machen, schaffen es nicht mal zehn Mann.« Röttich wirkt besonnen, ruhig, überlegt. Wie ein erfahrener Kapitän, der von der Brücke seine Anweisung an seinen Ersten Offizier gibt, ruft er Schön zu: »Du musst das Fall wieder einfangen. Und dann mit der Winde den Spi langsam hochziehen. Dann müsst ihr mehr vor den Wind gehen, das Groß fieren und in der Windabdeckung des Großsegels könnt ihr in Ruhe den Spinnaker an Deck ziehen.«

»Ich kann nichts machen. Meine Handflächen sind verbrannt. Kannst du das machen? Bitte!« Schön stützt sich an die Rückenlehne am Mast. Er kann sich nirgends fest halten. Noch immer hält er seine Hände vor sich, die Handflächen nach oben.

Röttich sieht, wie rot sie sind. Er weiß, wie sehr das schmerzt. Otten und Geißler haben aufgegeben. Beide sitzen auf Deck und atmen schwer durch, die Oberkörper glänzen vor Schweiß. Röttich macht keine Anstalten, seine Kapitänsposition aufzugeben.

»Jörg, ich fleh dich an, geh nach vorne und hilf den Männern. Nur du bekommst das Segel aus dem Meer«, versucht Petra noch einmal ihr Glück.

Jeder an Deck starrt auf Röttich. Auch seine Freundin, die inzwischen neben ihm im Cockpit steht. Sie sieht Schöns wunde Hände, die passiven Männer, das gelbe Segel, das in Schiffslänge im Wasser schleift, die hilflose Rudergängerin. Sie schaut ihren Freund an: »Wie nett die zu dir sein können! Die wollen wohl während der zweiten Hälfte alles wieder gut machen. Du wirst denen doch nicht helfen?«

Röttich schiebt sie sanft zur Seite und geht nach vorne zum Mast. Schön macht ihm den Platz zwischen Mast und Rückenstütze frei. Mit einer Hand greift der größte Mann an Bord nach dem wild hin und her fliegenden

Ende des Spinnakerfalls und zieht es mit beiden Händen zu sich herunter, bis es stramm ist. Dann legt er vier Törns um die Trommel der Fallwinde, steckt die Kurbel auf den Windenkopf und beginnt, sie zu drehen. Das Fall spannt sich und ganz langsam kommt der Kopf des Leichtwetterspinnakers aus dem Wasser. Das Gewicht des voll gesogenen Segels ist so groß, dass Röttich von Anbeginn die kleine Übersetzung gewählt hat. Selbst hiermit kann er nur langsam drehen. Immer häufiger legt er kurze Pausen ein und schaut auf das Segel, das langsam aus dem Wasser kommt.

»Verdi, übernimm du das Ruder und geh mehr vor den Wind. Vorher fiere ein wenig die Großschot. Okay?«

»Okay!«

Als das nasse Segel endlich aus dem Wasser gezogen ist, schlapp herunterhängt und abtropft, richtet Röttich sich auf, als ob er Schmerzen aus seinem Rücken vertreiben will. Sein Oberkörper glänzt vor Schweiß. Er gibt Anweisungen, die Genua zu setzen. Eine Stunde später ist das getrocknete, gelbe Segel im Sack. Jetzt, am Ende von Ottens und Geißlers Mittagswache, segeln sie bei schönstem Passatwetter weiter ihrem Ziel entgegen.

Wenn Röttich auch nicht viel Erfahrung an Bord von Segelyachten hat, so ist er doch der Mann mit praktischer Erfahrung und einem gesunden Menschenverstand für technische Zusammenhänge.

Petra steht wieder am Ruder. Die anderen sitzen im Cockpit. Es wird nach diesem missglückten Segelwechsel, der sich über Stunden hingezogen hat, nichts gesprochen. Jeder weiß, wem sie das Ungeschick zuzuschreiben haben. Röttich genießt es zu schweigen, um damit jedem zu zeigen, dass in Zukunft ohne ihn kein Segelmanöver an Bord durchgeführt werden kann. Irgendwann geht er wortlos zum Vorschiff, setzt sich im Bugkorb auf die Querstrebe und lässt seine Blicke übers Meer schweifen. Er weiß, dass Schweigen seine Position stärkt.

Jörg Röttich wurde am 22.12.1938 als ältester Sohn des Schriftenmalers Stephan Röttich in Rostock geboren. Mit seinem drei Jahre jüngeren Bruder wuchs er in geordneten Familienverhältnissen auf. Zu seinem Vater hatte Röttich zwar ein gutes Verhältnis, er empfand ihn einerseits als liebevoll, andererseits aber auch als zu hart. Geriet der Vater in Wut, wurde er geschlagen, bis der Vater jedes Maß verlor. Häufig musste die Mutter eingreifen, um ihn von weiteren und härteren Schlägen abzuhalten. Im Gegensatz zum Vater war die Mutter weicher, zärtlicher und lebenslustig. Übereinstimmend erzogen die Eltern die Kinder zu Ordnung, Sauberkeit, Pünktlichkeit und Fleiß. Besonderen Wert legten sie auf die Erbringung von Leistung. Trotz der gelegentlichen heftigen Züchtigungen durch den Vater sah Jörg Röttich diesen als sein Vorbild an. Er versuchte, sich Achtung und Anerkennung anderer Menschen dadurch zu erwerben, dass er intensiv, ja zwanghaft, nach Leistung strebte. Trotz überdurchschnittlicher Intelligenz stand er unter ständigem Druck, Leistung erbringen zu müssen, wodurch ihm jede neue Tätigkeit schwer wurde. Er meinte, sich jede Arbeit und jedes Leistungsziel unter Aufbringung aller Kräfte abringen zu müssen.

Im Jahr 1954 verließ er nach 9-jähriger Schulzeit die Schule mit dem Hauptschulabschluss. Er absolvierte eine 3-jährige Lehre als Elektroinstallateur; die Gesellenprüfung bestand er mit der Note ›gut‹. Als es ihm in der DDR unmöglich war, eine weiterführende Ingenieurschule zu besuchen und er erwarten musste, zur Nationalen Volksarmee eingezogen zu werden, flüchtete er im September 1957 in die Bundesrepublik.

Nach seiner Flucht fand er zunächst Unterkunft bei seiner Großmutter in Oberhausen. Dort begann er auf der Gute Hoffnungshütte als Kranelektriker zu arbeiten. 1958 zog Röttich nach Mannheim; er arbeitete bei der Firma Coca-Cola. Im Januar 1968 wurde er zur Bundeswehr eingezogen. Nach der Grundausbildung in Andernach wurde er den Heeresfliegern in Friedrichshafen zugeteilt. Da ihm die Fliegerei gefiel, verpflichtete er sich für die Zeit von sechs Jahren. Er wurde als

Hubschrauberpilot ausgebildet und diente zuletzt als Transporthubschrauberpilot in Itzehoe. Er verließ die Bundeswehr als Stabsunteroffizier. Bei der Bundeswehr wurden ihm in sechsjähriger Dienstzeit verschiedene Zeugnisse und Beurteilungen ausgestellt. Übereinstimmend wurden ihm Fleiß, Ordnung und Pflichtbewusstsein bescheinigt; anerkennend hervorgehoben wurden seine Zuverlässigkeit und seine Lernwilligkeit. In seiner Abschlussbeurteilung als Hubschrauberpilot wurde jedoch negativ bewertet, dass sich bei ihm deutliche psychische und physische Belastbarkeitsgrenzen in schwierigen Situationen zeigten. Er sei starr im Denken und könne deshalb nicht flexibel genug auf plötzlich veränderte Situationen reagieren.

1964, noch während seiner Bundeswehrzeit, heiratete er. Mit seiner Frau führte er bis zu seinem Ausscheiden im Jahr 1966 eine Wochenendehe.

Im Anschluss an die Bundeswehrzeit wollte Röttich seine fliegerischen Kenntnisse in Südafrika verwerten. Seine Frau weigerte sich, ihn zu begleiten. Die Ehe wurde noch im Jahr 1966 geschieden. Kurz nach der Scheidung reiste Röttich nach Südafrika, um sich dort seinen Traum vom fliegerischen Leben zu erfüllen. Er erlebte aber eine Enttäuschung, weil er entgegen seinen Erwartungen nicht in der Fliegerei tätig sein konnte. Diesem Vorhaben standen die in Südafrika geltenden Fluggesetze entgegen, die von den bundesdeutschen Bestimmungen abweichen. Hinzu kamen Schwierigkeiten infolge sprachlicher Barrieren. Er arbeitete dort in seinem erlernten Beruf als Elektromonteur.

Im Jahr 1967 kehrte er in die Bundesrepublik zurück und heiratete erneut seine geschiedene Ehefrau. 1975 trennten sie sich. Die Ehe scheiterte u. a., weil die Ehefrau aus beruflichen Gründen keine Kinder haben wollte, während sich Röttich Kinder wünschte. Am 1.4.1976 wurde die Ehe zum zweiten Mal geschieden.

Von 1968 bis 1971 war Röttich bei der AEG in Hamburg beschäftigt. 1971 wechselte er zur Deutschen Bundesbahn, um

Lokführer auf einer E-Lok zu werden. Es gelang ihm, sich vom Handwerker zum Lokführer auf Fernstrecken hochzuarbeiten. Er erreichte den Status eines Beamten auf Lebenszeit. 1974 wurde er jedoch von der Bahn wegen Personalmangels auf Hamburger S-Bahnstrecken als S-Bahnlokführer eingesetzt. Bedingt durch den Stress der Wechselschichten und die ständige Zugluft auf den Loks zog er sich eine Berufskrankheit zu. Er litt unter Schlaflosigkeit und Nervosität und war mehrmals längere Zeit krankgeschrieben.

Röttich beschloss, die Inspektorenlaufbahn einzuschlagen. Zum einen wollte er beruflich fortkommen und aufsteigen, zum anderen hoffte er wegen seiner Berufskrankheit auf bessere Arbeitsbedingungen. Er absolvierte drei Jahre lang in Abendkursen die der Inspektorenlaufbahn vorgeschaltete Eisenbahnfachhochschule. Diese Weiterbildung lief neben seinem Schichtdienst und forderte erheblichen Krafteinsatz. Der äußerlich so robust wirkende Röttich wurde während dieser Zeit wiederum mehrfach wegen Schlaf- und nervösen Störungen krankgeschrieben. Er schloss die Eisenbahnfachschule mit guten Zeugnissen ab. Aufgrund des zu jener Zeit beginnenden Planstellenmangels bei der Bahn sah er jedoch von der weiteren Ausbildung für den Inspektorendienst ab.

Mit seinen Kollegen bei der Bahn hatte Jörg Röttich weitgehend ein gutes kameradschaftliches Verhältnis. Er brüskierte jedoch einige von ihnen, indem er ihre Sprache verbesserte; einem Kollegen verweigerte er die Begrüßung durch Handschlag, da dieser sich nach einem Toilettenbesuch nicht die Hände gewaschen hatte.

Wegen der Aussichtslosigkeit bei der Bundesbahn reifte bei Röttich zunehmend der Entschluss, eine Weltreise zu unternehmen. Es zog ihn in wärmere Gebiete; da er gerne segelte, plante er, die Reise in Form einer Weltumseglung durchzuführen. Er träumte davon, seine zukünftigen Segelkenntnisse später beruflich verwerten und davon leben zu können. Für ihn bedeutete die Reise auch das Ausbrechen aus seinem spießbürgerlichen festgefügten Leben.

Im Jahr 1978 hatte Jörg Röttich anlässlich einer Zeitungsannonce Kontakt mit einem Kapitän Ladwig aufgenommen, der damals seine erste Weltumseglung in die Tat umsetzen wollte. An der von Ladwig geplanten darauf folgenden Reise wollte er teilnehmen. Röttich, der seit seinem zehnten Lebensjahr Segelerfahrung auf kleinen Jollen besaß, bereitete sich, wiederum in Abendkursen neben seinem Schichtdienst, gründlich vor. Er besuchte die Seefahrtschule in Hamburg, lernte Hochseenavigation, Tauchen und schloss schließlich mit der Prüfung zum Sporthochseeschiffer ab, der zum Schiffsführer und Navigator befähigt. Diese umfangreiche Vorbereitung auf das Hochseesegeln erklärte er damit, er wolle selbst alles in der Hand haben können. Auf See ginge es um sein Leben und um das seiner Mitsegler. Er wolle sein und ihr Überleben sichern, falls der Kapitän ausfallen sollte.

Im Jahr 1975 lernte Röttich die Kollegin Claudia Ketter während seiner Tätigkeit als Lokführer bei der S-Bahn kennen. Ein Jahr zuvor hatte er seine spätere Mitseglerin Andrea Kleefeld kennen gelernt. Mit beiden Frauen verband ihn zunächst ein rein kollegiales Verhältnis. In den Jahren 1978/79 entwickelten sich jedoch, unabhängig voneinander, zu beiden Frauen enge beziehungsweise intime Freundschaften; die Frauen wussten nichts voneinander.

Während ihm in der zwölf Jahre älteren Claudia Ketter eine selbstbewusste, unabhängige und in jeder Hinsicht gleichrangige Partnerin gegenüberstand, die ihren Willen durchzusetzen vermochte, verhielt sich die sieben Jahre jüngere Andrea Kleefeld zurückhaltend ruhig, passte sich ihm vollkommen an und ordnete sich seinem Willen unter. Sie suchte und fand in ihm einen starken Beschützer, dem zuliebe sie ihre eigenen Vorstellungen und Wünsche hintenansetzte.

Jede der Frauen ging jedoch davon aus, dass Röttich seine freie Zeit nur mit ihr verbringen würde. Im Jahre 1979 zog Claudia Ketter in Röttichs Wohnung. Sie lebten harmonisch zusammen. Claudia Ketter empfand Röttich als zuverlässigen, hilfsbereiten und beherrschten Partner, der sich liebevoll ihr gegenüber verhielt. Selbst im Streit blieb er ruhig und beherrscht. Claudia wollte Röttich zwar nicht heiraten, hoffte jedoch, mit ihm in Zukunft zusammenleben zu können. In dieser Wohnung wohnte Röttich seit 1968 und genoss in der Nachbarschaft ein gutes Ansehen; er galt als zuverlässig und hilfsbereit. Als Claudia in seine Wohnung einzog, plante Röttich bereits seine Weltumseglung und besuchte die Seefahrtschule. An das Zustandekommen dieser Reise mochte sie zum damaligen Zeitpunkt nicht glauben, sie hielt diese Pläne eher für Träumereien.

Auch Andrea Kleefeld empfand Jörg Röttich als einen sehr zuverlässigen, pflichtbewussten und ordentlichen Menschen, der ihr ein zärtlicher Partner war. Bei Schwierigkeiten im Beruf unterstützte er sie. Sie fühlte sich als Partnerin ernst genommen, brachte ihm ihr ganzes Vertrauen entgegen und fasste ihre Gefühle für ihn mit dem Satz zusammen: ›Er war mein Traummann.‹ Als Röttich ihr zu Beginn ihrer Freundschaft von seinen Weltreiseplänen erzählte, fand sie Gefallen an dem Gedanken, ihn auf diesem Abenteuer zu begleiten. Im Laufe der Zeit begeisterte sie sich selbst für das Vorhaben, sie war bereit, ihren Beruf aufzugeben, ihre Wohnung aufzulösen und zwei Jahre mit ihm zu segeln. Sie vertraute sich ihm an, denn sie fühlte sich bei ihm sicher und beschützt.

Ein Gutachter bescheinigte Röttich während des Prozesses, sein Entschluss, eine Weltreise zu machen, sei ausgelöst worden durch hypochondrische Befürchtungen um seine Gesundheit und den Wunsch, aus der Enge des Alltags auszubrechen. Beide Gründe seien für Röttich höherrangig gewesen als materielle und existenzielle Sicherheit. Dabei habe sein hohes Selbstwertgefühl hinsichtlich Arbeitsleistung und beruflicher Qualifikation ihm das sichere Gefühl gegeben, seinen Lebensunterhalt immer irgendwo bestreiten zu können.[1]

---

[1] Entspricht im Wesentlichen der Darstellung in der Urteilsbegründung des Prozesses.

Elfter Tag

Röttich hatte bei der Wacheinteilung gleich am ersten Tag auf See gefordert, dass die Wachhabenden die Nächsten eine halbe Stunde vor Wachbeginn wecken müssten. Sicherlich eine bewährte Einrichtung aus der Berufsschifffahrt, die ihre Berechtigung hat, wenn man bedenkt, dass man Zeit benötigt für seine Morgentoilette, um sich Berufskleidung anzuziehen, oft lange Wege zu seinem Arbeitsplatz auf großen Schiffen gehen muss und vorher noch eine Kleinigkeit essen will. Aber auf der *Apollonia* gibt es keine Berufskleidung, keine langen Wege und den Snack kann man sich im Vorbeigehen aus der Pantry holen. So spielt es sich schnell ein, dass von den Wachen Schön/Meinhard und Otten/Geißler die nächste Wache immer nur wenige Minuten vor Wachbeginn geweckt wird.

Es gibt mehrere Beschwerden von Röttich zum Wachvergehen, wie er es ausdrückt. An diesem Morgen des 6. Dezember 1981 kommt noch mehr zusammen.

Es ist kurz nach 8 Uhr, als Schön an die Kajütentür seines Navigators und dessen Freundin klopft: »Aufstehen, eure Wache!«

Kaum ist Röttich nach seiner Katzenwäsche an Deck, schreit er den Eigner an, sodass auch Otten und Geißler im Vorschiff den Vorgang mitbekommen: »Wieso weckst du uns so spät? Ich habe gestern nichts zu deinem A-Schein-Manöver gesagt. Damit wirst du in der Karibik noch zur Lachnummer werden. Aber so lange wir noch nicht drüben angekommen sind, fühle ich mich für die Sicherheit an Bord verantwortlich. Hast du denn überhaupt nichts auf dieser Reise gelernt?«

»Da haben wir wieder unsere tägliche Standpauke.« Schön lacht.

»Manni, weißt du denn nicht, dass wir an Bord nicht lachen dürfen? Das verstößt gegen die Sicherheit!«, frotzelt seine Freundin.

»Du hättest uns eine halbe Stunde vorher wecken müssen. Keiner von euch hält die Wachen ein. Auch die Jungs vom Bodensee nicht. Wisst ihr eigentlich, wie viele Schiffe untergegangen sind, weil die Nachtwache pennte? Und dann eure nächtlichen Alkoholorgien! Wie wollt ihr mit euren benebelten Köpfen andere Schiffe ausmachen?«

»Jörg, merkst du nicht, dass jeder an Bord bis jetzt seinen Spaß hat, nur du nicht? Du wirst langsam zum großen Spielverderber. Eigentlich bist du es schon.«

»Schatz, du darfst auch das Wort Spaß nicht gebrauchen. Das ist gegen die Sicherheit.«

»Ihr Rheinländer könnt zwar über alles mitreden, habt aber von nichts eine Ahnung. Es geht hier um fundamentale Dinge wie Pünktlichkeit, Verlässlichkeit, Besonnenheit. Es geht um Sicherheit, eure Sicherheit! Ich rede ja gar nicht von Seemannschaft. Die erlernt man sein Leben lang. Ich rede von den Vorbedingungen zu guter Seemannschaft. Aber ihr seid doch nur Kasper.«

»Nun mal ganz langsam, Röttich. Wer ist hier der Kasper? Wer ist denn in der Koje geblieben, als der Sturm aufkam? Wer ist dann nicht seine Wache gegangen? Wer hat die Crew durch seine ewige Schreierei verunsichert? Für mich bist du ein Feigling, der den Schwanz eingekniffen hat, als es zur Sache ging.«

»Du sagst auf diesem Schiff nie wieder Feigling zu mir, hörst du!« Röttich geht zwei Schritte durchs Cockpit; nur die Rudersäule trennt die beiden noch.

»Das Frühstück ist fertig! Wie jeden Tag verbreitet euer Charly beste Pantrydüfte und gute Laune.«

Auch Otten kommt den Niedergang hoch. »Lasst uns gleich dieses Wachthema besprechen. Ich bin ja schon auf einigen Yachten Wache gegangen. Wir haben uns immer fünf oder höchstens zehn Minuten vorher geweckt, das langt. Ich finde, wir sollten darüber diskutieren und abstimmen.«

Noch an diesem Morgen wird mit vier gegen zwei Stimmen beschlossen, dass die nächste Wache jeweils fünf Minuten vor Wachbeginn zu wecken ist.

In dieser Deutlichkeit überstimmt zu werden, ist für Röttich ein schwerer Schlag. Er kann zwar einsehen, dass man auf einer Yacht die nächste Wache nicht unbedingt eine halbe Stunde vorher wecken muss, aber er sieht nicht ein, dass Weckzeiten willkürlich geändert werden. Schon gar nicht kann sich Röttich mit Alkohol während der Nachtwache einverstanden erklären. Als er in seiner Morgenwache merkt, dass Schön und Freundin in ihren Kojen liegen und nur Otten und Geißler an Deck sind, sieht er eine Chance, sich bei beiden zu rechtfertigen – schließlich haben auch sie gegen ihn gestimmt.

»Charly, Verdi«, Röttich hält das Segler-Lexikon von Joachim Schult in der Hand, »setzt euch. Ich will euch kurz vorlesen, was hier zum Thema Wachgänger steht: ›Der Wachgänger oder Wachhabende ist die Person der Crew, die während einer Wache für die nautisch sichere Bootsführung verantwortlich ist. Ein Wachgänger ist der verantwortliche Vertreter des Schiffers (auch auf Sportbooten). Er bleibt im Dienst, bis er von einem anderen Wachführer ordnungsgemäß abgelöst worden ist.‹[1] Ihr seht, dass bei uns an Bord all das nicht eingehalten wird.«

»Aber Jörg, genau so machen wir es doch! Und so habe ich das auch auf anderen Schiffen kennen gelernt. Wes-

---

[1] Schult, Joachim: Segler-Lexikon. Bielefeld ⁹1994, S. 563.

halb regst du dich so auf?« Otten fühlt sich angesprochen.

So ruhig wie selten sucht Röttich die Diskussion, will seine Einstellung rechtfertigen, seine Wahlniederlage kompensieren: »Verdi, schau mal, es heißt, der Wachgänger ist verantwortlich für die nautisch sichere Bootsführung. Erstens hat an Bord außer mir keiner Ahnung von Nautik, denn das ist Schifffahrtskunde. Du bist zwar viel gesegelt, hast aber von Navigation, Wetterkunde, Schifffahrtsrecht und Seemannschaft nur wenig Ahnung. Ich habe es über Jahre studiert. Zweitens: Wie kann man von einer sicheren Bootsführung sprechen, wenn der Wachführer nachts an der Sektflasche und womöglich auch an anderen Flaschen hängt?«

»Aber das war doch nur einmal.«

»Lass mich weiter reden. Es heißt, der Wachgänger ist der verantwortliche Vertreter des Schiffers, also des Skippers. Ich sage euch, wir haben gar keinen Schiffer. Schön ist doch kein Schiffer. Der ist Eigner, aber zum Schiffsführer fehlt ihm jegliches Fachwissen. Das weiß doch mittlerweile selbst die allerletzte Bordratte.«

»Aber Jörg, deshalb haben wir doch dich zusätzlich.«

»Nun gut, lass mich zum Schluss kommen. Es heißt weiter: Der Wachführer bleibt im Dienst, bis er von einem anderen Wachführer ordnungsgemäß abgelöst wird. Jetzt frage ich euch, was heißt bei uns an Bord ordnungsgemäß ablösen? Fünf vor acht, zehn Minuten nach acht, halb neun? Ihr habt doch bisher zu allen möglichen Zeiten die nächste Wache geweckt, nur nicht ordnungsgemäß. Hier läuft doch ordnungsgemäß gar nichts. Ich habe nur drei Sätze zum Thema Wachführer zitiert und ihr seht, dass an Bord der *Apollonia* nichts stimmt. Wenn die Segelkameradschaft in Bremen wüsste, was auf ihrem Ex-Schiff für ein Lotterleben eingezogen ist, die hätten den Kahn nicht an Schön verkauft.«

»Die waren doch froh, einen Käufer für diese ausgelutschte Yacht gefunden zu haben«, mischt sich die bis dahin schweigsame Andrea in das Gespräch ein, aber niemand schenkt ihr Beachtung.

»Jörg, auf dem Papier hast du Recht. Ich kann dich auch verstehen. Aber wir sind nicht das Ausbildungsschiff *Wappen von Bremen*, wir sind auf einem Charterschiff mit einer bunt zusammengewürfelten Mannschaft. Und das ist doch das Gute daran.« Otten schaut seinen Kumpel an: »Stimmt es, Charly?«

»Stimmt! Wir zwei haben für die Reise bezahlt, wir wollen unser Vergnügen. Natürlich packen wir bei den Segelmanövern an, gehen unsere Wachen, kochen, waschen ab, aber ich will doch hier keine perfekte Segelausbildung. Ich will doch nicht zur Marine!«

»Okay, ihr seid Chartergäste. Für mich seid ihr Zeugen, wie es auf einer Yacht, die über den Atlantik segelt, nicht zugehen darf. Einer muss das Sagen haben. Der ist für die Sicherheit zuständig. Der darf nicht tags wie ein hilfloser Affe am Fall hängen und nachts an der Pulle.«

»Ich finde, du hackst zu sehr auf Manfred rum.« Otten schaut Röttich an. »An Land wart ihr doch dicke Freunde.« Röttich weicht seinem Blick aus. »Du siehst nur die Splitter in seinem Auge, aber nicht den Balken in deinem eigenen. Sicherlich hat Manfred noch viel zu lernen. Aber auch du. Du beherrschst zwar die Navigation ...«

»Noch sind wir nicht da«, unterbricht ihn sein Freund.

»... aber im praktischen Segelalltag bist du auch nicht fit. Dein Wissen beruht auf Bücherweisheiten. Auch du bist noch kein erfahrener Schiffer. Die ich kennen gelernt habe, waren alle gelassener.«

»Wir drehen uns im Kreis. Ich bin deshalb nicht gelassen, weil hier nichts ordnungsgemäß abläuft.«

»Du bist und bleibst ein Sicherheitsfanatiker.«

»Mann, ich war Hubschrauberpilot, danach Lokführer bei der Bundesbahn. Seid froh, dass ihr einen wie mich dabei habt.«

»Ich halte es übrigens für einen großen Fehler von dir, die drei Paare als jeweilige Wachen eingeteilt zu haben. Viel besser wäre es für die Stimmung gewesen, wenn man die Paare untereinander gemischt hätte, zum Beispiel Charlie und Manfred, du und Petra, Andrea und mich. Jedenfalls ist es gut, dass wir uns ausgesprochen haben. Das solltest du mit Schön auch machen. Bevor es zwischen euch zum Show-down kommt.«

»Mag sein, aber ohne einen disziplinierten Kommandoton und eindeutige Anweisungen geht es nicht an Bord einer Hochseeyacht. Auf der *Pelikan* wurde genau so praktiziert. Und das hat mir sehr gut gefallen.« Röttich übernimmt das Ruder von seiner Freundin.

Die beiden Freunde gehen ihrer Urlaubsbeschäftigung nach. Otten, den sie Verdi nennen, liest und Charlie, der Gastwirt, holt seine Gitarre. Beide haben sich ein Plätzchen auf dem Achterschiff gesucht. Andrea sonnt sich im Cockpit. Sie liest keine Bücher, hört keine Musik, sie blickt, beobachtet und sagt wenig.

Charlie stimmt seine Gitarre. Auf einem Schiff kann man sich auch der Musik nicht entziehen.

»Freunde, ich singe euch ein Lied über die Unabhängigkeit, die Freiheit und den Ozean. Vielleicht entsprechen die Texte meiner Songs nicht immer dem Original, aber ihr wisst ja, dass es auf die Stimme ankommt. Wenn ihr den Film *Asphalt Cowboy* gesehen habt, dann kennt ihr ja den Titelsong von Harry Nilsson:

Everybody is talking at me
I don't hear a word of saying
Only the echoes of my mind
People stop and stare
I can't see their faces
Only the shadows of their eyes
I am going where the sun keeps shinig
Through the pouring rain

Rowing where the weather suits my cloth
Backing over the Northeast winds
Sailing on summer breeze
Skipping over the ocean like a storm

Röttich fühlt sich durch das Lied von der Realität, vom Boot und der Crew weggezogen. Er träumt, holt sich die Zeit ins Gedächtnis, die mit die Schönste in seinem Leben war: »Ja, an Land waren Manfred und ich gute Freunde. Er war immer bester Laune, zu jedem Spaß aufgelegt. Ich weiß noch, wie Andrea und ich deprimiert herumsaßen nach dem Debakel auf der *Pelikan*. Dann die Scheiße mit dem Ladwig und dem Geld. Aber kurz danach trafen wir diese beiden Frohnaturen von der *Apollonia*. Das hätte gar nicht besser kommen können. Einen Monat lang haben wir eine herrliche Zeit mit ihnen gehabt. Es war sehr fair von Manfred, uns nur 15 DM pro Kopf für die Tagesverpflegung zu berechnen. Sofort habe ich ihm 630 DM im Voraus bezahlt. Wir waren aber auch fair. Ich habe nichts für meine Arbeiten berechnet. Gleich von Anfang an haben wir alle möglichen Reparaturen ausgeführt. Ich hatte allein drei Wochen mit den Elektroarbeiten zu tun. Es war eine sehr gute Zeit. Alles lief harmonisch. Alle waren wir gleichgestellt. Der Manfred war richtig lernbegierig. Ich habe ihm die Knoten beigebracht, sogar das Tauchen; immer stellte er Fragen zu Handwerksarbeiten, zu den ihm fremden Bootsmaterialien. Es tat mir richtig gut, dass er meine Arbeit gelobt hat. Das hat vor ihm noch keiner gemacht. Und immer hatte er einen guten Schnack drauf, war stets locker drauf, völlig ungezwungen. Ich fand, wir waren Freunde geworden.

Dann hat er mir angeboten, auch in der Karibik noch einige Wochen mit Andrea auf der *Apollonia* zu bleiben, bis er selbst das Schiff beherrscht. In dieser Zeit, im Hafen von Pasito Blanco, konnte ich erstmalig wieder ruhig in die Zukunft blicken. Wir haben vereinbart, dass ich ihm auf der Überfahrt die Navigation beibringen sollte, dafür wollte er mir ein Zeugnis ausstellen. Ja, damals dachte ich auch, dass er mich bei der Überfahrt zum Skipper machen würde, aber ...« – Jörg Röttich streckt sich, um wieder in die Realität zu finden.

Sie sind nur elf Tage unterwegs und alles ist anders gekommen.

Später wurde die Beziehung der beiden Männer von einem der Gutachter so beschrieben:

Herr Röttich sah und erlebte Herrn Schön in allen Dimensionen entgegengesetzt zu sich selbst. Er erklärte, dass ihn das nicht überrasche, ›weil wir viele Gegensätze hätten‹. Dabei stellte es sich heraus, dass Herr Röttich keineswegs alle polaren Eigenschaften Schöns negativ bewertete, sondern z.T. sogar als ihm sehr sympathische. Freundschaftliche Sympathien empfand Herr Röttich für Herrn Schöns Lockerheit, Fröhlichkeit und sein legeres Verhalten. Seine Freundin, Frau Andrea Kleefeld, bestätigte das anfängliche Bild vor der Abfahrt: »Schön war meist gut gelaunt, locker, er sah das Leben von der sonnigen Seite, er nahm alles mit dem Schiff leicht, für ihn war das eine Kaffeefahrt.«[1]

---

[1] Entspricht im Wesentlichen den Gerichtsakten.

Zwölfter Tag

Zur Frühstückszeit ertönt Reggaemusik aus den Lautsprechern, aus der Pantry verteilt sich angenehmer Duft. Charlie macht aus spanischen Eiern Rührei: »Tortillas à la *Apollonia*! Dazu Atlantik-Felchen à la Plancha. Vom besten Koch westlich des Bodensees!«

Wenn Charlies Kopf mit seinem blonden Afrolook morgens am Niedergang erscheint, verbreitet er immer gute Laune. »Frühstück bei Onkel Charlie. Nur bei ihm ist alles in Butter auf dem Kutter.«

»Kannst du nicht eine Plastiktüte über deinen Kopf stülpen? Jeden Tag finde ich Haare von dir im Essen«, lästert sein Freund.

»Logisch, ich toupiere meine Pracht jeden Morgen über dem Frühstückstisch, bevor ich euch rufe. Sonst noch Beschwerden?«

Oliver deutet auf die Pfanne mit gebratenen Fliegenden Fischen: »Ich hätte gerne eines von den Tierchen.«

»Hast Glück, heute Morgen habe ich sieben Tiefflieger an Deck aufgelesen. Es werden jeden Tag mehr. Die gehören wohl schon zur Luftabwehr von Barbados. Wie viele Tage sind's noch, Jörg?«

»Sieben bis acht.«

»Also verhungern werden wir bis dahin nicht mehr, jeden Morgen finde ich mehr Fliegende Fische an Deck.«

»Alter, wir nähern uns dem Paradies. Nur da springen einem die Fische in die Pfanne.«

»Bin richtig gespannt, was mir dort sonst noch in den Schoß springt.«

»Ich glaube, dass die dich mit deinen Haaren gar nicht an Land lassen werden.«

»Der schöne Verdi will wohl alleine absahnen. Wir können uns doch die Karibik aufteilen. Du übernimmst die Kleinen Antillen und ich die Großen.«

»Vom Kneipenwirt am Bodensee zum König der karibischen Piraten. Mit dieser Karriere kannst du nächste Woche schon in BILD stehen.«

»Hört auf, ihr Spinner! Ich will diese fliegenden Delikatessen in Ruhe genießen. Du auch, Schatz?« Petra schnippt wieder einmal die Asche ihrer Zigarette auf ihren Teller, genau zwischen Fischkopf und Fischschwanz.

»Ich kenne kein zarteres Fischfleisch. Drüben machen die *flying fish sandwiches*. Darüber kommt so eine scharfe Sauce. Ich könnte mich reinsetzen, so lecker schmecken die.«

»Wie ist denn drüben die Küche?«, will Röttich wissen.

»Ich war ja mehrfach im Urlaub da. Auf der Speisekarte steht neben Fisch und Hühnchen immer *caribbean* oder *créole*. Ich habe aber immer das Gefühl gehabt, dass die nur eine scharfe amerikanische Barbecue-Sauce drüber schütten. Mich hat die Küche nicht besonders beeindruckt. Eher die Preise.«

»Was zieht dich denn immer wieder in die Karibik?« Andrea wird neugierig.

»Die Leute sind einfach gut drauf. Die arbeiten, wenn es ihnen Spaß macht. Aber bei der Hitze macht es selten Spaß. Auf Antigua habe ich eine Baustelle gesehen. Vierundzwanzig Männer haben mit der Schaufel in der Hand zugeschaut, wie einer gearbeitet hat. Nicht schlecht, nicht?«

»Das kann es doch nicht sein. Da kannst du auch in den Kongo fahren.«

»Die haben aber nicht diese heiße Musik. Es ist die

Mischung aus Reggae, wackelnden Hüften, Passatwind, Planter's Punch, unzähligen Inselchen – alles eingepackt in gute Laune.«
»Na, da bin ich ja mal gespannt.« Röttich klingt skeptisch.
»Wieder so ein Scheißtag kurz vorm Paradies. Käpt'n, was liegt heute an? Der Herr der Großen Antillen lässt anfragen.«
»Stuhlfliegen!«
»Sag das noch mal!«
Alle schauen Manfred fragend an.
»Heute ist Stuhlfliegen angesagt ...«
»Der einzige Stuhl an Bord ist der am Navigationstisch und der ist fest verschraubt.«
»Habt ihr schon mal was von einem Bootsmannstuhl gehört?«
»Schatz, was ist das?«
»Ganz einfach, ein Stuhl aus starkem Stoff. Mit ihm kann man sich den Mast hochziehen lassen. Wir benutzen ihn heute, um über und in das Wasser zu fliegen. Ich habe das mal in der Karibik gesehen, wie sie einen Mann in den Stuhl gesetzt haben und der übers Wasser geschwebt ist.«
»Bärenstark, da bin ich dabei. Verdi, komm abräumen und abschäumen. Wozu habe ich dich sonst mitgenommmen? Manfred, gib uns zehn Minuten, dann kannst du deine Pantry nur mit einer Sonnenbrille anschauen – die scheuern wir so sauber, ohne Sonnenbrille bist du geblendet!«
Schön kramt inzwischen aus der Backskiste unter dem Cockpitsitz einen blauen Bootsmannstuhl hervor. Zwei starke Bänder führen nach oben und enden in zwei eingenähten Schlaufen. Hier wird der Bootsmannstuhl mit einem Schäkel an einem Reservefall eingehakt. Auf der linken Seite ist eine Tasche, auf der rechten sind eingenähte Schlaufen verschiedener Größen, in die man im

Bedarfsfall das Werkzeug hineinsteckt. Das Tuch des Bootsmannstuhls ist vorne für die Beine offen, im Rücken ist es hochgezogen, sodass man sich bequem anlehnen kann.

Röttich ahnt, was auf ihn zukommt. Er will damit nichts zu tun haben, löst seine Freundin ab und umklammert das Ruder fester als sonst.

»Charlie, Verdi, wer von euch Piraten ist der Erste?«

»Ich habe beim Frühstückmachen schon geschwitzt. Ich brauche eine Erfrischung.« Charlie begibt sich zum Mast.

Manfred hat in der Zwischenzeit einen langen Tampen angeschlagen, der vom Bootsmannstuhl zu einem Block an der Nock, dem Ende des ausgefierten Großbaums, führt und von dort weiter zum Vorschiff, wo er ihn belegt hat. Mit diesem Tampen kann man den Bootsmannstuhl über den Baum nach außen ziehen, weg vom Schiffsrumpf. In die zwei Halteschlaufen hat er ein Reservefall eingehakt. Charlie setzt sich zum ersten Mal in seinem Leben in den Stoffstuhl. Dann hängt er wenige Zentimeter über Deck, sucht sich eine bequeme Stellung. Er wippt leicht.

»Wenn das Fall bricht, wer brät euch dann Fliegende Fische?«

Aus den Cockpits schauen ihn zwei Leute amüsiert an, zwei schauen sehr skeptisch.

»Bist du so weit?«

»Aye, aye, Captain! Lass jucken!

»Oliver, geh du aufs Vorschiff und zieh den Tampen auf Spannung. Wenn dein Kumpel einen Meter hoch schwebt, musst du ziehen, damit er außer Bord kommt.«

Manfred hat das Fall um die Windentrommel gelegt und kurbelt Charlie ein wenig höher als die Reling; Oliver zieht seinen Freund über die Reling, übers Wasser. In diesem Moment fiert Manfred leicht das Fall und Charlie berührt die Wellen. Der Bootsmannstuhl mit dem Chartergast dreht sich, seine Beine durchfurchen das Wasser. Von jeder Welle erfasst, spritzt neues Wasser auf, sein Körper ist dann halb unter Wasser. Die *Apollonia* macht gute Fahrt von zirka sieben Knoten, Geißler wird durchs Wasser gewirbelt.

»Ich bin ein Fliegender Fisch«, schreit er.

»Nachher kommst du in die Pfanne!«, ruft ihm Otten zu.

Schön kurbelt ihn etwas höher, sodass seine Beine nicht mehr ins Wasser reichen. »Langt dir die Spritztour? Willst du mehr?«

»Gib mir mehr! Ich bin ein Fliegender Fisch! Und ihr wollt mich fressen. Hahaha. Ihr wisst nicht, dass ich vergiftet bin. Hahaha!«

Schön fiert jetzt ruckartig das Fall und Geißler klatscht ins Wasser, wird durch den Druck nach achtern gerissen, wirbelt mehrfach herum, will seine Lust herausschreien, schluckt dabei Salzwasser und nur sein Husten erreicht die Zuschauer an Bord. Als Schön ihn wieder über den Wellen hat, ruft er: »Das ist das Beste der ganzen Reise. Wieso haben wir das nicht gleich am ersten Tag gemacht?« Wieder an Deck schüttelt Geißler seine Haarpracht wie ein nasser Hund: »Nur derjenige, der Frühstück macht, darf auch Stuhlfliegen.«

»Jetzt kannst du erst mal wählen, ob du in heißer Butter oder Öl gebraten werden willst. Ich bin dran!« Otten steigt in den Stoffstuhl.

Bis zur Mittagszeit haben bis auf Röttich und Kleefeld alle das Abenteuer im Meer gesucht. Lange noch fliegen ihnen Wortfetzen wie »Wahnsinn«, »bärenstark«, »nass bis unter die Kiemen«, »morgen wieder« oder »das Beste überhaupt« um die Ohren.

Nach zwölf Uhr übernehmen die Chartergäste wie gehabt die zweite Tageswache. Andrea bereitet das Mittagessen. Gleich wird es Ravioli aus der Dose geben. Frisches Gemüse ist nicht mehr an Bord. Nur Zwiebeln,

Kartoffeln und Zitronen haben sich gehalten. Und die Eier. Jörg hatte die vielen Eier gleich nach dem Einkauf mit Vaseline eingeschmiert; ein altes Seemannsrezept, um sie lange haltbar zu machen.

Am Nachmittag entfernt Röttich das Anzeigegerät des Geschwindigkeitsmessers, die Logge, aus dem Schott und versucht sich an den elektrischen Kontakten, denn seit Anbeginn der Reise ist es kaputt. Auch die Anzeiger der Windgeschwindigkeit und der Windrichtung zeigen nicht exakt an. Aber an dem Geber, hoch oben im Mast, kann man nur in einem ruhigen Hafen arbeiten. Auf der Rückseite des Gerätes nimmt er alle Kontakte ab, säubert sorgfältig jede einzelne Kabelverbindung, baut alles wieder ein, um dann festzustellen, dass die Logge immer noch nicht arbeitet.

»Ich nehme an, dass sich Kraut an dem Impeller im Wasser festgesetzt hat. Den will ich während der Fahrt aber nicht ausbauen, da kommen immer ein paar Eimer Wasser ins Schiff.« Es kommt Röttich vor, als ob das keinen seiner Mitsegler interessiert. Er wendet sich an den Eigner: »Deinen Autopiloten kannst du auf einem 18-Tonnen-Schiff vergessen. Den hast du ein paar Nummern zu klein gekauft, der ist zu schwach.«

»Ich merke auch, dass vieles nicht funktioniert oder kaputt gegangen ist. Woher soll man vorher wissen, dass fast jedes mechanische Teil seinen Geist aufgibt? Es ist meine Jungfernfahrt. Danach bin ich klüger. Wann gibt's Essen?«

»Andrea, wir sind alle hungrig nach der Spritztour. Gib mir einen extra Schlag drauf.«

»Hier kriegt jeder die gleiche Portion, du Hippie.«

»Ich weiß, dass Friseurinnen wie du meine Mähne nicht mögen. Weil sie damit nämlich kein Geld verdienen können. Waschen, legen, föhnen mache ich selber.« Geißler lacht. »Ich hole mir heute meine Zusatzportion aus dem Meer.«

Nach dem Essen verschwinden beide Paare in ihren Kabinen und halten während der größten Hitze des Tages ihre Siesta. Otten geht Ruder und Geißler befestigt einen neuen Wobbler am Vorfall, einen mit einer anderen Farbe. Er steckt die Angelrute in den Köcher, der an der Heckreling festgeschraubt ist, lässt zweimal die Länge des Bootes an Leine raus, stellt die Ratsche ein und setzt sich in den Schatten des Besanmastes. Es ist heiß, er beginnt vor sich hin zu dösen. Sein Freund, der vor ihm sitzt, hat sein T-Shirt angezogen, die Mütze über die Stirn gezogen und vorher sein Gesicht dick eingecremt. Über die Mütze hat sich Otten die Kopfhörer des Walkmans gestülpt und hört zum wiederholtem Mal in seiner Wache Bob Marleys *No woman no cry*. Er hat die Musik so laut gestellt, dass er nicht mitbekommt, wie die Ratsche der Angelspule ausgelöst wird.

Aber Geißler ist im Nu aufgeschreckt, steht sofort hinter der Angel und bremst die Spule. Er will die Kurbel bedienen, aber der Zug ist zu stark. Die Rute biegt sich so sehr, dass er Angst hat, sie würde brechen. Er greift zur Schnur, will an ihr ziehen – vergeblich.

»Ein Fisch, ein Kaventsmann!«, schreit er »Der gehört mir! Das ist meine Extraportion!« Er probiert es wieder mit der Kurbel; jetzt gibt die Leine nach und er kurbelt schnell die Angelleine ein, bis es wieder schwer geht. »Der kämpft. Verdi, das ist mein erster Fisch.«

»Soll ich die Pfanne holen, vielleicht springt der direkt rein?«

»Reich mir den Fischhaken aus der Backskiste!«

»Ich habe die Hälfte der Leine reingeholt. Sieh mal, wie das Wasser kocht. Der kämpft um den besten Platz in der Pfanne. Mann, hol die Kamera! So was haben die am Bodensee noch nicht gesehen.« Geißler hat das Jagdfieber gepackt.

»Bring das Ding erst mal an Deck. Dann entscheide ich, ob ich dich verewige.«

»Ich brauch dich, hab ihn gleich am Boot.«
»Wenn das so schnell geht, ist es höchstens ein Stichling.«
»Quatsch, her mit dem Haken. Komm, hilf mir!«
Doch Otten gibt zu bedenken: »Ich kann nicht vom Ruder weg.«
»Lass mich das machen!« Röttich steht plötzlich im Cockpit. In der Hand eine Flasche Wodka. Er wendet sich zum Rudergänger: »Halt du mal die Flasche!«
Dann greift er in die geräumige Backskiste, holt den langen Haken heraus, begibt sich auf das Achterschiff und hält sich neben Geißler an einer Want vom Besanmast fest. Der kurbelt den Fisch noch näher an das Heck der *Apollonia*. Röttich legt sich auf das Deck, sein Oberkörper ragt über das Heckwasser, in seiner ausgestreckten rechten Hand hält er die ein Meter lange Nirostange, die am Ende gebogen ist, an deren Spitze der gefährlich scharfe Haken ist.
»Näher, näher!«, schreit er ins Meer.
Geißler nimmt mit beiden Händen die Nylonleine in die Hand. Es schmerzt, aber das Jagdfieber ist stärker. Er zieht und merkt im selben Moment, wie die Schur in seine Hand schneidet. »Scheiße, ich kann nicht mehr!«
»Ich hab ihn!« Mit einem Hieb des Hakens hat Röttich den Fisch getroffen. Er richtet sich langsam auf und zieht mit einem kräftigen Ruck den grauen Kaventsmann an Deck. »Hau ab! Der schlägt dein Bein kaputt!«
Röttich und Geißler suchen Schutz vor dem schlagendem Schwanz des über einen Meter langen Tieres.
Vom Ruderstand ruft Otten: »Ihr habt einen Tunfisch, das Beste.«
Röttich hat die Stange mit dem Haken nicht losgelassen, Geißler hält die Nylonleine auf Spannung. Der Doppelhaken ist dem Tunfisch ins Maul gedrungen und durch die Kraft seines Befreiungskampfes sind beide Haken wieder ausgetreten.

»Die Flasche, schnell die Flasche!« Röttich hält die freie Hand in Richtung Cockpit. Als er die Flasche in der Hand verspürt, hält er sie über den Fisch und gießt dem schlagenden Tunfisch einen dicken Schuss Wodka zwischen die klaffenden Kiemen. Das Schlagen lässt schnell nach, er schüttet einen zweiten Schuss hinterher.
»Willst du den flambieren?«, fragt Geißler.
»Nee, nur schnell in die ewigen Jagdgründe bringen.«
»Hier stinkt es wie in einer abgehalfterten Bahnhofskneipe.«
»So, der ist hinüber. Jetzt können wir den Haken rausziehen. Verdi, reich mal die Kombizange! Charlie, hol mal die Pütz und das große Messer und eine große Plastikschüssel.«
Vorsichtig zieht Röttich den Haken mit der Zange aus dem Maul. Dann holt er das schärfste Messer und ohne den Fisch groß auszunehmen, schneidet er einzelne Filets aus beiden Seiten heraus. Danach zieht er die Haut ab, säubert die Filets mit Meereswasser und überreicht Geißler die große Schüssel mit frischestem Fisch. »Du bist ja hier der Chefkoch. Nur in heißer Butter anbraten, dann den Fisch rein. So guten Fisch bekommst du in keinem Restaurant dieser Welt. Mach ein paar Pellkartoffeln dazu. Aber pass auf, dass Petra nicht in der Nähe ist, sonst müssen wir jede Menge Asche mitessen.«
Fische zu fangen, sie auszunehmen und zuzubereiten hatte Röttich von Kapitän Ladwig gelernt, dem Mann, den er am meisten von allen hasst – dem Mann, dem er vorgeworfen hat, seinen Fraß könne man nicht essen.
An diesem Nachmittag werden wieder Sundowners gereicht. Die wenigen Wolken versprechen einen ungestörten Sonnenuntergang und jeder – von Oliver dazu animiert – versucht, den *green flash* zu erhaschen – vergeblich.
Manfred öffnet zum Essen eine besonders gute Flasche Wein aus Madeira. »Das habt ihr gut gemacht. Für die-

sen Fisch würden wir in Yokohama auf dem Fischmarkt über eintausend Dollar erhalten.«

»Ich muss sagen, heute ist der bisher beste Tag der Reise. Erst mein Spitzenfrühstück, danach das Bad im Whirlpool, dann die Spitzenleistung des Worldcup-Anglers und jetzt, vom Chefkoch selber zubereitet, tranchierte Fischfilets à la *Apollonia*.«

Charlie greift zu seiner Gitarre, spielt und summt seine gute Laune raus. Irgendwann geht das Gesumme in eine Melodie über, er findet einen Rhythmus und er beginnt einen Song. »Ihr kennt ja alle Otis Reddings Hit *The Dock of the Bay*. Er hat die Aufnahme am siebten Dezember 1967 gemacht; drei Tage später ist er bei einem Flugzeugabsturz umgekommen. Er war 1968 vier Wochen Nummer eins auf der US-Hitliste.

Sittin in the mornin' sun
I'll be sittin' when the evenin' come
Watching the ships roll in
And then I watch 'em roll away again, yeah

I'm sittin' on the dock of the bay
Watching the tide roll away
Ooo, I'm just sittin on the dock of the bay
Wastin' time

I left my home in Georgia
Headed for the Frisco Bay
Cause I've had nothing to live for
And look like nothin's
Gonna come my way

Looks like nothing's gonna change
Everything still remains the same
I can't do what ten people me to do
So I guess I'll remain the same, yes

Sittin' here resting my bones
And this loneliness won't leave me alone
It's two thousand miles I roamed
Just to make this dock my home

Er pfeift den Refrain und legt langsam die Gitarre zur Seite. Die schöne Yawl segelt in die Nacht hinein. Jeder ist froh, dass es an diesem Tag zu keiner Auseinandersetzung gekommen ist.

Dreizehnter Tag

Es ist Mitternacht, als erst Otten und dann Geißler zur Wachablösung an Deck erscheinen. Der Mond steht fast senkrecht über dem Schiff. Die Männer brauchen sich nicht an die Nacht zu gewöhnen; im Mondlicht erkennen sie Kleefeld am Steuer und Röttich, der neben ihr sitzt.

»War irgendwas Besonderes?«

Das dürfte die am meisten gestellte Frage bei Wachablösungen sein.

»Habt ihr mich nicht schreien hören? Mich hat ein Fliegender Fisch getroffen. Es war ekelhaft. Jörg hat ihn gleich über Bord geschmissen. Überall spüre ich diese Schuppen. Immer noch rieche ich nach Fisch.«

»Charlie, mach doch mal die Salingsleuchten an, mal sehen, wie viele Fische schon an Deck geflogen sind«, ertönt Röttichs Stimme aus dem Halbdunkel.

»Da bin ich auch neugierig«, und mit zwei, drei Schritten ist Geißler unten am Niedergang, aber die Beleuchtung geht nicht an. Dafür geht das Kompasslicht aus. »Jörg, ich find den richtigen Schalter nicht.«

»Den habe ich dir schon x-mal gezeigt. Du hast nicht nur zwei linke Hände. Du hast auch zwei linke Augen!«

»Mann, schrei nicht so, du weckst die anderen auf! Sag mir nur, wo der Schalter sitzt.«

»Der Zweite von oben in der Backbordreihe.«

Kaum hat Röttich das gesagt, geht die Decksbeleuchtung an und Geißler ist wieder im Cockpit.

»Ich habe deine Schreiereien satt. Nicht mit mir! Du findest die Schalter nicht, weißt nicht, wo die Signalpistole liegt. Langsam musst du das doch alles geschnallt haben.«

»Wenn mir Manfred nicht einmal erklärt hat, wie und wo die Sicherheitsausrüstung liegt«, verteidigt sich Geißler.

»Den kannst du ja auch in der Pfeife rauchen!«

Otten steht auf der Sitzbank, hält sich am Decksaufbau fest und zählt die toten Fliegenden Fische. »Ich sehe bis jetzt acht, kann aber nicht das ganze Deck überblicken.«

»Wenn das so weitergeht, kann ich morgens für jeden zwei Stück braten«, schlägt Geißler in versöhnlichem Tonfall vor.

»Wie kommst du eigentlich mit deiner Ungeschicklichkeit in der Pantry klar?«

»Komm mir nicht so dumm! Mach du doch ab heute das Frühstück!«

»Du kannst nach zwei Wochen nicht richtig Ruder gehen. Du weißt immer noch nicht, wo welcher Schalter ist. Eine Kombizange verwechselst du mit einer Rohrzange. Da kann ich doch mal sagen, dass du zwei linke Hände hast.«

»Du hast mir gar nichts zu sagen. Ich bin hier zahlender Chartergast. Wenn du mit Manfred Probleme hast, dann zieh mich da nicht hinein.«

»Ich komme mir vor wie auf einem Narrenschiff. Keiner kann was und keiner will etwas lernen. Also: Gute Nacht!«

Als das Licht in Röttichs und Kleefelds Kajüte aus ist, platzt es aus Geißler heraus: »Ich kann dieses Ekelpaket nicht mehr sehen.«

»Charlie, es ist der dreizehnte Tag der Reise. Ich glaube, da kommt noch mehr auf uns zu.« Oliver klingt auch verstimmt.

»Bist du abergläubig?«

»Alle Skipper, mit denen ich gesegelt bin, waren abergläubig. Das färbt ab. Eines kann ich dir sagen: Frauen an Bord bringen immer Unglück.«

»In der letzten Woche lasse ich mir meine Urlaubslaune durch keinen mehr kaputt machen, auch nicht von dem Schleifer.«

Charlie zieht sich seine Kopfhörer über und macht es sich auf der Bank bequem. Otten, der erfahrenste Steuermann der *Apollonia*, steht am Rad. Wie jeder an Bord zählt auch er die verbleibenden Tage bis zum ersehnten Landfall.

Am Morgen nach dem Frühstück mit Pumpernickel aus der Dose, Butter aus der Dose, Marmeladen aus Dosen, Wurst aus der Dose aus Bundeswehrbeständen, die Schön in größeren Mengen gekauft hat, Nescafé sowie frischem gebratenen Fliegenden Fisch, stellt Geißler die Frage, auf die alle gewartet haben: »Machen wir heute wieder Stuhlfliegen?«

Nur Röttich hat sich auf eine Antwort vorbereitet: »Macht ihr nicht!« Und weil er eine Erklärung schuldig ist, fügt er hinzu: »Wenn das Fall bricht oder der Schäkel sich verbiegt, dann kann das Folgen haben, an die ich nicht denken möchte. So etwas kann man in einer Bucht machen, aber nicht auf dem weiten Ozean.«

»Wenn ich auf meinem eigenen Schiff mit meinem eigenen Bootsmannstuhl diesen Spaß wiederholen will, dann mache ich das auch. Da kannst du so oft sagen ›Macht ihr nicht‹.«

»Auf deinem Kahn ist so viel kaputt gegangen, so viel Schrott, da wundert's mich nicht, wenn ein Fall durchknallt und ein Schäkel sprengt.«

»Pah, ist doch mein Leben!« Petra schnippt ihre Asche in eine leere Tasse.

»Ich verstehe nicht, weshalb ihr alle gegen Jörg seid. Er will doch nur euer Bestes. Ihm geht die Sicherheit über alles. Und immer hackt ihr auf ihm rum.« Es ist das erste Mal, dass Andrea klar Stellung bezieht.

»Lass mich dazu etwas Grundsätzliches sagen.« Schön kaut den letzten Bissen und schluckt. »Es geht nicht darum, was Jörg sagt, sondern wie er das sagt. Der versteckt doch alle seine Komplexe hinter einem vorgetäuschten Sicherheitsbedürfnis. Ich lehne nicht Sicherheit an Bord ab, aber ich lehne dieses lehrerhafte, ja autoritäre Gebaren an ihm ab. Mich hat mal ein Amerikaner aus Spaß gefragt, was denn die höchste Erhebung in Deutschland sei. Na ja, die Zugspitze, habe ich geantwortet. Nein, hat er gesagt, die höchste Erhebung in Deutschland ist der erhobene Zeigefinger.«

»Ach, lasst mich doch in Ruhe! Springt doch wieder ins Meer. Ob mit Stuhl oder ohne, ist mir egal. Ich schreibe das ins Logbuch. Und wenn was passiert, habe ich es schwarz auf weiß, dass ich euch gewarnt habe.« Röttich spricht es und steht auf, um seine Freundin am Ruder abzulösen, damit auch sie jetzt frühstücken kann.

»Und wenn du an deiner Kritik und deiner Schreiberei erstickst, ich habe meinen Spaß an Bord.« Petra zündet sich mit ihrer alten Kippe eine neue Zigarette an und drückt die Kippe auf dem Kopf des Fisches aus. Erstmals zittert ihre Stimme: »Und im Übrigen will ich dir sagen, dass wir uns als Erstes an Land von dir trennen werden.«

Keiner hat an diesem Morgen mehr Lust aufs Stuhlfliegen. Irgendwie denkt jeder an durchgescheuerte Fallen und berstende Schäkel und zieht sich so auf seine Lieblingsposition an Deck zurück. Der dreizehnte Tag scheint ein Tag wie viele andere an Bord der *Apollonia* zu sein: Streit, Kompetenzschwierigkeiten, Beleidigungen, Provokationen, Diskussionen, Faulenzen, Sonnenbaden, Angeln, Musik hören, Dösen, Lesen, Navigation machen und Rudergehen. Bis es in der Mittagswache zu einem weiteren Zwischenfall kommt.

Manfred liegt während der heißesten Zeit in seiner Koje und schläft. Seine Freundin ist im Bad und lackiert sich ihre Fuß- und Fingernägel. Andrea hat sich in den Schatten des Besanbaumes gesetzt und starrt aufs Meer. Jörg nimmt im Cockpit einen defekten Brenner des Herdes auseinander. Am Steuer steht Oliver. Vorne im Bugkorb sitzt Charlie, er schaut aufs Meer. Die Sonne steht fast über ihm und als es ihm zu heiß wird, begibt er sich auf dem schaukelndem Schiff nach achtern.

Am Mast angekommen hält er sich bei einer besonders heftigen Bewegung des Schiffs an einem der Fallen am Mast fest. Dann passiert etwas, womit er nicht rechnen kann: Das Fall ist nicht richtig belegt und löst sich unter dem Druck seines Gewichts. Mit einem Schlag verwandelt sich die Siesta auf der *Apollonia* zum Chaos. Das Gewicht der Genua zieht an dem gelösten Fall, das wild schlagend zur Mastspitze hoch peitscht. Im Nu ist die Genua unten und fällt wie von letzter Kraft gezogen langsam ins Wasser.

»Scheiße! Jemand hat das Fall nicht richtig gesichert!«, schreit Geißler, der sich inzwischen mit beiden Händen an einem Want fest hält.

»Was ist passiert? Ich kann gegen die Sonne nichts sehen!« Otten legt die Hand an den Schirm seiner Mütze und späht zum Masttop.

»Du Trottel hast das Fall gelöst!« Röttich hat den Brenner zur Seite gelegt und eilt nach vorne. Auch Schön und Meinhard stehen jetzt im Cockpit.

»Du Arschloch, ich habe mich nur an dem Fall festgehalten. Ich habe gar nichts gelöst.« Geißler ist erschrocken, er hat beide Hände um das sichere Want gelegt.

»Hier geht ja jeden Tag was zu Bruch. Kommt, wir müssen schnell das Segel bergen.«

Mit Ausnahme von Otten ziehen zehn Hände das steife, durchnässte Dacrontuch aus dem Meer. Dieses Mal können sie nicht mit Röttichs Trick das Segel mit dem

Fall aus dem Wasser winschen. Das Ende des Falls hängt im Masttop, in sich fest verknotet.

Als die Genua auf dem Vorderdeck liegt, schlägt Schön vor, ein Reservefall zu verwenden.

»Später in Barbados können wir das alte Fall vom Masttopp herunterholen.«

Sie schlagen das Spinnakerfall an den Segelkopf der Genua an. Als sie es über die Fallwinde hochziehen wollen, bewegt sich nichts.

Röttich merkt es als Erster: »Da oben klemmt was. Ich glaube, das alte Fall blockiert die Scheiben im Masttopp.«

Schön versucht, die Kapitänsrolle zu übernehmen: »Da muss einer hoch. Das muss klariert werden.«

»Wie konnte das Fall sich nur lösen, als ich mich fest hielt? Kann mir das einer sagen?«, fragt Geißler.

»Das klären wir später. Wir machen unter Groß und Besan kaum Fahrt. Einer muss in den Mast. Soll ich das machen?« Röttich schaut Schön an.

»Auf keinen Fall. Das mache ich, ich bin leichter.«

»Ich finde, das ist keine Sache des Kapitäns.«

»Seit wann nennst du mich Kapitän?«

»Egal, auf dem Papier bist du es. Und der Kapitän geht niemals in den Mast. Der überträgt das einem Crewmitglied.«

»Quatsch, du mit deiner Theorie. Ich mache das, basta.«

Schön holt sich seinen Bootsmannstuhl. Als Fall benutzen sie die Dirk, die dazu dient, den Baum auf einer Yacht zu halten, wenn das Großsegel nicht angeschlagen ist. Die ist jetzt entbehrlich, da das angeschlagene Großsegel den Baum hält. Schön will einen Palstek um die Schlaufen des Bootsmannstuhls knoten, versagt jedoch. Schweigend nimmt Röttich das Ende der Dirk und knotet es seemännisch an den Schlaufen fest. Dann setzt sich Schön in den Stoffstuhl: »Am besten, ihr dreht mich beide hoch. Das ist sicherer.«

Röttich kurbelt Schön gleichmäßig hoch, während Geißler die Lose des Falls an der Winde immer wieder nachgreift. Obwohl das Großsegel gesetzt ist, das gleichzeitig Stützsegel ist, macht die Yacht erhebliche Bewegungen, die sich in zunehmender Höhe verstärken. Im Bootsmannstuhl stecken ein Messer, eine Kombizange und ein Marlspieker, ein Dorn, mit dem hartnäckige Knoten aufgemacht werden. Auf beiden Salingspaaren stellt sich Schön hin und legt eine kurze Pause ein, die auch Röttich an der Windenkurbel zum Verschnaufen nutzt. Geißler, der nach oben schauen kann, gibt Röttich Bescheid, wo sich Schön zurzeit befindet.

»Ich habe Angst um ihn. Wie der hin und her geschleudert wird.« Petra hat sich zwischen zwei Wanten geklemmt und schaut durch ihre Sonnenbrille nach oben. »Manfred war doch noch nie oben im Mast!«

»Stopp!«, ruft Geißler.

Im selben Moment hört Röttich mit dem Kurbeln auf. Er blickt nach oben, sein Gesicht ist nass vor Schweiß. Oben sieht er Schön kurz vor dem Masttopp. Mit einer Hand hält der sich fest, wird aber immer wieder losgerissen, prallt gegen den Mast, gegen die Wanten.

»Hol mir das Fernglas!« Röttich schaut seine Freundin an, sie kommt kurze Zeit später mit dem Glas zurück. Er sucht einen sicheren Halt und blickt durch das Fernglas nach oben. Unterhalb der Rollen, über die die Fallen laufen, erkennt er Schlaufen und Knoten in dem hochgerauschten Fall, eine Wuling, wie der Seemann so etwas nennt. Er sieht auch, wie Schön vergeblich mit einer Hand aus dieser Wuling Schleifen und Knoten lösen will.

Irgendwann gibt Schön ein Rufzeichen, dass man ihn herunterlassen soll. Unten angekommen berichtet er keuchend: »Da ist nichts zu machen. Alles ist vertörnt. Und dann knallt man wie schwerelos gegen den Mast. Da oben braucht man vier Arme und acht Hände.« Er kann ein Zittern nicht verbergen.

Vom Ruderstand ruft ihnen Otten zu: »Da hilft nur das Irische Reff!«

»Was ist das denn?« Schön ist um jeden Tipp verlegen, denn ohne Vorsegel kommen sie kaum voran. Er weiß, dass die Genua das Zugpferd auf einer Yacht ist.

»Das Irische Reff ist die letzte Notlösung: durchschneiden!«

In der Zwischenzeit hat sich Röttich einen zwei Meter langen Tampen geholt. Er knotet ihn an den Bootsmannstuhl. »Zieht mich mal hoch! Ich hab da eine Idee.«

Widerstandslos kurbeln Schön und Geißler abwechselnd den Navigator hoch. Auch er muss sich immer wieder an allem Greifbaren fest halten, um nicht zu sehr hin und her geschleudert zu werden. Oben angekommen legt Röttich den mitgebrachten Tampen um den Mast, verknotet sich und seinen Bootsmannstuhl so fest, dass er kaum noch durch die starken Schlingerbewegungen im Masttopp gestört werden kann. So kann er mit beiden Händen arbeiten. Nach fast einer Stunde Arbeit hat er das Fall aus ihrer Wuling gelöst. Er knotet das Ende des Falls an seinen Arbeitsstuhl, löst den Sicherheitstampen und gibt Zeichen, ihn hinabzulassen.

Unten angekommen gibt ihm seine Freundin einen Kuss: »Du bist und bleibst der Größte!«

Röttich ist durchgeschwitzt. Auch seine Beine zittern, aber er lässt es die anderen nicht merken. Er steigt aus dem Bootsmannstuhl, löst das Fall und legt es in vier Törns um die Windentrommel. »Hochkurbeln könnt ihr das Tuch. Vorher müsst ihr die Schot im Cockpit fieren, aber das wisst ihr ja selber. Achtet nur dieses Mal darauf, dass das Fall richtig auf der Klampe am Mast belegt wird.« Er spricht wie ein sanfter, verständnisvoller Kapitän und begibt sich ins Cockpit.

»Hier, das hast du dir verdient!« Andrea reicht ihrem Freund ein kühles Bier.

Als das Segel gesetzt ist, alle wieder im Cockpit sind,

schießt es aus Geißler heraus: »Wie konnte das mit dem Fall passieren? Ich habe mich doch bloß daran fest gehalten.«

»Ich sag dir, wie das gekommen ist. Derjenige, der das Fall das letzte Mal auf der Klampe belegt hat, hat es falsch gemacht. So einfach ist das.«

Geißler lässt nicht locker: »Du weißt ja immer alles – also, wer war's?«

»Unser Kapitän.«

»Liebling!«, schaltet sich Petra ein, »jetzt bekommen wir wieder eine Standpauke.«

Schön übergeht diese Bemerkung: »Nehmt es als Abenteuer. Ihr habt euch amüsiert und ich habe Erfahrung gesammelt.«

»Das ist die rheinische Art zu segeln. Immer alles hully-gully auf die leichte Schulter nehmen.«

»Komm Jörg, erzähl uns, was wir alles falsch gemacht haben. Ich schreibe nämlich an einem Buch: Segeln ins Paradies mit Jörg Röttich.« Petra schnippt ihre Zigarette ins Meer.

Röttich versteht ihre Anspielung nicht: »Es ist unverantwortlich, dass der Skipper selber in den Mast geht. Auf allen Schiffen dieser Welt bestimmt er einen Mann aus seiner Mannschaft, der dazu befähigt ist. Der Skipper führt das Schiff vom Cockpit aus, auf großen Schiffen von der Brücke, wo er die Übersicht hat. Aber er hängt nicht hilflos an der Dirk, lässt sich ins Masttopp hochziehen und kommt unverrichteter Dinge nach unten.«

»Hast du gehört, Manfred, jetzt darfst du auch das Cockpit nicht mehr verlassen.« Diese Bemerkung von Charlie Geissler zeigt jedem, auf welcher Seite er steht. Er, der heute am meisten Kritik hat einstecken müssen, zeigt Flagge. Am dreizehnten Tag auf See ist endgültig klar, wie die Verhältnisse stehen: Vier gegen zwei. Präziser ausgedrückt: zwei gegen vier.

Vierzehnter Tag

Jörg und Andrea haben ihre Nachtwache pünktlich an die beiden Chartergäste übergeben. Der neue Tag ist erst wenige Minuten alt. Sie putzen sich die Zähne und waschen sich kurz das Gesicht. Gründlich hatten sie sich bereits am Nachmittag auf dem Achterschiff gereinigt. Es ist immer ein Spaß, sich mit Salzwasserseife einzuschäumen und dann gegenseitig mehrere Eimer warmes Seewasser über den Körper zu schütten – die erfrischendste Art, sich von Schweiß, Sonnencreme und Salz auf der Haut zu säubern. Danach legen sich beide in ihre Kojen. Es ist inzwischen so warm unter Deck, dass sich keiner zudecken will. Erst in den Morgenstunden greift sich jeder sein dünnes Laken.

»Ich überlege mir, ob ich das Schiff nicht übernehmen soll.«

Röttich kann bei dem ständigen Klatschen des Wassers an den Rumpf kaum Andreas Antwort hören: »Aber das brauchst du doch gar nicht. Für mich bist du, seit wir ausgelaufen sind, der Kapitän.«

»Das sind alles grüne Kinder. Außer Otten hat keiner einen Furz von Ahnung. Noch vor Reisebeginn hätte Manfred jedem die Rettungseinrichtungen zeigen müssen. Außer ihm und mir weiß keiner, wo die Signalpistole liegt oder wo die Seenotraketen sind. Wie die Rettungsinseln funktionieren, weiß der doch selber nicht. Nicht einmal ein Mann-über-Bord-Manöver hat er gefahren. Ich glaube, der weiß nicht mal, was das ist.«

Erst jetzt wird Andrea klar, was ihr Freund meint:
»Übernehmen, wie willst du das machen?«

»Das Schiff ist eine ausgelutschte Gurke. Alles, was ich anfasse, ist kaputt. Schön ist der Oberchaot. Von Sicherheit und Seemannschaft hat der null Ahnung. Er gefährdet Schiff und Mannschaft. Seine Giftnudel mit dem Grace-Kelly-Getue steht auch nur im Weg. Da muss ich was machen. Das Schiff ist praktisch führerlos. Verstehst du?« Röttich steigert sich. »Laut Seegesetz muss in solch einem Fall der Kompetenteste die Schiffsführung übernehmen.«

»Du machst mir Angst. Das wäre ja Meuterei!«

»Eben nicht. Meuterei ist strafbar. Bei einer Meuterei wollen Besatzungsmitglieder die Ordnung an Bord mit Gewalt verändern. Aber hier herrscht keine Ordnung. Hier herrscht doch Anarchie! Verstehst du?«

»Was ist Anarchie?«

»Wenn keine Führung da ist. Wenn es den Titel Kapitän nur auf dem Papier gibt. Wenn jeder machen kann, was er will. Wenn all das an Bord passiert, was hier passiert ist.«

»Jörg, in knapp einer Woche sind wir da durch. Bis dahin sollten wir aushalten.«

»Ich finde es zu gefährlich, dass Schön weiterhin das Schiff führt. Es geht auch um deine und meine Sicherheit. Wenn du so willst, geht es auch um unser Leben. Wer weiß, was der Kasper noch alles anrichtet. Ich will ja nur bis zum Zielhafen das Kommando übernehmen. Verstehst du?«

»Ich glaube, das mit der Sicherheit übertreibst du. Vielleicht redest du dir das nur selber ein, um an das Schiff zu kommen?«

»Quatsch!«

»Oder willst du mit der *Apollonia* der *Pelikan* folgen? Gib zu, du willst dich an Ladwig rächen.«

»Vielleicht.«

»Bitte, übernimm das Schiff nicht mit Gewalt. Wir sind nur zu zweit. Die sind in der Überzahl. Das geht nicht gut. Bitte!«

»Ich kann dir gar nicht sagen, wie sehr ich diesen Chaoten inzwischen hasse! Genau so wie diese Pissnelke. Nicht eine Minute bleibe ich in Barbados an Bord. Denen kann man doch nur die Pest an den Hals wünschen.«

»Also, keine Übernahme?«

Röttich antwortet nicht mehr. Er ist unsicher, nervös, von den ständigen Konflikten aus seinem inneren Gleichgewicht geworfen. Hinzu kommt die enorme Eigenverantwortung, die er sich jeden Tag neu aufbürdet, der heimliche Kapitän zu sein. Seit den Ängsten, die er während des Sturms hatte, seit der Erkenntnis, hier einmal versagt zu haben, weil er nicht zur Wache gekommen war, kann er kaum noch schlafen.

Zur gleichen Zeit unterhalten sich Oliver und Charlie während ihrer Nachtwache über die Probleme an Bord.

»Am liebsten würde ich ein Schild an meine Kajütentür hängen: Bin Golf spielen, komme in einer Woche wieder. Bis dahin sollten wir ja wohl in Barbados sein.« Geißler konzentriert sich auf das nächtliche Steuern nach Kompass.

»Entweder du nimmst mich mit oder ich verrate allen, dass du gar nicht Golf spielen kannst.«

»Weißt du, was beim Segeln Scheiße ist: Man kann nicht mal schnell in eine Kneipe gehen und sich bei ein paar Bier abreagieren.«

»Ich verstehe gar nicht, dass es euch Kneipenwirte immer wieder an diese vermiefte Theke zurück zieht.«

»An Bord kann man diesem Röttich nicht ausweichen. Man muss sich all seinen Scheißdreck anhören. Von morgens bis abends schaue ich in gespannte, schlecht gelaunte Gesichter. Ich fühle mich wie ein Gefangener.«

»Ich war einmal auf einer Almhütte. Da ist das genauso. Du klebst mit allen auf Gedeih und Verderb zusammen. Wir waren zwei Paare. Draußen schneite es. Nach einer Woche hatten wir keine Themen mehr, hatten auch alle Spiele bis zur Vergasung gespielt. Irgendwann verachtete jeder jeden. Es gab kein Zimmer, in das man sich hätte zurückziehen können. Die einzige Möglichkeit war die saukalte Toilette. Hier machte ich Grimassen in den Spiegel. Jede Fratze galt der Verachtung, die ich jedem Einzelnen inzwischen entgegenbrachte, selbst meiner Freundin. Am Schluss regten mich sogar die Geräusche beim Schlucken, beim Rücken der Stühle, beim Schnäuzen auf. Der letzte Tag bestand nur noch aus Schweigen. Ich weiß seit diesem Höllentanz, dass ich nie wieder einen Urlaub auf einer Almhütte verbringen will.«

»Verdi, ich habe für diese Reise einen Riesen geblecht. Und dafür will ich auch einen Riesenspaß. Keiner wird mir den vermiesen.«

»Du weißt, dass du Mumpitz redest. Schön baut Scheiße, Röttich dreht durch, hat in der Sache sogar Recht, verbreitet schlechte Laune und wir alle sind davon betroffen. Hier wird es von Tag zu Tag enger. Keiner an Bord kann einfach die Tür zumachen und Golf spielen.«

»Also, Herr Regattasegler, was tun?«

»Lächeln, lachen! Lach ihn aus! Wir haben mit den Vieren nichts zu tun. Lass die ihre Probleme selber lösen. Ich werde nur noch lächeln.«

»Also, nicht Golf spielen. Nur lachen!«

Kurz vor 04.00 Uhr weckt Geißler das Eignerpaar: »Einen schönen guten Morgen von der Steuerbord-Crew. Es ist der 9. Dezember. Noch sechs Tage bis zum nächsten Piña Colada.«

Als Otten und Geißler müde in ihren Kojen verschwunden sind, genießt Schön die Tropennacht und ist von der einzigartigen Stimmung wie benommen. Petra steht am Ruder. Das Mondlicht überzieht das Schiff und das Meer mit seinem silbrigen Glanz. Schön tut etwas, was er nachts nicht tun sollte: Er begibt sich aufs Vorschiff. Ausdrücklich hatten Röttich und er die anderen gemahnt, nach Einbruch der Dunkelheit das Cockpit nicht allein und ohne Sicherheitsleine zu verlassen. Diese Regelung gilt auf allen Segelyachten und ganz besonders für die Männer, die gerne vom Achterschiff aus über die Reling pinkeln.

Aber Manfred Schön ist stolz auf seine Yacht, möchte sie in dieser besonderen Nacht betrachten und anfassen. Im Mondlicht bleiben all die Fehler im Lack, die Kerben im Teakdeck, die Flecken im Segel unsichtbar. Er geht bis zum Bug und setzt sich auf die Querstrebe. Ein Ort, der jeden zum Verweilen und Träumen verführt. Hier lauscht er dem Platschen, Klatschen und Gurgeln des Wassers, wenn der Bug die Wellen teilt. Der ganze weite Ozean breitet sich vor ihm aus. Alle Unannehmlichkeiten sind vergessen. Er träumt davon, in einer Woche in Barbados vor Palmen zu ankern. Nur ein paar Tage später wird die *Apollonia* am Ziel sein, vor seiner Lieblingsinsel Bequia ankern. In der Gewissheit, dass ihn dort ein besseres Leben erwartet, begibt er sich wieder ins Cockpit.

Ein Feuerzeug klickt und nach einer Pause hört er seine Freundin: »Ich wäre richtig froh, wenn Jörg deine Schritte an Deck gehört hätte; dann könnte er morgen wieder Zoff ablassen.«

»Vergiss den Kerl. Drüben nehmen wir uns einen richtigen Profi. In einem Monat hat der uns alles Erdenkliche beigebracht. Bequia ist der Treffpunkt der Weltumsegler. Die machen das für ein Taschengeld.«

»Ich liebe dich. Du lässt nie den Kopf hängen, hast immer gute Ideen. Also vergessen wir die beiden Nieten.«

»Genau, ich habe in Pasito Blanco zwei Nieten gezogen. Beim nächsten Mal ist es wieder ein Volltreffer. *C'est la vie!*«

»Manfred?«

»Ja.«

»Wirst du mich in der Karibik heiraten?«
»Ich bin doch noch verheiratet.«
»Hast du schon mal das Wort Scheidung gehört?«
»Hmm.«
»Und?«
»Ich hätte nichts dagegen. Meine Frau wohl auch nicht. Die hat ja auch jemand gefunden.«
»Wir müssen nur noch die Hochzeitsinsel aussuchen.«
»Ich kenne sie schon.«
»Bequia?«
»Meine Insel heißt *Apollonia*!«
»Ich wünsche mir, dass unsere Tochter *Apollonia* heißen soll. Es ist ein wunderschöner Name. Und wir werden eine wunderschöne Tochter bekommen.«

In dieser Nacht werden Vorentscheidungen getroffen, von deren Folgen die Beteiligten noch nichts ahnen. Röttich sieht nur Chaos um sich herum. Er möchte die Ordnung an Bord wieder herstellen, traut sich aber nicht, das Kommando zu übernehmen. Otten und Geißler haben sich mit den Zuständen auf der *Apollonia* arrangiert, nehmen Röttich nicht mehr ernst. Eigner Schön und seine Freundin sehen die unglückselige Herrschaft ihres Navigators an Bord nur noch als ein kurzes negatives Zwischenspiel an. In Gedanken sind sie bereits in ihrem Paradies angekommen. Nur Andrea hat kein klares Bild von Recht und Unrecht, Ordnung und Chaos. Das alles interessiert sie aber auch nicht, weil sie sich nicht mit dem Leben auf diesem Schiff identifiziert. Sie möchte die *Apollonia* nur noch so schnell wie möglich verlassen. Nie wieder will sie anschließend eine Yacht betreten. Für sie ist nur etwas wichtig – ihre Bindung an ihren Lebensgefährten Jörg Röttich.

Andrea Kleefeld wurde am 22.9.1945 in Köln geboren. Zu diesem Zeitpunkt lebten ihre Eltern bereits in Scheidung. Die Mutter zog 1946 mit dem Kind nach Ütersen zu den Groß-

eltern. 1947 kam eine Halbschwester zur Welt, die jedoch nicht in der Familie aufwuchs, sondern zur Adoption freigegeben wurde. Andrea Kleefeld litt als Kind sehr darunter, keinen Vater zu haben; sie hing sehr an ihrem Großvater, den sie als Ersatzvater ansah. Die Großmutter hatte die dominierende Rolle in der Familie. Sie bestimmte überwiegend das Familienleben und beherrschte und kontrollierte auch das Leben ihrer Tochter, Andreas Mutter.

Trotz der beherrschenden Rolle der Großmutter verlief das Familienleben überwiegend harmonisch. Dies änderte sich jedoch, als die Mutter 1953 zum zweiten Mal geheiratet hatte. Als Andrea Kleefeld neun Jahre alt war, wurde sie von ihrem Stiefvater sexuell missbraucht. Sie war wehrlos und ließ es geschehen. Als die Mutter zufällig hinzu kam und die Situation erkannte, versuchte sie sich aus Verzweiflung aus dem Fenster zu stürzen. Andrea Kleefeld hielt ihre Mutter zurück, indem sie die Beine der Mutter fest umgriff. Von diesem Moment an war das Familienleben zerstört. Die Tochter klammerte sich zunehmend an die Mutter und lebte in ständiger Angst, sie zu verlieren. Diese Angst vergrößerte sich noch, als die Mutter sehr krank wurde.

Der Schul- und Ausbildungsweg verlief ohne Schwierigkeiten. 1960 beendet sie die Schule mit dem Hauptschulabschluss. Danach begann sie, ihrem eigenen Wunsch entsprechend, eine 3-jährige Lehre als Friseurin. Im Jahr 1963 legte sie die Gesellenprüfung ab. Noch während der Lehrzeit versuchte sie, ihren leiblichen Vater zu finden und Kontakt zu ihm aufzunehmen. Ihre Mutter hatte ihr wiederholt erzählt, er sei ein großer, schlanker und dunkelhaariger Mann gewesen. Aus dieser Beschreibung entstand bei Frau Kleefeld ein Idealbild ihres Vaters. Als sie schließlich die Adresse erfuhr, kam es lediglich zu einem flüchtigen Telefonkontakt. In diesem Gespräch verbot der Vater ihr, ihn aufzusuchen, und drohte, sie von seinem Grundstück zu werfen, falls sie es dennoch versuche. Diese Zurückweisung bedeutete für Frau Kleefeld zwar eine schwere Enttäuschung, aber sie ließ sich ihr Vaterbild dadurch nicht nehmen. Sie glaubte weiterhin, ihr Vater sei trotz seiner Unzulänglichkeiten ein Mensch, zu dem man aufschauen könne. Die Verlustangst um die Mutter und die Suche nach einem Ersatz für den Idealvater bestimmten, ohne dass Frau Kleefeld es selbst wusste, ihr späteres Verhalten. Sie, die körperlich sehr zart und zierlich ist, war auf der Suche nach einem Partner, der dem Bild entsprach, das sie sich von ihrem Vater machte.

Mit 19 Jahren, nach einjähriger Tätigkeit in ihrem erlernten Beruf, heiratete sie 1964 ihren ersten Mann, den Maschinenbauer Petersen. Mit dieser Heirat stellte sie sich zum ersten Mal gegen die Mutter und setzte ihren Willen durch. Ihre Mutter hatte sie immer vor Männern beschützen und sie von ihnen fern halten wollen, was die Tochter nie verstanden hatte.

Mit ihrem Mann zog sie im selben Jahr ins Allgäu. Dort betätigte sie sich zunächst ein Jahr in ihrem Beruf, dann wechselte sie als Arbeiterin in die Fabrik, in der ihr Mann beschäftigt war. 1969 verunglückte ihr Mann tödlich. Dieser Verlust traf Frau Kleefeld, die eine glückliche Ehe geführt hatte, sehr schwer. Sie zog zurück zu ihrer Mutter nach Ütersen.

Im Jahr 1971 lernte Frau Kleefeld ihren zweiten Mann kennen, den sie 1973 heiratete. Gemeinsam zogen sie nach Hamburg. 1974 begann sie bei der Deutschen Bundesbahn; sie fuhr als Zugbegleiterin auf Hamburger S-Bahnstrecken. Bei der S-Bahn lernte Frau Kleefeld 1974 Herrn Röttich kennen. Im Jahr 1978 ließ sie sich von ihrem Mann scheiden. Die Ehe zerbrach unter anderem daran, dass ihr Mann keine Kinder wollte. Ein zusätzlicher Grund, sich von ihrem Mann zu trennen, war auch die bereits bestehende Bekanntschaft mit Röttich. Dieser glich in ihrer Vorstellung äußerlich, als großer, schlanker, dunkelhaariger Mann, dem Vater-Idealbild, nach dem sie unbewusst suchte.

Sie begeisterte sich für die Idee Röttichs, eine Weltreise zu unternehmen. Als er die Seefahrtschule besuchte, eignete sie sich durch ihn einige theoretische Segelkenntnisse an. Sie wusste auch, dass ihr Freund Kontakt zu Kapitän Ladwig aufgenommen hatte, bevor dieser seine erste Weltumseglung begann. Obwohl sie Angst vor dem Wasser hatte und auch nicht schwimmen konnte, wollte sie mit Röttich an der geplanten zweiten Weltumseglung Ladwigs teilnehmen. Sie war sich sicher, ihr werde nichts passieren, weil Röttich sie beschützen werde. Sie vertraute sich ihm völlig an, identifizierte sich mit ihm und idealisierte ihn bis zur Selbstaufgabe. Röttich entsprach nicht nur ihrem Bild eines ›Traummannes‹; in der Beziehung zu ihm fand sie einen Ausgleich für ihr fehlendes Selbstbewusstsein und ihre eigene Unsicherheit.[1]

Im Logbuch der *Apollonia* heißt es am 9. Dezember 1981: Bewölkung: Passatwolken, Windrichtung: NO, Windstärke: 18 Knoten, Barometer: 1020 Millibar, Segel: Genua 2, Großsegel, Besansegel, Motorlaufzeit: 2 Stunden zum Batterieladen, Position: 18° 30'N, 39° 47'W, Etmal: 168 sm, Geschwindigkeit: ca. 7 Knoten, Besondere Vorkommnisse: keine.

---

[1] Entspricht im Wesentlichen der Darstellung in der Urteilsbegründung des Prozesses.

Fünfzehnter Tag

„Gehe ich recht in der Annahme, dass ihr bereits gefrühstückt habt?« Röttich schiebt seinen kräftigen Körper langsam aus dem Einstieg des Niedergangs heraus.

»Das hat sich halt so ergeben. Petra hatte Hunger, Charlie auch und dann haben die beiden Kaffee gemacht und Fische gebraten. Wir haben aber für euch vier Flieger übrig gelassen.« Schön ist offensichtlich bei bester Laune.

»Sehr gnädig. Heißt das, dass wir ab jetzt getrennt essen?«

»Ich finde, wir sollten an den letzten Tagen die Dinge etwas lockerer sehen.«

»Noch lockerer?«

»Wo steht geschrieben, dass wir alle zur selben Zeit essen müssen?«

»Und wo steht geschrieben, dass wir während des Tages streng wie Soldaten Wache gehen müssen?« Petra rückt näher an ihren Freund.

»Ach, ihr habt euch abgesprochen? Ihr wollt nichts mehr mit uns zu tun haben? Ist das so?«

»Jörg, du hast ja mitbekommen, wie wir uns gegenseitig auf den Wecker gehen. Ich finde es in eurem Sinne – und auch in unserem – besser, wenn wir uns ein wenig aus dem Weg gehen. Dann lässt auch die Spannung nach. Vielleicht werden es noch richtig schöne Tage?«, bemerkt Schön sichtlich um Ausgleich bemüht.

Andrea kann ihre Gefühle nicht bremsen: »So wie vor der Abreise wird es nie wieder.«

Ihr Freund schaut sie strafend an. Und nach einer Pause sagt er zu Schön: »Dafür trägst du die Verantwortung.« Und dann verschwindet er im Niedergang.

Die Einzige, die nicht erkennt, dass sich in diesen Minuten das gruppendynamische Gefüge und das menschliche Gleichgewicht an Bord verschoben haben, ist Andrea: »Ich habe mich an meine Wachen gewöhnt.« Sie geht ins zweite Cockpit. »Charlie, geh weg! Ich bin dran! Frühstücken kann ich nicht, mir ist der Appetit vergangen!«

An diesem Vormittag packt Charlie Geißler wieder einmal seine Gitarre aus. Er macht es sich im Cockpit bequem und fängt an zu improvisieren:

»*Fünf Mal werden wir noch wach,
heißa, dann ist Ankertag!*«

Er variiert den Refrain:

»*Fünf Mal werden wir noch wach,
heißa, dann ist Rumpunschtag!*«

»Was singst du für einen Quatsch! Kannst du nicht was Richtiges spielen?«

Geißler ignoriert die Stänkerei:

»*Fünf Mal werden wir noch wach,
heißa, dann ist Abschiedstag!*«

»Freust dich wohl schon?«

»Du etwa nicht?«

Andrea antwortet nicht.

»*Fünf Mal werden wir noch wach,
heißa, dann ist Feiertag!*«

»Du gehst mir auf den Keks!«

»Du mir schon lange – :

*Fünf Mal werden wir noch wach,
heißa, dann ist Erlösungstag.*«

»Dir fällt wohl nichts mehr ein?«

»Nee, bei euch fällt mir nichts mehr ein.«

Andrea findet keine Antwort und schweigt. Sie steht am Ruder. Charlie liegt auf der Cockpitbank und hält die Gitarre hoch über seinen Oberkörper und klimpert vor sich hin. Auf dem Vorschiff sonnen sich Manfred und Petra. Navigator Röttich ist unter Deck, am Navigationstisch und errechnet die Schiffsposition nach seinem heutigen Sonnenschuss. Oliver sitzt ihm gegenüber am großen Salontisch und schreibt einen Brief an seine Eltern.

Liebe Eltern, hallo Bruderherz,   *10.12.1981*

von heute ab werde ich diesen Brief täglich bis zur Ankunft weiterführen und euch berichten, was sich so an Bord ereignet. Wir sind jetzt fünfzehn Tage auf See und haben errechnet, dass wir in zirka fünf Tagen auf der kleinen Insel Barbados ankommen werden. Gleich vorweg: Mir geht es fantastisch. Das Gleiche kann ich über Charlie sagen.

Einen Menschen an Land zu kennen ist etwas anderes, als ihn an Bord zu erleben. Ich wusste ja, dass Charlie Gitarre spielt, aber dass er ein Repertoire allerfeinster Songs von der See, vom Segeln und Meer drauf hat, hätte ich nicht vermutet. Fast jeden Tag singt er bekannte und weniger bekannte Songs, einige kenne ich aus dem Radio. Es ist richtig gut, ihn dabei zu haben. Manchmal ist hier auf engem Raum Spannung zwischen den beiden anderen Paaren und dann tritt Charlie als Stimmungsmacher auf. Das hat er wohl in seiner Kneipe gelernt.

Nach dem Examen war ich doch urlaubsreifer, als ich dachte. Jetzt erst merke ich, unter welcher Spannung ich stand. Das ist wie weggefegt. Da euch ein Leben auf einer Hochseeyacht völlig unbekannt ist, möchte ich euch an meinem Alltag an Bord hier teilnehmen lassen.

Ihr wisst ja, dass es mein ständiger Jugendtraum war, einmal da zu segeln, wo ich kein Land mehr sehen kann. Am Bodensee ist das ja nur bei Nebel möglich, hahaha! Es ist ein wahnsinniges Gefühl, kein Land mehr zu erkennen. Man ist dann nur auf sich und seine Mitsegler angewiesen. Wenn man nur einen kleinen Fehler macht, kann das einen anderen Fehler auslösen und der kann zu einem so großen Schaden führen, dass das Schiff eventuell umkehren muss. Ich will den Brief aber nicht mit einem negativen Beispiel anfangen, sondern euch nur mitteilen, dass jede Entscheidung an Bord überlegt sein muss. Es geht an Bord einer Hochseeyacht ›gewissenhafter‹ zu als an Land. Zum Beispiel trinken wir keinen Alkohol – bis auf einen kleinen Schluck, bevor die Sonne untergeht. Das ist so ein Seemannsbrauch. Meist nur ein Glas Sherry oder ein Bier.

Durch das Gefühl der Abgeschiedenheit auf dem Meer entwickeln sich Instinkte, die man an Land kaum an sich entdeckt. Zum Beispiel das Gefühl für den Wind. Am Anfang der Reise habe ich immer auf den Windanzeiger geschaut, um festzustellen, wie stark ist der Wind und aus welcher Richtung kommt er. Inzwischen weiß ich das automatisch, wenn ich an Deck komme. Ich spüre den Wind auf meinem Gesicht oder meinem nackten Oberkörper. Meine Haut ist quasi zum Windanzeiger geworden.

Das Gleiche empfinde ich bei der Bootsgeschwindigkeit. Unsere Logge ist seit Beginn der Reise kaputt. Die Logge ist das Gerät, mit dem die Bootsgeschwindigkeit in Knoten gemessen wird. Ein Knoten entspricht einer Fahrtgeschwindigkeit von 1,852 Kilometer pro Stunde. Meist segeln wir zwischen fünf und acht Knoten in der Stunde. Wenn ich die Höhe der Wellen anschaue, auch die Wellen, die das Schiff mit seinem Bug zur Seite schiebt und auch die Heckwellen, dann weiß ich inzwischen, wie viel Fahrt wir durchs Wasser machen.

Man wird schnell mit der Natur vertraut, weil man den ganzen Tag nur von Natur umgeben ist. Vom Wind und Wellen habe ich euch berichtet. Das dritte W auf See sind die Wolken. Gleich nach einigen Tagen kamen wir in den Passatgürtel. Zwischen dem Wendekreis des Krebses und dem des Steinbocks, also zwischen zirka 23° Nord und 23° Süd wird die Erde von den Passatwinden umweht. Außer zirka 5° nördlich und südlich des Äquators – da gibt es meist Flauten. Die Passatwinde kommen aus östlichen Richtungen, sodass man auf westlichem Kurs immer vor dem Wind segelt, das heißt, der Wind schiebt unser Schiff vor sich her. Der blaue Himmel ist durchsetzt mit weißen Schäfchenwolken, das geht so tage- und wochenlang und wird eigentlich nur durch die Hurrikanzeit unterbrochen. Die ist in der Zeit zwischen Juli und Oktober. Also, habt keine Angst, einen Hurrikan werden wir nicht erleben.

Allerdings hatten wir einen dreitägigen Sturm. Auch daran kann man sich gewöhnen, aber jeder war froh, als es vorbei war. Ihr müsst wissen, dass die Apollonia ein berühmtes deutsches Schiff ist, aber ein wenig in die Tage gekommen. Den Sturm hat sie prima überstanden, aber die alte Dame ist nicht mehr ganz dicht. Als die Wellen über Bord gespült sind, kam an allen unmöglichen Stellen Wasser ins Schiff. Ein Teil meiner Koje war auch nass. Der Nachteil ist, dass man das Salzwasser nur mit Süßwasser auswaschen kann und das ist knapp an Bord. Also ist mein Laken für den Rest der Reise klamm. Irgendjemand hat nach dem Sturm gesagt: ›Das Einzige an Bord, was noch trocken ist, ist der Sherry‹.

Jedenfalls kann ich bis zum heutigen Tag sagen, dass die Tage an Bord mit zu den Schönsten in meinem Leben zählen ...

Euer Verdi

Otten hat den Brief auf seinem Schreibblock geschrieben und legt ihn anschließend in sein Schapp unter seine Wäsche.

Ganz andere Probleme plagen den Navigator und seine Freundin. Für Jörg und Andrea wird die Reise in diesen Tagen zu einer körperlichen und seelischen Belastung. Er kann nicht mehr richtig schlafen, holt verlorenen Schlaf durch viele kurze Ruhepausen am Tag nach. Aber auch dann findet er keine Entspannung und nicht die innere Ruhe wie früher. Ständig lenkt er sich mit kleineren Reparaturarbeiten ab, macht überaus gewissenhaft die Navigation, rechnet immer wieder seine Zahlen neu nach, kontrolliert sich quasi selber. Ganz anders seine Freundin. Sie kann sich mit nichts beschäftigen. Auch an Land hat sie in ihrem Leben nur sehr selten ein Buch gelesen, für Musik interessiert sie sich auch nicht. Allerdings kann sie wunderbar schlafen. Und so besteht die Reise für sie aus Schlafen, Ruhen, Dösen und dem Betrachten von Leuten, Schiff und Meer.

Sie bemerkt, dass sich Oliver an die verschiedenen Schoten für die Genua, die Groß- und Besansegel hermacht. An insgesamt acht Schoten hat er an den jeweiligen Enden einen Achtknoten gemacht. Das heißt, die Knoten haben die Form einer Acht und dienen dazu, die Schot vor dem Ausrauschen aus einem Block zu hindern. Der Achtknoten ist quasi ein Stopperknoten. Als er – still im Cockpit sitzend – den letzten Knoten gemacht hat, mahnt sie: »Jörg hat doch gesagt, dass keine Achtknoten gemacht werden sollen.«

»Jörg hat vieles gesagt. Ich sage dir, dass auf allen Yachten, auf denen ich gesegelt bin, Achtknoten gemacht werden. Das mache ich nur für unsere Sicherheit.«

»Du kannst doch nicht gegen Jörgs Anweisungen verstoßen!«

»Ich verstoße nicht gegen Jörgs Anweisungen, sondern Jörg verstößt gegen die Sicherheit, wenn er keine Achtknoten macht.« Und nach einer Pause wiederholt er höhnisch den Satz, den alle an Bord schon Dutzende Male von Röttich zu hören bekommen haben: »Das haben wir auf der *Pelikan* auch so gemacht.« Er sagt ihn so laut, dass auch der Navigator am Kartentisch es hören muss.

Charlie, der immer noch leise auf seiner Gitarre klimpert, hört amüsiert zu. Er kennt seinen Freund, weiß, dass dies einer seiner Späße ist, dass Oliver die geänderte Atmosphäre nutzt, um dem unbeliebten Navigator eins auszuwischen. Um Röttich zu zeigen, dass er die Seemannschaft doch nicht in dem Maß beherrscht, wie er immer behauptet. Er will dessen ewige Besserwisserei lächerlich machen, ihm demonstrieren, dass er entmachtet ist.

Sechzehnter Tag

Dies ist der zweite Teil des Briefes. Heute ist der 11.12.1981. – Seit Tagen ist das Wetter gleichbleibend schön. Es ist tropisch warm. Wenn der Passatwind nicht kühlen würde, wäre es im Schiff – ohne Durchzug – kaum auszuhalten. Wir Männer haben nur Badeshorts an. Die Freundin des Eigners geht meist oben ohne, die andere trägt Shorts und leichte Blusen. Alle sind wir barfuß. Den Weg auf der Passatroute nennt man auch die ›Barfußroute‹. Das tropische Klima tut mir gut, irgendwie fühle ich mich hier besser als im kühlen Norden. Mein Kopf, mein Körper, meine Seele – alles ist besser drauf. Ich kann das gar nicht genau erklären. Man arbeitet weniger, ist leichter danach erschöpft, dafür denkt man mehr, geht viel seinen Tagesträumen nach, hört mehr Musik. Das hängt auch damit zusammen, dass auf einem Segelschiff nicht sehr viel zu tun ist – außer der Navigation, Rudergehen und Essenzubereitung. Schon bei meinem ersten Besuch in der Karibik war mein stärkster Eindruck der, dass die Menschen das Leben leichter nehmen als bei uns. Ich glaube, da wo man heizen muss, wie in unseren Breiten, fällt den Menschen die Leichtigkeit, locker zu leben, schwerer.

Wir haben mit einem Crewmitglied ein wenig Ärger. Er spielt sich oft auf und will immer das letzte Wort haben. Allerdings weiß er mehr über die Seefahrt als der Eigner und so kommt es oft zu Reibereien. Aber seit gestern haben wir ihn in die Schranken gewiesen. Jetzt *herrscht wieder Ruhe an Bord. Sicherlich liegt das auch daran, dass wir auf kleinstem Raum zusammen sind.*

Noch nie lebte ich mit irgendjemand so eng zusammen wie mit meinen Mitseglern. Keiner kann sich absondern. Am einsamsten ist es noch vorne am Bug. Hier setze ich mich dann in den Bugkorb und denke an euch. Der Wohn-Essraum heißt auf Schiffen Salon; er ist so klein wie euer Badezimmer, mit einer zwei Meter niedrigen Decke. Die Küche ist auf der rechten Seite, auf der linken Seite ist die U-förmige Sitzecke. Das ist der ganze Salon.

Erst seit dieser Reise weiß ich, woher der Begriff kommt, ›sich auf die Pelle gehen‹. Die Enge ist der größte Nachteil auf einer Yacht. Wenn ich am Bodensee auf viel kleineren Schiffen gesegelt bin, dann hat man das nicht bemerkt, weil man nach ein paar Stunden das Schiff verlassen hat. Hinzu kommt, dass wir meist Regatten segelten; da ging es ums Siegen. Hier an Bord geht es um nichts. Das einzige Ziel heißt Ankommen. Außer unserem Navigator beherrscht keiner die Kunst der Navigation. Gar nicht daran zu denken, wenn dem etwas passieren würde. Natürlich ist es leichtsinnig von dem Eigner, sich keine Kenntnisse erworben zu haben. Überhaupt neigt er ein wenig zum ›Bruder Leichtfuß‹; auf der anderen Seite ist er großzügig und sympathisch.

Summa summarum – alles ist bei eurem Sohn und Bruder paletti. In zwei Tagen können wir die ersten Radiosendungen aus der Karibik empfangen. Dann geht die Post ab ...

Euer Verdi

Ganz anders als Otten sieht Röttich seine Situation. Er hat große Sorgen. An diesem Morgen sitzt er im Bugkorb – die Seufzerbrücke hat Charlie diesen Platz getauft. Aber lange hält es Röttich hier nicht aus. Er kann seine Gedanken nicht ordnen. Mit einem Ruck erhebt er sich und begibt sich auf dem schlingernden Schiff ins sichere Cockpit. Nur seine Freundin ist an Deck, sie geht Ruder. Er setzt sich neben sie auf den Süll des kleinen Rudergängercockpits: »Wir haben keine zweitausend Mark mehr. Das langt gerade für die Rückfahrttickets.«

»Wenn überhaupt.«

»Wenn ich nicht schnell einen Job bekomme, sieht es duster aus.«

»Duster sieht es doch schon aus, seitdem ich meinen sicheren Job aufgegeben habe.«

»Es wird höchste Zeit, dass die Dinge wieder normal laufen.«

»Erst das Chaos auf der *Pelikan*, dann die Idioten auf der *Apollonia*. Wer weiß, was uns drüben erwartet. Mit Sicherheit nichts Gutes.«

»Kopf hoch, Mädel!«

»Ich will nicht mehr segeln. Ich habe Angst.«

»Bei einem Sturm hat jeder Angst. Ich kenne Leute, die sind um die Welt gesegelt und hatten nie einen Sturm.«

»Wenn du drüben als Skipper arbeitest, kann ich doch einen Job an Land annehmen?«

»Im Moment habe ich schlechte Karten. Kein Geld, kein Zeugnis. Wie soll ich da einen Job bekommen?«

»Jörg, du weißt viel, du kannst mehr als alle anderen. Du bekommst sofort ein Schiff.«

»Von Anfang an sind die Dinge nicht so gelaufen, wie ich mir das vorgestellt habe. Jahrelang habe ich in Abendkursen gebüffelt. An Urlaub habe ich nie gedacht. Andere haben sich amüsiert; ich habe mein Geld zusammengerafft, gespart, mich in Segelbücher vertieft. Brot und Wurst habe ich gegessen, sogar am Bier gespart, bin nie in ein Restaurant gegangen. Du weißt doch selber, dass ich dem Plan von der Weltreise alles untergeordnet habe. Der Traum vom Segeln um die Welt hat mein Leben verändert. Und was ist daraus geworden? Ich habe für eine Weltumseglung bezahlt und lande bankrott in der Karibik.«

Andrea schweigt.

»Sag mir, was ich falsch gemacht habe! Diesem Zuhälter Ladwig habe ich kostenlos seinen Kahn auf Vordermann gebracht. Ein halbes Jahr hat der uns warten lassen. Gleich nach der ersten Etappe schmeißt er uns raus und zockt uns ab. Danach Manfred, diese Pfeife. Erst bringe ich sein Schiff auf die Reihe, arbeite auch hier kostenlos. Dann navigiere ich diese Nulpe über den Atlantik; jeden Tag erkläre ich ihm was Neues – alles vergeblich, nichts kapiert der. Und gestern erklärt der uns, dass wir getrennte Leute sind. Was ist mit der Anstellung bei ihm als Skipper? Was ist mit meinem versprochenen Zeugnis? Ohne Zeugnis keinen Job. Aus der Traum!«

»Jörg, du findest auch ohne Zeugnis ein Schiff.«

»Mag sein. Schlimmer kann es kaum noch kommen.

»Kannst du dich nicht mit Manfred wieder vertragen?«

»Spinnst du? Der Ladwig hat mich wenigstens nur betrogen. Aber Manfred – wir waren doch mal Freunde! Er hat mich gedemütigt. Er ist die größte Enttäuschung meines Lebens.«

Es ist nicht nur der Leichtsinn des Eigners, der Zorn und Ärger in Röttich auslöst. Es ist zusätzlich und in ganz gewichtigem Ausmaß die Erkenntnis, dass Schön sich zunehmend von ihm distanziert hat. Die ersten vier Wochen mit dem Eignerpaar in Pasito Blanco waren mit die beste Zeit, an die sich Röttich erinnern kann. Aber seit kurz vor der Abreise die beiden Chartergäste auftauchten, hat Schön sich verändert. Jörg Röttich sieht sich in seiner großen Erwartungshaltung gegenüber dem vermeintlichen Freund zutiefst enttäuscht.

Hinzu kommen die viel zu lockeren Sicherheits- und Ordnungsprinzipien Schöns und der übrigen Crew – mit Ausnahme von Andrea. Röttich ist es als Ältestem an Bord von Anfang an schwer gefallen, sich hinter dem

Schiffseigner und Kapitän Schön mit der Rolle des Navigators zufrieden zu geben. »Ich habe mich nie wie die Nummer zwei gefühlt, sondern, weil Schön von mir abhängig war, als Nummer eins. Es hat mich nur gestört, dass er Kommandos gab, die er nicht konnte.«

Röttich fühlt sich durch Schöns Verhalten immer mehr in die Rolle des Verlierers gedrängt. Er kann mit dieser Situation nicht fertig werden und gerät zunehmend in einen Spannungszustand, in dem sein Zorn auf Schön und seine Enttäuschung über sein Verhalten zunehmen. Später wird er dazu aussagen:

Betonen möchte ich, dass sich Herr Schön bis zum Eintreffen von Otten und Geißler nicht als Kapitän gefühlt oder aufgespielt hat. Ich glaube, dass wir uns gegenseitig sympathisch waren und ich glaube, dass wir beide bis zu diesem Zeitpunkt vollkommen gleichberechtigt waren.

Wenn ich gefragt werde, warum auf einmal das Verhältnis nach dem Eintreffen von Otten und Geißler zwischen Schön und mir getrübt wurde, dann habe ich dazu folgende Erklärung: Vorher hat Herr Schön mich immer gefragt und ich konnte ihm entsprechende Ratschläge erteilen.

Ich glaube, nach dem Eintreffen von Otten und Geißler wollte er sich als Kapitän nicht die Blöße geben, unbedingt solche Ratschläge annehmen zu müssen. Er kehrte jetzt den Eigner und Kapitän richtig heraus, obwohl er dazu nicht qualifiziert war. Das zeigte sich in seinem Leichtsinn, den er auf See zeigte und in der Seemannschaft, wozu Segelführen, Knoten und Kommandos gehören.[1]

Jörg Röttich, der seine Erfahrung zu aller Nutzen in die Gruppe einbringen wollte, muss nun feststellen, dass die anderen ihn zunehmend ablehnen. Vieles hat er einste-

---

[1] Entspricht im Wesentlichen dem Vernehmungsprotokoll in Bremen.

cken müssen: emotionale Verletzungen, Enttäuschungen, Kränkungen, Gefühle der Isolation und der Unsicherheit, dann das Bewusstsein der Unterlegenheit als Gruppenmitglied, des Unbeliebtseins, seine Ängste hinsichtlich der Sicherheit und eine diffuse Angst vor der Zukunft, ganz abgesehen von der fundamentalen Frage: Ist die Navigation richtig? Wird die *Apollonia* ihr Ziel erreichen?

Röttich weiß, dass Schön die allgemeine Ablehnung nicht nur teilt, sondern die anderen auch in ihrer oppositionellen Haltung anführt. Als weiteres Moment, das Röttichs Emotionen und Verhalten bestimmt, kommt hinzu, dass er, der bereits in den Augen Schöns und der übrigen Crew als Verlierer dazustehen meint, befürchtet, auch in den Augen von Andrea als Versager zu gelten. Röttich war für Andrea immer der Traummann. Dieses idealisierte Bild, bedeutet für ihn wiederum die Verpflichtung, diesem Bild auch zu entsprechen.

Siebzehnter Tag

Wir haben ein Etmal von hundertzweiundachtzig Seemeilen gemacht. So schnell waren wir noch nie. Das macht in den letzten vierundzwanzig Stunden einen Durchschnitt von knapp acht Knoten die Stunde.« Röttich stützt sich mit beiden Händen am Niedergang ab und schaut in die Runde.

»Nicht schlecht Herr Specht.« Petra nimmt noch einen tiefen Zug und drückt ihre Zigarette in ihrer leeren Kaffeetasse aus. »Wir müssen uns beeilen, ich habe nur noch fünf Packungen mit dem Duft der großen weiten Welt.«

»Wenn wir zwei Passatsegel hätten, wären wir noch schneller.« Otten blickt Schön an.

»Ich habe fast hunderttausend Mark für Reparaturen und neue Segel ausgegeben. Für dieses Schiff kosten zwei Passatsegel zirka achttausend DM. Die brauche ich in der Karibik nie wieder. Also, was soll's?«

»Die Batterien sind wieder flach. Wir sollten den Motor heute eine Stunde länger laufen lassen.«

»Machen wir, Jörg. Entweder sind die Batterien zu alt oder die Lichtmaschine ist kaputt. Heute Nacht haben wir die Positionslampen ausmachen müssen, um Strom zu sparen. Außerdem war selbst das Kompasslicht so schwach, dass wir es ausgeschaltet haben. Petra musste immer wieder mit der Taschenlampe den Kompass anleuchten.«

Röttich ist heute weit davon entfernt, den Eigner zu belehren, wie gefährlich es ist, ohne Positionslampen durch die Nach zu segeln. Er erzählt ihm auch nicht, dass er als gelernter Elektriker weiß, dass seine Batterien sulfatieren und ausgewechselt werden müssen. Warum sollte er ihn noch darauf hinweisen, dass das Anlassen des Motors durch Kurzschluss seinen Vorstellungen diametral entgegen steht? Ihm ist auch nicht danach, mahnend darauf hinzuweisen, dass sie auf ihrer jetzigen Länge die Schifffahrtslinie der Großschifffahrt kreuzen und gerade hier die Wachen auch während des Tages aufmerksam gegangen werden müssen. Röttich will die letzten Tage auf See Ruhe an Bord haben und keinen Streit. Er ist mit seiner Planung bereits in der Karibik.

So wird dieser siebzehnte Tag zu einem der schönsten und harmonischsten Segeltage auf der ganzen Reise. Man nimmt die Mahlzeiten wieder gemeinsam ein. Jeder benimmt sich höflich gegenüber den anderen.

Kein Außenstehender würde an diesem 12. Dezember 1981 merken, dass während der letzten zwei Wochen täglich Uneinigkeit und Streit an Bord herrschten und dass sich zwei Parteien gebildet haben. Keinem Beobachter käme es in den Sinn, dass sich alle sechs Segler nichts anderes sehnlicher wünschen als das Ende dieser Reise. Kein Fremder käme auf die Idee, dass dieser Streit sich bereits so weit gesteigert hat, dass sogar einer der sechs an eine gewaltsame Übernahme des Schiffes gedacht hat.

Von all dem steht nichts in Olivers Brief an seine Eltern und an seinen Bruder Reinhold:

... dieses ist der dritte Teil des Briefes. Heute ist der 12.12.1981

Wir haben uns auf Gran Canaria ein paar Kakerlaken eingefangen. Erst am letzten Tag wurde uns gesagt, dass die kleinen Tierchen sich am liebsten in Kartons und Papier verstecken. Nachdem wir eingekauft hatten, sind natürlich viele Kartonagen für Dosen und Getränke mit an Bord gekommen. Besser wäre es gewesen, die Waren am Steg auszupacken und dann einzeln an Bord zu bringen. In der Zwischenzeit haben die ungebetenen Gäste sich wie verrückt vermehrt.

Wenn man nachts in der Pantry (Küche) das Licht einschaltet, sieht man Dutzende dieser kleinen schwarzbraunen Tierchen krabbeln. Sie fressen die letzten Krümel weg, verschwinden aber sofort bei Licht. Eigentlich sind sie ungefährlich. Kakerlaken beißen nicht, sind nicht giftig, übertragen keine Krankheiten, dennoch: sie sind Ungeziefer. Besonders die Frauen schreien immer wieder bei ihrem Anblick auf. Natürlich sind mir nachts schon mal einige Kakerlaken über den Körper gekrabbelt. Ich rufe denen dann zu: ›Geht zu Charlie, der liegt über mir!‹

Inzwischen haben wir auch Mehlwürmer entdeckt. Das sind winzige schwarze Tierchen im Mehl. Zwei Tüten haben wir weggeschmissen, bevor unser Navigator vorschlug, das restliche Mehl durch ein Sieb zu schütten. So haben wir dann die Spreu vom Weizen getrennt – das könnt ihr sogar wörtlich nehmen. Das sind so die einzigen blinden Passagiere, die wir entdeckt haben. Gott sei Dank haben wir keine Maus oder Ratte an Bord. Die kommen oft über die Festmacherleinen in den Häfen aufs Schiff. Sind sie erst einmal im Schiff, bekommt man sie kaum wieder los. Sie verkriechen sich in einer der hundert Ecken und ernähren sich prima von Resten, vom Müll oder nagen neue Packungen auf. In Pasito Blanco erzählte mir ein Fahrtensegler, dass bei ihm an Bord eine Ratte war, die die elektrischen Leitungen angeknabbert hatte, sodass er überall einen Kurzschluss bekam und Geräte sowie Lichter nicht mehr funktionierten. Noch schlimmer wurde es, als er sie mit Käse und Gift getötet hatte. Irgendwann fing ihr Kadaver an zu stinken. Es dauerte Wochen, bis er hinter einer sehr versteckten Stelle unter den Bodenbrettern die Rattenreste gefunden hatte.

Ja, es gibt schon verrückte Geschichten von Tieren an Bord. Ein Segler hielt sich zwei Geckos, damit die ihm das Ungeziefer töteten, weil an manchen tropischen Liegeplätzen lästige Fliegen oder Moskitos an Bord kommen und zur Plage werden können. Bei meinem Besuch in der Karibik traf ich einen französischen Einhandsegler auf Martinique, der sich eine Gans an Deck hielt. Ihr wisst ja, dass Gänse besonders gute Wächter sind. Allerdings war sein Deck ständig voll gesch...

Schluss jetzt mit diesen Tiergeschichten!

Was passiert noch so an Bord? Ich glaube, dass ich so viel gelesen habe wie in Deutschland nicht in einem Jahr. In drei, vier Tagen habe ich ein Buch durch. Außer den Mahlzeiten und den wenigen Wachen wird man nicht gestört. Wir wechseln selten die Segel, meist ist der Wind konstant. Wie ihr wisst, ist Charlie ein guter Koch und so hat es sich ergeben, dass er auch für das Angeln zuständig ist und nach jedem Fang auch den Fisch zubereitet. Auf der ›Barfußroute‹ ist die zweitwichtigste Tätigkeit nach Navigieren das Angeln. Ich kann euch dolle Fotos zeigen mit herrlichen Fischen. Irgendeiner von uns ist fast jeden Tag mit einer Dorade, einer Makrele oder einem Tunfisch zu sehen. So viel vorweg: Wir Männer sind alle unrasiert und sehen aus wie richtige Berufsseeleute.

Ihr glaubt gar nicht, was alles an Bord defekt ist oder kaputtgegangen ist. Jörg Röttich, der Navigator, der gleichzeitig unser ›schwieriger Mann‹ ist, hat zwei goldene Hände und kann fast alles reparieren. Am meisten musste er sich mit der Reparatur beschäftigen, die wohl die unappetitlichste ist: das Klo. Wie auf vielen Schiffen ist die Bordtoilette der neuralgische Punkt. Leicht ist sie verstopft oder die Pumpen und Dichtungen sind undicht. Dann geht entweder gar nichts mehr oder drecki-

ges Wasser tropft irgendwo heraus. Deshalb hängt auch in vielen Toiletten an Bord ein Schild: ›Geben Sie nichts in die Toilette, was nicht vorher durch Ihren Mund gegangen ist.‹ Ihr versteht! Wie oft hat der Röttich schon ›Scheiße‹ bei diesen Reparaturen geschrien. Ich kann es ihm zu gut nachempfinden.

Ihr seht, der Bordalltag hat auch seine Tücken. Aber gerade heute ist die Stimmung am besten. In drei, vier Tagen werden wir vor Anker liegen. Hätten wir den Sturm nicht direkt auf die Nase gehabt, dann wären wir bereits morgen in Barbados. Wir haben heute noch einmal die Segel gewechselt, um noch ein wenig mehr Geschwindigkeit aus dem Schiff zu holen. Einerseits könnte die Reise so weitergehen, andererseits ist wohl jeder froh, an Land die Dinge zu tun, die ihm lieb sind, ohne dass man einen anderen vorher fragen muss, ob es ihm auch recht ist.

Ich möchte euch noch von der Schönheit des Segelns auf dem Atlantik berichten. Ich kannte ja nur den Bodensee und ein paar Küstengebiete. Da sind die Wellen kurz und hakig. Ob du dort mit einer kleinen Regattayacht oder einer großen Fahrtenyacht segelst, es ist immer ein ruppiges Gefühl an Bord – halt sportliches Segeln. Ganz anders hier auf dem Atlantik. Hier werden die Wellen über tausende von Kilometern nicht durch Inseln oder Landmassen gestört. Sie können sich austoben und auslaufen. So kann man am Heck des Schiffes die stets lang anrollenden Wellen beobachten, wie sie sich erst langsam dem Schiff nähern und dann kurz hinter dem Heck vermeintlich an Geschwindigkeit zunehmen, um dann schnell unter dem Heck des Schiffes zu verschwinden. Du merkst, wie der hölzerne Bootsrumpf leicht angehoben wird, jetzt hat man, wie auf einem Hochsitz, einen noch besseren Blick über das Meer um sich herum. Danach in dem folgenden Wellental versinkst du mit deinem Schiff und der Blick reicht manch-

mal nur für deine nähere Umgebung. So geht das über Stunden, Tage und Wochen. Das Segeln über den Atlantik mit seinen achterlichen Winden und den uns überholenden Wellen ist eine Faszination, der ich mich oft stundenlang hingegeben habe. Man hat das Gefühl, als ob man in eine wohlige Stimmung geschaukelt würde.

Vom Höhepunkt der bisherigen Reise verabschiede ich mich bis morgen ...

Euer Verdi

Während er die Zeilen schreibt, hat er eine Idee: »Wenn wir schon keine Passatsegel haben, dann könnten wir doch auch zwei Genuas ausbaumen.« Oliver schaut erst Röttich an, dann den Eigner.

»Das ist gar keine schlechte Idee«, antwortete der Nautiker. »Wir müssen nur aufpassen, dass die Bäume bei der Geigerei nicht ins Wasser kommen. Deshalb sind Passatsegel auch so geschnitten, dass das Schothorn hoch sitzt und der Baum schräg nach oben zeigt. Bei unserer großen Genua wird er horizontal angeschlagen und würde bestimmt beim Überlegen des Schiffs mit der Spitze ins Wasser kommen. Dann gibt's Bruch.«

»Also, Jörg, nehmen wir die zwei kleinen Genuas, die haben verhältnismäßig hoch geschnittene Schothörner. Komm, Charly, wir bringen sie nach oben.« Auch der Eigner scheint von der Idee angetan, noch schneller ans Ziel zu kommen.

»Langsam, Manfred! Lass uns erst die Genua runterholen. Danach schlagen wir beide neuen Segel an und setzen die Spinnakerbäume. Passt auf, wir müssen sehr vorsichtig arbeiten, am besten bleiben wir auf dem Arsch, denn wenn die Genua unten ist, geht es an Deck zu wie auf dem Rücken eines Broncos.«

Gegen Mittag sind die neuen Segel angeschlagen. Nach jeder Seite ist jetzt eine Genua ausgebaumt. Sie nehmen auch das Großsegel herunter und lassen nur das kleine Besansegel stehen, um es als Stützsegel zu benutzen, damit die Yacht nicht zu sehr ins Geigen kommt. Am Nachmittag macht Röttich seinen Sonnenschuss früher als gewöhnlich und die Mannschaft erfährt von ihm, dass sie unter den modifizierten Passatsegeln noch schneller segeln, was zu anerkennenden Jubelrufen führt.

»Heute gibt der Kapitän eine Extra-Portion aus. Freibier bis zum Umfallen. Wie findet ihr das?«, lobt Manfred seine Helfer.

»Hoch lebe die Admiralität! Sie lebe hoch!«, jubelt seine Freundin, die eine Runde Bier aus dem Kühlschrank holt und gleich weitere Dosen zum Kühlen nachlegt.

»Einspruch, bei der englischen Handelsmarine gab es bereits morgens Rum. Weshalb nicht bei der deutschen?«, meldet sich Charlie zu Wort.

»Wir sind nicht bei der Handelsmarine. Wir sind ein deutsches Schulschiff. Hier wird nach ›teutschen Vorrrschrrriften‹ gesegelt. Heute ist eine Ausnahme. Verstanden, Kadett Geißler?« Schön lacht schallend bei dieser Antwort .

»Aye, aye, Sir!«

»Ich bin nicht Ihr Sir; ich bin Ihr Kapitän! Verstanden, Kadett Geißler?«

»Aye, aye, Captain!«

»Kadett Geißler, ich erkläre Ihnen einmal, wie Sie endgültig Backbord und Steuerbord unterscheiden können. Ich kann es bis heute nicht. Immer wenn ich einen Befehl geben muss, gehe ich in meine Kapitänskajüte. Dort steht ein festverschraubter Mahagonikasten auf dem Tisch. Dem entnehme ich einen Zettel. Da steht, was ich immer vergesse: Backbord: links, Steuerbord: rechts.«

»Habt ihr zwei einen Sonnenstich oder zu viel Stoff getrunken?«, fragt Andrea pikiert.

»Weder noch, die freuen sich auf den Landfall. Petra, kannst du mir bitte noch ein Bier bringen?« Röttich macht nicht den Spielverderber, überhört Schöns Anspielung auf das Ausbildungsschiff, kann nichts mit dessen Humor anfangen; er weiß nur, dass er heute, am siebzehnten Reisetag, fünf gerade sein lassen will.

Auch Schön genießt diesen Tag, seine Gedanken tragen ihn in die Zukunft. »Wer macht eigentlich die Weihnachtsgans? Ich mag sie gerne mit einer Füllung aus Äpfeln und Nüssen. Walnüsse haben wir an Bord, Äpfel werden wir kaufen.«

»Gans in der Karibik! Dass ich nicht lache. Soll ich schon mal ein paar Weihnachtslieder üben?« Geißler hat wie schon so oft seine Gitarre ins Cockpit mitgebracht. Meist setzt er sich hinter den Besanbaum und spielt Lieder für sich, probt neue Songs oder summt nur zur Melodie. Heute ist ein besonderer Tag – kein Sturm, keiner macht etwas falsch, es gibt kein Gezänk. »Kadett Geißler singt euch seinen Lieblingssong vor. Er ist von Leonhard Cohen und heißt *Suzanne*. Seid ihr bereit?« Er schlägt leicht mit der Hand an den Gitarrenkörper: »Also, eins, zwei, eins, zwei, drei, vier:

Suzanne takes you down to her place by the river
You can hear the boats go by, you can spend the night forever
And you know that she's half crazy and that's why you want her
And she feeds you tea and oranges that came all way from China
And just when you want to tell her that you have no love to give her
She gets you on her wavelength and she lets the river answer
That you've always been her lover
And you want to travel with – her – and you want to travel blind
And you think you maybe trust – her – 'cause she's touched your perfect body

With – her – mind
And Jesus was a sailor when he walked upon the water
And he spent a long time watching from his lonely wooden tower
And when he knew for certain only drowning men could see him
He said all men should be sailors then until the sea shall free them
But he himself was broken long before the sky would open
Forsaken almost human he sank beneath your wisdom like a stone
And you want to travel with – her – and you want to travel blind
And you think you maybe trust – her – 'cause she's touched your perfect body
With – her – mind

»Na ja.« Charlie grinst in die Runde, »so oder so ähnlich. Da gibt's noch eine andere Strophe. Ich wollte speziell den Teil mit Jesus als Segler singen. Bitte keinen Beifall, ich weiß ja, dass ich ein begnadeter Sänger bin.«

»Sag mal, Oliver, kannst du auch ein Instrument spielen? Wir segeln hier schon über zwei Wochen und von dir weiß ich am wenigsten. Was machst du eigentlich so privat? Am Bodensee ist doch bestimmt keine Frau vor dir sicher, wie du gebaut bist.« Petra hat die Beine hochgezogen, richtet sich auf ein längeres Gespräch ein. »Dein Freund Charlie singt, spielt Gitarre, ist immer der gute Geist an Bord, aber du bist der große Unbekannte. Bitte, verstehe mich richtig. Du siehst gut aus, hast als Einziger von uns studiert und obwohl du die meiste praktische Segelerfahrung hast, kehrst du das niemals heraus. Da kann man doch mal fragen, wer ist dieser Mann? Ein Weiser? Ein Don Juan? Ein Intellektueller? Keiner weiß etwas über dich.«

»Ich kenne ihn gut genug. Er ist schwul. Genau wie ich. Du weißt doch, dass Schwule besser aussehen als Normalos.« Charly legt seine Gitarre grinsend zur Seite.
»All das bin ich nicht, für das du mich hältst. Ich bin ein Stino vom Bodensee – ein Stinknormaler. Ich hatte vor meinem Examen zu wenig Zeit für meine Freundin, die Sache ist vorbei.«
»Na, da wird sich ja schnell Ersatz finden. Leider bin ich vergeben, aber du hättest mir schon gefallen.«
»Danke für die Blumen. Wenn ich euch von meinem Hobby erzählen würde, dann bekommt ihr alle das ganz große Gähnen ...«
»Lass uns raten!«, unterbricht sie ihn. »Also, ich tippe auf das Sammeln von Damenseidenunterwäsche, vielleicht auch ein bisschen Schauspielerei an einem lokalen Theater oder, lass mich nachdenken! Ach ja, bestimmt etwas Intellektuelles, wie das Sammeln von pornografischen Erstausgaben.« Sie lacht.
»Kalt, kalt, ganz weit entfernt. Aber Kompliment an deine Fantasie. Du wirst es nicht glauben, aber mein Hobby hat mit Holz zu tun. Ja, ihr habt alle richtig verstanden, ich liebe Holz, weiß viel über Holz und habe auch meine Diplomarbeit über Holz geschrieben, mit dem Titel *Die Zukunft der Holzwirtschaft im Südschwarzwald in Zeiten zunehmender CO_2-Bedrohung*.«
»Der Kapitän erlaubt sich hochpersönlich dem bestaussehenden Holzfachmann nördlich der Alpen ein weiteres Bier zu holen.« Manfred kommt wieder und überreicht Oliver ein kühles San Miguel. »Oliver, ich habe ja schon einige Überraschungen an Bord erlebt, aber du bist die größte. Ich dachte, deine Hobbys sind antike Autos oder das Sammeln von Pop-Grafiken und jetzt ist es Holz. Einfach Holz! Mann, das schlägt dem Fass den Boden aus. Apropos, aus welchem Holz sind eigentlich die besten Fässer?«
»Aus Eiche.«

»Und das beste Holz für Schiffsrümpfe?«, will Jörg wissen und fragt mit einem Unterton, als ob er den Gefragten an dessen eigenem Wissen testen will.

»Die Spanten auch aus Eiche, weil Eiche besonders fest ist, die Planken aus Mahagoni und der Deckaufbau aus Teak. Die drei wichtigsten Kriterien für Holz im Schiffbau sind Dauerhaftigkeit, Zugfestigkeit und das Gewicht. Ganz wichtig bei Schiffsholz sind natürlich auch seine Widerstandsfähigkeit gegen Fäulnis, Pilzbefall und Insekten. Hat sonst noch jemand Fragen?«

»Und aus welchem Holz ist eigentlich das berühmte Brett vor dem Kopf?« Schön starrt während dieser Frage seinen verhassten Navigator mitten ins Gesicht.

Der weicht diesem Blick aus, bekommt jedoch die Antwort mit:

»Aus Weichholz!«

»Na, da bin ich ja heilfroh, dass wenigstens einer von uns etwas von dem Material versteht, dem wir alle unser Leben anvertrauen.« Schön gibt sich erleichtert. »Holz als Hobby! Ich kann es einfach nicht fassen.«

Achtzehnter Tag

Dies ist der vierte Teil des Briefes. Heute ist der 13.12. – Die Dreizehn gilt besonders bei Seglern als Unglückszahl. Aber was soll an diesem Traumtag auf See schon schief gehen? Überhaupt sind Seeleute, ich meine traditionelle Seemänner, viel abergläubiger als Menschen an Land. Dass man an einem Freitag, dem Dreizehnten, nicht ausläuft, wisst ihr bestimmt. Aber wisst ihr auch, dass eine grüne Rumpffarbe bei einem Schiff Unglück bedeutet, dass man an Bord nicht pfeifen darf – dann kommt Sturm auf, dass man die Nationale, die Flagge, nicht wäscht, auch das bedeutet Unheil. Bei englischen Schiffen durfte man noch nicht einmal das Wort rabbit, das heißt Hase, sagen. Wenn eine Flasche mit Rum geöffnet wird, dann geht der erste Schluck ins Meer – ein Opfer für Neptun. Na ja, dass Frauen an Bord Unglück bringen, hat sich wohl auch am Bodensee herumgesprochen. Und wir haben zwei davon ...

Es ist 2 Uhr nachts. Alle schlafen. Bis auf unsere Wache. Eben hat mich Charlie am Steuer abgelöst. Ich sitze am Kartentisch und bin überhaupt nicht müde. Ein kleines 5-Watt-Birnchen spendet ein wenig Licht. Nachts, beim Rudergehen, kommt man immer ins Schwärmen. Heute möchte ich euch ein wenig vorschwärmen, hoffentlich wird es nicht zu sentimental.

Ich liebe das Meer. Weil es das ganze Leben beinhaltet. Angst und Glück liegen hier so nahe beieinander. Zum

Beispiel, als der Sturm war, wir alle zusammengekrochen irgendwo herumhockten, zum Teil auch Angst hatten, aber dann nach drei Tagen hörte das Unwetter fast abrupt auf. Die Sonne kam heraus, das gräuliche Meer wurde blau, die bösartigen Wellen bekamen mit ihren jetzt schneeweißen Schaumkronen etwas Liebenswertes. Das Meer sah nicht mehr bedrohlich aus, sondern wie ein riesiges tiefblaues Feld sich wiegender weißer Blumen. Ich habe das Gefühl, dass unser Sturm mir zeigen wollte, wie schön die Welt aussehen kann. Er öffnete mir die Augen für die Schönheit der Welt, wie ich es so noch nicht kannte.

Was die Sonne für die Stimmung ausmacht, kann man sich auch an Land vorstellen, wenn auch nicht so unmittelbar wie auf dem Meer. Alles wirkt durch den Sonnenschein positiv – das Wasser, die Weite, die Wellen, der Himmel, das Schiff, die Menschen, man selber. Schiebt sich aber eine Wolkenbank vor die Sonne, dann ändert sich abrupt das Bild. Ich meine nicht den Schatten, den die Wolke wirft, sondern ich meine die Farben. Das tiefblaue Meer wird grau, die weißen Segel werden gelblich, sofort entsteht eine andere, weniger positive Stimmung. Nie lagen für mich die gegenseitigen Pole, die das Leben ausmachen, näher zusammen. Ich meine die Polaritäten, das ist das bessere Wort. Ich spüre die Polaritäten auf dem Meer ausgeprägter als irgendwo auf der Welt. Ich meine den Unterschied zwischen Tag und Nacht, Sturm und Flaute, Weite und Enge, Glück und Unglück, Angst und Freude oder Großzügigkeit und Engstirnigkeit. All das erlebe ich hier viel deutlicher als an Land. Ich habe das Gefühl, dass ich dem Leben hier auf dem Meer irgendwie näher bin.

Man lernt auch, genauer hinzuschauen: Am Anfang hatte ich nachts vor dem schwarzen Meer richtige Beklemmungen. Ich habe die ersten Nachtwachen gehasst. Aber schnell hat sich das ins Gegenteil gekehrt. Es ist nicht wie bei uns, dass die Nächte kühl sind. Shorts und ein T-Shirt langen. Man hat dadurch nicht das Gefühl, dass man Wärme und Schutz vor der Nacht suchen muss. Bei uns ist die Nacht doch ausladend, hier ist sie einladend – versteht ihr?

Also, was soll ich euch von diesem Glitzerteppich am Himmel erzählen. So ähnlich habt ihr ihn auch schon gesehen. Aber hier ist es anders. An Land sind meist irgendwo ein paar oder viele Lichter oder gar ein Lichtschein. Hier ist gar nichts, nur das winzige Kompasslicht. Oft schalte ich es aus und suche mir einen markanten Stern vor mir aus. Da wir von Osten nach Westen segeln, werden wir quasi von den Sternen über uns überholt. Nach diesem Steuerstern richte ich dann meinen Kurs aus; ich fahre quasi mit dem Bug Richtung Stern, der nur sehr, sehr langsam irgendwann vor uns im nächtlichen Horizont versinken wird. Ab und zu kontrolliere ich den Kompass mit der Taschenlampe – meist liege ich haargenau auf unserem Kurs. So etwas wie eine stockdunkle Nacht habe ich noch nicht erlebt. Hat man sich erst einmal an die so genannte völlige Dunkelheit gewöhnt, dann erkennt man immer noch alles, was man sehen muss. Nur das Meer ist schwarz wie Teer. Wenn sich aber an den Geräuschen des vorbeirauschenden Wassers nichts ändert, wenn die Geräusche der Segel die gleichen sind, weiß man, dass alles in Ordnung ist, dass sich in der Dunkelheit nichts verändert hat, wie Kurs, Wind oder Geschwindigkeit. Und somit hat man nachts eine andere Wahrnehmung, die das geheimnisvoll-dustere Meer entmystifiziert. Es ist wohl so, als ob man blind ist und andere Sinne nach dem Verlust des Augenlichts wesentlich besser ausgeprägt werden.

Jetzt muss ich philosophisch werden. Hier auf der Weite des Ozean merkt man, wie klein man ist – wie nichtig. Wie ein Däumling. Da oben die Sterne sind Billiarden von Jahren alt, das Meer unter dir ist weit, weit *älter als alle Lebewesen. Und ich? Vielleicht ein paar Jahrzehnte? Aber vielleicht hängt heute schon mein Leben am seidenen Faden – wer weiß? Hier ist mir zum ersten Mal klar geworden, wie vergänglich ich bin und wie vergänglich alles um uns herum ist. Unsere Selbstherrlichkeit, all die Eitelkeiten, die Streitigkeiten um Religionen, unsere Kriege. Wir sind alle gleich und alle gleich vergänglich. Ja, ich wiederhole mich: vergänglich. Irgendwie ist mir komisch zu Mute, weil wir alles so ›unendlich‹ ernst nehmen. Oft muss ich nachts lachen, einfach so. – Ich finde, das Meer hat viel mit Komik zu tun ...*

Euer Verdi

Das sind die letzten Zeilen, die Oliver Otten von dieser Reise an seine Eltern schreibt. Die Ereignisse der nächsten Stunden und Tage lassen keine weiteren Briefe zu.

Aus dem Logbuch ist später für diesen Tag zu entnehmen: »Es ist sonniges Wetter. Das Schiff fährt in einer schönen, langen und ruhigen Atlantikdünung unter zwei ausgebaumten Genuasegeln bei einer Windstärke von 3 bis 4 Beaufort.«

Es ist kurz vor 8 Uhr am Morgen des 13. Dezember 1981. Jörg Röttich schlägt das dünne Bettlaken zur Seite und begibt sich zur morgendlichen Wäsche in das kleine Bad auf der Steuerbordseite. Unmittelbar nach ihm steht seine Freundin auf, macht die beiden Betten und erledigt auch ihre Morgentoilette.

»Schau mal an, die haben schon gefrühstückt.« Als Röttich den Salon zusammen mit seiner Freundin betritt, deutet er auf benutztes Geschirr im Waschbecken. Mit einem mürrischen »Moin!« begrüßt er den Eigner, der am Steuer steht, und löst ihn von seiner Wache ab. Wortlos begegnen sich die zwei Frauen. Manfred Schön und Petra Meinhard verschwinden unter Deck.

»Mach uns beiden eine Tasse Kaffee und eine Schnitte Brot, mir mit Marmelade!«, bittet Röttich seine Freundin.

Andrea bereitet das Frühstück und erledigt nebenbei den Abwasch. Als sie und ihr Freund ihr Frühstück im Cockpit während des Rudergehens verzehrt haben, taucht Schön unerwartet am Niedergang auf. Seine beiden Chartergäste liegen in ihren Kojen und hören die folgende Auseinandersetzung bruchstückweise mit an.

»Weshalb habt ihr schon wieder ohne uns gefrühstückt – ich dachte, das war neulich eine Ausnahme?« Manfred Schön ist noch nicht einmal ganz aus dem Niedergang getreten, als Röttich die Frage stellt.

»Nichts haben wir! Charlie wollte länger schlafen, keiner von uns hat gefrühstückt«, verteidigt sich Schön.

»Dann hätte Petra das gebrauchte Geschirr spülen und für uns vier Frühstück machen können«, mischt sich Andrea ein.

»Hätte, würde, könnte – feststeht: Ihr habt ohne uns gefrühstückt!«

»Nie räumt Petra die Küche auf. Immer steht da dreckiger Abwasch rum. Die hat noch kein Mal gewischt. Der Herd sieht aus wie Sau. Außer Rauchen kann die Schlampe nichts und selbst dann landet noch die Asche im Essen. Aber das sag ich ja auch nicht zum ersten Mal. Und zum x-ten Mal hat Andrea euren Abwasch gemacht, sie ist doch nicht eure Putzfrau.« Röttich steigert sich in seine Wut immer mehr hinein.

»Und Petra ist nicht euer Dienstmädchen. Dann essen wir in Zukunft eben endgültig getrennt. Und wenn ich endgültig sage, dann meine ich es auch so!« Schön verschwindet im Inneren des Schiffs.

Röttich kann ihm deshalb nichts mehr entgegnen. Ihm nicht an den Kopf schmeißen, was jetzt in ihm hochkocht. Er findet kein Ventil und muss seinen Ärger und Hass, all seine Sorgen und Enttäuschungen mit sich selber ausmachen. Endgültig ist die ehemalige Freundschaft mit Schön zerbrochen. Nie mehr wird er auf Schön Einfluss nehmen können, was die Führung und Sicherheit des Schiffs anbelangt. Er sieht seinen Lebenstraum einer Weltumseglung endgültig zerrinnen. Weiß, dass er kaum eine Chance hat, ohne Zeugnis einen Anschlussjob zu erhalten. Vorbei die Möglichkeit, Ladwig zu finden, sein Geld von ihm zurückzufordern, Rache an ihm zu nehmen. Röttich fühlt sich schwach. Er sieht sich Schön unterlegen, fühlt, dass er der Verlierer ist. Nicht nur, dass Schön seine Freundschaft verschmäht, sondern er tut dieses auch vor den anderen lautstark kund. Tief sitzt die Wunde in ihm, dass sein einstiger Freund ihn, entgegen allen Vereinbarungen in Pasito Blanco, nicht als Lehrmeister auf dieser Reise zu Rate gezogen, ihn bei gefahrvollen Situationen nicht um seinen Rat befragt hat. Hinzu kommt, dass auch die anderen an Bord seine einstige Autorität untergraben, ihn lächerlich gemacht haben – und das vor den Augen seiner Freundin. Sie ist als Einzige loyal gegen ihn geblieben, aber Röttich spürt die Gefahr, dass auch sie sich von ihm abwenden könnte. Sein Hass steigert sich, wenn er daran denkt, dass Schön ihn auch in materieller Hinsicht ruiniert hat. Erst hat ihn Ladwig ausgenommen und jetzt hat Schön seine Gutmütigkeit ausgenutzt. Er fühlt sich unverstanden, einsam. Zorn steigt in Röttich empor, wenn er an das Ende der Reise in wenigen Tagen denkt. Anstatt als fähiger Schiffsführer an Land zu gehen, fühlt er sich als Strandgut, mittellos und arbeitslos, ohne Perspektive und Zukunftschance. Er sieht sich schon wieder bei der verhassten S-Bahn in Hamburg.

Allmählich aber lenken die Geräusche von Geschirrgeklapper, Getrampel und fröhlichen Satzfetzen seine Gedanken ab. Vor ihm im Cockpit haben es sich die anderen Vier bequem gemacht und genießen auf besonders lautstarke Weise ihr spätes Frühstück.

Schön rekelt sich nach dem Essen: »Ich will mich noch einmal mit der Logge beschäftigen. In der Karibik sollte die wieder funktionieren. Hilfst du mir, Verdi?«

Otten drückt den Daumen nach oben: »Aye, aye, Captain!«

Schön begibt sich ins Schiffsinnere. Otten folgt dem Eigner; vergeblich suchen beide nach dem Lötzinn.

Irgendwann gibt Schön die Suche auf und ruft: »Das Zeug ist nicht in der Schublade. Weiß jemand, wo der Lötzinn ist?«

»Ich habe ihn noch vor ein paar Tagen gesehen. Warte, ich schaue mal nach«, antwortet Andrea hilfsbereit.

»Nichts machst du!«, brüllt Röttich los.

Erschrocken gehorcht Andrea und nimmt wieder im Cockpit Platz.

»Du übernimmst das Ruder!«, bellt Röttich sie weiter an.

Wieder gehorcht Andrea. Und wie um seine Machtstellung zu untermalen, nimmt sich Röttich eine Zeitschrift, setzt sich direkt neben die Rudergängerin und beginnt zu lesen. Es ist eine Frauenzeitschrift, eine Lektüre, die er normalerweise ablehnt.

Was er nicht mitbekommt, ist das Statement des Eigners, das nur Otten unter Deck hört: »Nun ist das Maß voll!«

Wie an jedem Tag dieser Reise lösen Otten und Geißler den Navigator und seine Freundin um zwölf Uhr ab. Die Reparatur der Logge wird vertagt, Schön findet seinen Lötzinn nicht. Enttäuscht und müde von der Nachtwache legt er sich auf seine Koje. Petra folgt ihm. Nur durch eine fünfzehn Millimeter dicke mahagonifurnierte Wand getrennt liegen Röttich und Kleefeld in der Nachbarkajüte in ihren Kojen. Was sie sich erzählen, kann aber in der Eignerkajüte nicht verstanden werden, zu stark sind die Geräusche des vorbeirauschenden Wassers am Rumpf des Schiffes.

»Das Fass ist bis zum Rand voll! Ich werde das Kommando übernehmen! Der kriegt sein Fett.« Röttichs Stimme zittert.

Noch nie hat Andrea ihren Freund so sprechen hören: Seine Lautstärke ist gedämpft, seine Worte sind schließlich nur für sie bestimmt; sie klingen leise, sind dennoch voller Willenskraft. Andrea schweigt.

»Das wird er mir büßen! Der kommt nicht ungerupft davon.«

Andrea hört, wie ihr Freund tief Luft holt.

»Der kriegt seine Strafe.« Er macht eine lange Pause: »Ich habe kaum noch geschlafen, aber ich weiß trotzdem genau, was ich tue.«

Sie sieht, wie Röttich sich aus der Koje schwingt und dann direkt neben ihr steht. Sehr genau kann sie beobachten, wie er zu seiner Navigationstasche greift, in der er alle seine persönlichen Sachen aufbewahrt: Segelscheine, Fernglas, Stoppuhr, Handpeilkompass, Kursdreiecke, Stechzirkel, Beistifte, Spitzer, Radiergummi – die meisten Dinge liegen seit Beginn der Reise auf dem Navigationstisch, denn sie werden dort täglich mehrmals gebraucht. Er greift in die fast leere Tasche und seine Hand kommt mit einem Revolver heraus. Noch nie hat Andrea einen Revolver aus so kurzer Distanz gesehen. Vor ihren Augen lädt Röttich die Waffe durch.

»Du willst doch nicht schießen?« Jetzt zittert ihre Stimme.

»Schatz, du weißt, dass ich keinem etwas antun kann.«

»Um Himmels willen, Jörg, tu die Waffe weg.«

»Keine Angst, ich will dem Manfred nur einen Dämpfer geben. Der muss endgültig kapieren, dass ich mich nicht gängeln lasse. Und außerdem will ich mein Zeugnis. Das steht mir zu, das hat er mir versprochen.«

Andrea hat sich auf dem Schiff mit zunehmender Isolation durch die übrige Crew in verstärktem Maße von Jörg abhängig gefühlt. Sie hatte sein Verhalten weitgehend kritiklos hingenommen, auch infolge der Erfahrung, dass Röttich andere Meinungen sowieso nicht akzeptierte. Ihr Verhalten ist besonders durch ihr Elternhaus geprägt. Jahrelang hatte man ihr eingetrichtert, dass man niemals im Leben am Schicksal in eigener Regie etwas ändern könne.

Aber jetzt braucht Andrea dringend frische Luft. Sie muss raus aus der Enge der Kajüte. Die Waffe löst Panik in ihr aus. Auch das Eignerpaar ist inzwischen an Deck und sonnt sich. Als Andrea Jörgs Stimme aus dem Schiffsinneren hört, schreckt sie zusammen; sie denkt an seine Waffe.

Unten, im Schiffsleib der *Apollonia*, spricht Jörg Röttich die beiden Sätze aus, die sein Leben verändern werden: »Manfred, komm mal runter! Wir müssen etwas besprechen!«

Wie von dem Befehl angezogen, macht sich Schön auf ins Schiffsinnere.

»Manfred, wir sind bald da und ich möchte jetzt mein Zeugnis haben.«

»Aber das hat doch noch Zeit bis Barbados. Nur mit der Ruhe, Jörg!«

»Ich will jetzt mein Zeugnis haben. Hier und heute.«

»Dass ich nicht lache. Mann, bei der Schaukelei kann ich doch gar nicht sauber schreiben.«

Röttich holt hinter seinem Rücken seinen Revolver hervor und richtet ihn auf Schön: »Jetzt lachst du nicht mehr. Bist du jetzt bereit, mein Zeugnis zu schreiben?«

Schön nimmt die Waffe mit einem kurzen Blick wahr, entschließt sich aber dann blitzschnell, nicht direkt darauf einzugehen. Er sagt mit ruhiger Stimme: »Unter Zwang bekommst du von mir eh kein Zeugnis!«

Röttich macht einen Schritt auf ihn zu, jetzt ist die Waffe nur noch wenige Zentimeter zwischen ihm und dem Schiffseigner; er nickt kurz mit dem Kopf in Richtung Kartentisch. Auch die Mündung des Revolvers macht eine kurze Bewegung in diese Richtung: »Setz dich!«

Schön tritt wenige Schritte zurück und setzt sich auf den fest verschraubten Stuhl am Navigationstisch. Wie ein Schüler legt er erwartungsvoll beide Arme auf den Übersegler, die Seekarte des Atlantischen Ozeans.

»So, jetzt nimmst du vier *Apollonia*-Briefbögen.«

Schön öffnet die Tischklappe und holt aus dem Fach vier Bögen seines neuen Briefpapiers hervor, mit dem er in Zukunft seine Korrespondenz von Bord aus erledigen will. Er schließt mit der linken Hand die Tischklappe wieder und legt mit der rechten die vier Bögen auf die Seekarte.

Röttich herrscht ihn an:»Na also! Jetzt hier unten in die Mitte des Bogens deinen Namen! So wie du bei der Bank unterschreibst – ich kenn deine Unterschrift!«

Schön lächelt. Er schaut seinem Navigator erst ins Gesicht, dann auf die Waffe: »Wenn du meinst.« Vier Mal unterzeichnet er die Blankopapiere mit seinem Namen.

Röttich bleibt barsch: »Dir wird dein Lächeln schnell vergehen. Ab jetzt bestimme ich an Bord. Du hast nichts mehr zu sagen. Ich übernehme das Kommando!«

Schöns Lächeln vergeht. Seine braune Gesichtsfarbe verwandelt sich in fahles Grau. Seine Lippen ziehen sich zu einem schmalen Strich zusammen. Dann stößt er hervor: »Das ist Meuterei.« Sehr schnell hat er die gesamte Situation begriffen: »Du wirst keine ruhige Minute mehr haben. Du musst auch mal schlafen. Dich kriege ich schon!«

»Ich will deine Waffe. Komm!« Röttich geht durch den Salon, öffnet die Eignerkajüte und schaut angeekelt auf das Durcheinander von Hemden, Höschen, Kosmetikflaschen, Badezeug, Handtüchern. Mit dem Revolver winkt er Schön durch die geöffnete Tür: »Ich hoffe, du findest in dieser Schlamperei deine Waffe. Ich will auch alle Munition.«

Mit einem Griff unter die Matratze hat Schön die Waffe und die wenige Munition in der Hand. Er legt alles aufs ungemachte Bett. »Bedien dich!«

Rückwärts geht Schön wieder in den Salon, dreht sich langsam um und begibt sich an Deck. Er braucht die wärmende Sonne, ihm ist kalt.

Oliver und Andrea sitzen im Cockpit. Charlie steht am Ruder. Petra sonnt sich auf dem Vordeck und raucht. Die drei in den beiden Cockpits erkennen sofort, dass Manfred aufgeregt nach oben kommt.

Er ruft seiner Freundin zu: »Komm, schnell!«

Langsam hangelt sich Petra vorsichtig ins Cockpit, nimmt ihre Zigarette aus dem Mund: »Was ist los? Ist dir schlecht?«

»Jörg hat mich mit seiner Waffe bedroht. Ich musste vier Blanko-Unterschriften leisten. Er hat jetzt das Kommando. Er hat auch meine Waffe.«

Während Schön seiner Freundin und den beiden Chartergästen von der neuen Situation berichtet, zieht sich Röttich in seine Kajüte zurück. Er traut seiner gebrauchten, aufgebohrten Waffe weniger als dem neuen, spanischen Polizeirevolver von Schön, den dieser auf Gran Canaria erworben hat. Er musste die Waffe damals beim Zoll bis zu dem Tag deponieren, als sie ablegten. Jeder an Bord der *Apollonia* weiß von Schöns Handfeuerwaffe. Röttich entlädt seinen Revolver und begibt sich mit der anderen Waffe an Deck. Er stellt sich auf die rechte Sitzbank und lehnt sich mit dem Rücken an das Deckshaus und die Persenning. Es ist eine Position, die ihm jede Aktion erlaubt, die ihn höher stellt als alle anderen, die ihm Autorität verleiht. Seinen rechten Arm legt er über die Persenning. In dieser Hand hält er den Revolver; die Mündung zeigt in Richtung Vorschiff.

»Hört mal zu, Leute, ich hab ab sofort die Führung des Schiffes übernommen. Alles hört auf mein Kommando! Ich bin jetzt der Kapitän!«

»Dass ich nicht lache!« Petra scheint an einen Piratenfilm zu denken.

»Jörg, ich glaube, du spinnst!« Charlie spricht das aus, was auch sein Freund Oliver denkt.

Für Andrea wird die Spannung zu groß, sie duckt sich unter dem Arm von Jörg und klettert unter Deck. Sie will nichts mit allem zu tun haben. Jetzt sitzen Schön, Meinhard und Otten auf der Backbordseite. Über ihnen an Steuerbord steht Röttich. Er kann alle überblicken – auch Geißler, der am Ruder steht.

»Mensch, das ist doch Meuterei. Ich mach da nicht mit!« Otten erkennt den Ernst ihrer Lage.

Auch der Rudergänger begreift: »Mach keinen Scheiß! Aus der Sache kommst du nicht mehr raus.«

Röttich antwortet nicht. Er dreht den Arm und legt ihn auf den Baum des Großsegels, sodass die Waffe jetzt in Richtung der drei auf der Sitzbank zeigt.

»Ich spreche mit keinem, der eine Waffe auf mich richtet. Ich spreche mit keinem Meuterer.« Otten präzisiert die Situation.

»Wenn du nicht sprechen willst, dann setz dich nach hinten.« Röttich deutet mit dem Lauf des Revolvers zum Achterschiff.

Otten bleibt sitzen.

»Ich sag dir, setz dich nach hinten!« Der Mann, der alle überblickt, wird laut.

Aber Otten macht keine Anstalten.

»Ab nach hinten!« Jetzt schreit der Mann mit der Waffe in der Hand. Sein Gesicht wird rot vor Wut und jeder erkennt, dass es ihm Ernst ist.

Otten steht auf, begibt sich zum Achterschiff und setzt sich auf das Süll hinter seinen steuernden Freund. Jetzt sitzt nur noch das Eignerpaar Röttich zu Füssen. Auf sie zielt die Waffe.

Petra hat noch nie in ihrem Leben eine Waffe auf sich gerichtet gesehen. Sie starrt auf den Revolver und mit einer Überraschung in ihrem Blick, so als ob Röttich vorgeschlagen hätte, dass sie neuen Kurs zurück zu den Kanarischen Inseln nehmen sollten, fragt sie ihn: »Du willst uns doch nicht erschießen?«

Röttich antwortet nicht. Er spreizt seine Beine mehr, um sich im Seegang noch besser abstützen zu können und sucht für seine Schulter einen besseren Halt. Als er die bequemste Stellung gefunden hat, konzentriert er sich auf die beiden unter ihm. Fast wie ein Bittsteller, der seine Situation erklären will, fängt er an: »Ich habe viele Unglückstage im Leben gehabt. Heute ist der 13. Dezember. Heute ist euer Unglückstag.« Dann wird er präzise: »Ihr werdet den nächsten Tag nicht überleben. Ihr werdet sterben.« Er macht eine Pause. »Ich habe mir das lange in meiner Freiwache überlegt. Da gibt es nichts zu rütteln.«

Schön ist weiß im Gesicht. Seine Freundin fingert nach ihrer nächsten Stuyvesant. Geißler steuert die Yacht, als hätte er einen Automaten in sich. Die Reise hat eine Wende genommen, die er nicht wahrhaben will. Er denkt sogar einen kurzen Augenblick daran, hinter sich zu greifen und an der Schiffsglocke zu läuten, damit Röttich die Waffe vor Schreck fallen lässt; mehr noch: damit durch das Läuten alle wieder in den Zustand des gestrigen Tages versetzt werden, den Tag, an dem es so aussah, als wäre die Welt auf der *Apollonia* noch in Ordnung.

Aber der Meuterer reißt ihn aus seinen Plänen. Er wendet seinen Blick auf die beiden Männer im Rudercockpit: »Was ich jetzt sage, geht euch nichts an. Ihr haltet euch da raus. Wenn ihr das Maul haltet, später noch ein paar Papiere unterschreibt, passiert euch nichts!«

»Mann, Jörg, mach halblang! Wir können uns doch über alles unterhalten. Für dich ist hier sicherlich etwas schief gelaufen. Tut mir Leid, ich habe das vielleicht nicht so mitbekommen. Sag mir doch, was dich bedrückt.

Ich bin sicher, ich finde eine Lösung.« Schön schaut Röttich direkt an.

»Du redest hier so dahin: tut mir Leid, habe ich nicht mitbekommen, Lösung finden. Sag mal, bist du blind und bescheuert? Noch nie hat mich in meinem Leben jemand so schäbig behandelt wie du. In Pasito Blanco habe ich deinen Kahn wochenlang umsonst repariert. Um mich bei Laune zu halten, hast du mich umgarnt. Mir vorgemacht, wir seien Freunde. Ja, du wolltest mich doch sogar zum Skipper machen. Dann – auf See – hast du mich in den Hintern getreten, mich ignoriert – sogar lächerlich gemacht. Und nach der Reise? Der Mohr hat seine Arbeit gemacht. Der Mohr kann gehen! – Was wolltest du alles auf See lernen: Knoten machen, Segeltrimm, Wetterkunde und natürlich die Sextantennavigation. Nichts ist daraus geworden. Alles wusstest du Schwachkopf besser. Und alles ist in die Hose gegangen. Gleich der erste Tag: Ablegen konntest du nicht, dann hast du das Motorseeventil nicht aufgemacht, beinahe wäre der Motor verreckt. Ach ja, der Motor! Du interessierst dich einfach nicht für deine Technik an Bord. Immer dieses Starten mit Kurzschluss. Das ist ein Sicherheitsrisiko, du Idiot, es kann zur Katastrophe führen, wenn der Motor nicht schnell gestartet werden kann. Nachts konntest du die Positionslichter von anderen Schiffen nicht ausmachen. Scheiße, nichts hast du gelernt! Dieser Spinnakersalat – Tausende von Mark im Bach. Kein einziger Seemannsknoten sitzt bei dir. Dann die Lachnummer: Affe Schön am Fall in drei Metern Höhe! Bei all dem hast du mich ignoriert. Hättest du mich gefragt, wie wir es vereinbart haben, dann wäre all das nicht passiert und du hättest etwas dazu gelernt. Das wäre für deine Charterpläne wichtig gewesen. Aber du Großmaul weißt alles besser. Die Sache mit dem Bergfest war der Höhepunkt. Da hast du mich zutiefst verletzt. Aber warte, heute wirst du verletzt.«

Manfred Schön scheint sich während dieses Ausbruchs sehr für die Hautreste eines Sonnenbrandes auf seinem Oberschenkel zu interessieren. Als Röttich fertig ist, nimmt er jedoch sofort seine Chance wahr: »Jörg, du legst alles gegen mich aus. Sicherlich hast du in einigem Recht. Aber keiner an Bord sieht das so krass wie du. Wenn zwei Erwachsene anderer Auffassung sind, dann muss man das doch ausdiskutieren. Ich bin bereit, über alles zu sprechen. Lass uns jetzt den Anfang machen.«

Röttich macht einen kleinen Ruck mit der Mündung des Revolvers in Richtung Petra.

»Zigarette aus! Nun zu dir, Schlampe. Dein Scheißfressen konnte man doch nur runterwürgen. Du bist die absolute Kochnull. Das einzige Gewürz, das du kennst, ist Zigarettenasche. An Bord bist du so überflüssig wie ein Koffer. Du warst nur im Weg – aber das wird nicht mehr lange so sein.«

»Jörg, warum soll ich sterben? Warum, warum? Soll ich sterben, weil ich nicht kochen kann? Ich verspreche dir, dass ich nicht mehr rauchen werde! Ich werde mich bessern!«

»Schnauze!«

Bis jetzt verlief das Gespräch ruhig. Mit diesem Befehl ändert sich der Ton.

»So geht das doch nicht, Jörg! Du bist gekränkt und willst deshalb zwei Menschen töten. So geht das nicht.« Erregt schaltet sich Geißler ein.

Ohne auf eine Antwort zu warten, ruft ihm der zweite Mann im Rudercockpit zu: »Jörg, was sagt denn Andrea dazu? Kann die nicht sofort mal an Deck kommen?«

»Die habe ich runter geschickt. Die soll sich hier raushalten, basta!«

»Andrea, bitte komm an Deck!«, ruft Otten laut.

»Wenn ich ihr gesagt habe, sie soll unten bleiben, dann bleibt sie auch unten. Kapiert?«

»Übernimm du mal!«, mit diesen Worten übergibt

Geißler das Ruder an seinen Freund und bewegt sich behutsam durch das große Cockpit Richtung Niedergang. Er wendet sich an den noch immer am selben Platz stehenden Röttich: »Ich frag sie mal.«

Und ohne Antwort abzuwarten, begibt er sich zu ihrer Kajüte. Die Tür ist offen. Andrea sitzt auf ihrer Koje und schneidet sich die Fußnägel.

»Andrea, komm! Du musst sofort nach oben kommen und mit Jörg reden. Du bist die Einzige, auf die er hört. Das gibt sonst eine Katastrophe!«

»Du siehst doch, ich habe hier zu tun.«

»Jörg bedroht uns mit einem Revolver. Da geht es um Leben und Tod. Bitte, komm doch.« Er reicht ihr seine rechte Hand, will sie vom Bett hochziehen, lächelt ihr aufmunternd zu.

Ohne ihn und seine Hand anzuschauen, erhebt sie sich. Schweigend folgt sie ihm bis zum Niedergang, während er an Deck eilt und wieder das Ruder übernimmt.

Von oben aus fragt er sie: »Willst du, dass Jörg Manfred und Petra erschießt?«

Andrea blickt in die Runde angespannter Gesichter. Sie erkennt die Lage und versteht, dass sie für einen kurzen Moment das Zünglein an der Waage ist. Sie überlegt nicht lange; sie weiß, dass sie Röttich total ergeben ist und allein schon deshalb nichts ändern kann. Sie fühlt sich überfordert, bleibt aber von der Not der anderen emotional unberührt: »Jörg weiß schon, was er tut.«

Das ist alles, was sie zu sagen hat. Danach geht sie in ihre Kajüte, schließt die Tür, setzt sich wieder auf die Koje und lackiert stur ihre Fußnägel.

»Jörg!«, Schön nimmt das Gespräch wieder auf: »Bitte, ziel nicht immer mit der Waffe auf uns. Ich kann dann nicht reden. Ich biete …«

»Nichts bietest du mir an. Dazu hattest du zwei Wochen Zeit. Jetzt biete ich dir die Strafe an, die dir zusteht.«

»Ich biete dir an, mit mir über alles zu reden.«

»Vorbei! Bemüh dich nicht!«

»Aber es muss doch eine Chance geben. Du kannst uns doch nicht abknallen! Nur weil ich keine Knoten kann. Oder weil wir in der Wache eine Flasche Sekt ohne dich getrunken haben. Das kann es doch nicht sein. Also, lass uns reden. Was willst du?«

»Ich will meine Rache für all die Demütigungen. Mehr nicht. Es gibt keinen Schmusekurs zurück.«

»So ein Quatsch. Wir sind doch alle sechs Freunde hier an Bord. Was ist denn hier los? Mann, leg die Waffe weg! Wir vergessen alles und holen ein paar Flaschen raus. In drei Tagen sind wir an Land, und dann gibt's auch keine Spannungen mehr zwischen uns. Da machen wir ein Fass auf. Dann lachen wir über den heutigen Tag.« Geißler lässt das Steuer los und gestikuliert beschwörend mit Händen und Armen.

»Überleg doch, Jörg, wirf die Waffe ins Meer und jeder an Bord hat die Sache sofort vergessen. Ich schwör es dir!«, unterstützt Otten seinen Freund.

»Ich habe mir das reiflich überlegt. Ich bin lange genug in den Hintern getreten worden. Ich will nicht mehr zurück.«

Schön und Meinhard sitzen jetzt wie Zuschauer auf ihrer Sitzbank auf der Backbordseite des Cockpits. Sie schauen zu Röttich auf und hören von hinten Ottens Stimme: »Du kannst doch nicht beschließen, zwei Menschen einfach umzubringen.«

»Heutzutage werden Menschen für zehn Mark getötet. Wenn ihr hier über Bord geht, dann kräht kein Hahn danach.«

Es ist die heißeste Zeit des Tages. Hitze, Anspannung und das Erkennen ihrer Hilflosigkeit übermannen den Rudergänger. Charlie bricht zusammen. Er schafft es gerade noch bis zur Reling und übergibt sich.

Schnell ist der erfahrene Otten am Ruder. »Du setzt

dich auf die hintere Bank!«, befiehlt der Mann mit dem Revolver Geißler.

Otten erkennt jetzt Röttichs sture Entschlossenheit. Hilflos versucht er es immer wieder: »Bitte, Jörg, lass es nicht so weit kommen. Ich flehe dich an.« Sein Gesicht ist verzerrt.

Geißler weint. Unter Schluchzen wimmert er: »Bitte, bitte, Jörg, lass das!«

Und noch einmal versucht es Otten. Er ist aufgewühlt, längst nicht mehr Herr seiner Gefühle: »Ich habe jeden Tag an meine Eltern geschrieben. Immer nur wie schön es auf dieser Reise zugeht. Du drehst ja alles auf den Kopf. Denk doch mal an deine Mutter. Was würde die dazu sagen! Bitte, leg die Waffe weg.«

Röttich dreht den Arm mit der Waffe in der Hand auf Otten. Er zielt direkt auf seinen Kopf, dann spannt er den Hahn: »Du kannst der Erste sein.« Danach richtet er die Waffe auf Geißlers Kopf: »Wenn du nicht auch sofort die Schnauze hältst, kannst du gleich schwimmen gehen.«

Keiner wagt mehr etwas zu sagen. Zusammengekrümmt sitzt das Eignerpaar auf der Bank. Sie blicken nicht mehr zu Röttich hoch. Sie starren auf die leere, gegenüberliegende Sitzbank. Geißler wischt sich Tränen aus dem Gesicht. Ottens wirkt wie versteinert, fest hat er die Lippen aufeinander gepresst. Beim Spannen des Hahns denkt er an sein Ende. Plötzlich werden sie alle aus ihren Gedanken gerissen.

»Ihr habt jetzt noch zehn Minuten zu leben.« Röttich strafft seinen großen Körper. »Ihr könnt noch ein Bier trinken und Zigaretten rauchen. Ihr könnt auch noch frische Luft schnappen und dann ist es aus.«

»Jörg, ich will nicht sterben – ich bin doch noch so jung. Ich will nicht sterben«, fleht Petra.

»Du kannst mich doch nicht erschießen wegen dieser paar Fehler. Ich mache die wieder gut. Nun gib mir doch diese eine Chance!«

Und auch die beiden Chartergäste betteln um ihr Leben: »Bitte, ich bitte dich auf Knien, bitte erschieße keinen!«, jammert Otten.

Und Charlie Geißler drängt: »Bei Gott, Jörg, bei Gott, tu es nicht. Tu es nicht.«

Röttich ist ruhig, beherrscht: »Ein hergelaufener Leichtfuss will mir sagen, wie man sich an Bord benimmt! Während der Fahrt auf dem Atlantik baden gehen und dann noch die gesamte Mannschaft dazu animieren! So ein Wahnsinn, so eine Verantwortungslosigkeit, so eine Missachtung der Seemannschaft. Ich mache mir Sorgen um euch und ihr setzt euch nur über mich hinweg – geht im Meer baden. Jeden Tag hast du dich über mich hinweggesetzt und jedes Mal dabei Scheiße gebaut. Dafür kriegst du dein Fett.«

Die zehn Minuten sind verstrichen und Röttich begibt sich langsam auf das Vorschiff zum Mast. Dabei beobachtet er die Vier genau und hält weiterhin die Waffe auf das Eignerpaar gerichtet. Er visiert die beiden an und fragt: »Wer von euch beiden will zuerst dran glauben?«

Er benutzt den Revolver als Zeigestock und deutet auf Schön: »Komm her, du kommst zuerst dran.«

»Nein, nein!«, Petra weint, sie schluchzt, kann nicht mehr richtig sprechen: »Bitte, nimm doch mich! Nimm mich an Stelle von Manfred!«

Manfred Schön hat nichts zu seiner Verurteilung gesagt. Irritiert von dessen ruhiger, beherrschter Reaktion und im Glauben, er habe Schön immer noch nicht klein gekriegt, kehrt Röttich zum Cockpit zurück. Er argwöhnt immer noch eine Überlegenheit Schöns; die will er brechen, weiß aber nicht wie.

Da kommt ihm Schön mit einem ungewöhnlichen Vorschlag entgegen: »Wir erschießen uns selber.«

»Um so besser!« Der Meuterer geht ins Schiff und holt seine eigene Pistole. Dabei schaut er sich ständig nach den anderen um, lässt sie kaum aus den Augen. Dennoch gelingt es Steuermann Otten, den Pumpenschwengel – es handelt sich um ein Metallrohr von zirka fünfzig Zentimeter Länge mit einem Plastikknauf an einem Ende – mit dem Fuß in Richtung Schön zu schieben.

»Nun unternehmt doch etwas«, flüstert Schön den beiden Männern zu. Dabei ergreift er rasch den Pumpenschwengel und versteckt ihn unbemerkt hinter seinem Rücken.

Aber Röttich taucht wieder auf. »Ihr geht jetzt aufs Vorschiff. Auf der Vorluke liegt ein mit zwei Schuss geladener Revolver. Also, hopp!«

Gebückt begeben sich Petra und Manfred aufs Vorschiff und setzen sich mit dem Gesicht zum Cockpit neben die Luke, auf der die Waffe liegt. Röttich bleibt zwischen Deckshaus und Reling stehen. Wieder deutet seine Waffe auf die zwei. Oliver nimmt die Chance wahr, nochmals Andrea an Deck zu bitten.

»Bitte, komm hoch. Nur du kannst jetzt noch diesen Irrsinn stoppen!«

Aber sie bleibt bei ihrem: »Ich halte mich da raus.«

Als Oliver wieder an Deck ist, flüstert er seinem Freund am Ruder zu: »Wir beide werfen uns auf ihn und schmeißen ihn über Bord. Komm!«

»Geht nicht. Der beobachtet uns. Unmöglich.«

Röttich hantiert mit seiner Waffe herum, er ist ungeduldig. Er will Schön am Boden liegen sehen: »Macht endlich Schluss! Bald wird es dunkel. Ich muss noch die Sonne schießen.«

Dabei ist es bald achtzehn Uhr, zu spät für eine Sextantenbeobachtung der Sonne.

»Wir schaffen es nicht.« Schöns Stimme ist kaum zu hören.

Manfred und Petra stehen auf und nähern sich Röttich, der sich am Handlauf des Deckshauses wegen der Schlingerbewegungen der Yacht fest hält.

Petra fällt vor Röttich auf die Knie, ihre linke Hand krampft sich um ein Want. »Ich flehe dich an! Ich flehe dich an! Ich will leben, ich bin so jung. Ich will nicht sterben. Ich flehe dich an!«

Auch Schön fällt vor Röttich auf die Knie: »Jörg, ich bin zu feige. Ich bring es nicht fertig.«

»Bist du nicht ein Hosenscheißer?«

Schön schaut zu ihm hoch: »Ja, das bin ich!«

Jetzt hat Röttich den verhassten Schön da, wo er ihn haben will. Erstmalig ist der Navigator dem Schiffseigner überlegen. Jetzt ist Schön der Verlierer, Röttich der Stärkere. Zum ersten Mal sieht der Navigator in diesem Nervenkrieg einen Sieg über den Schiffseigner.

Schön erkennt seine Chance: »Du kannst mein Schiff haben. Aber lass uns leben. Egal wie. Gib uns die Rettungsinsel. Aber lass uns leben.«

»Ihr und die Rettungsinsel. Und? Dann werdet ihr rausgefischt. Mein Leben lang bin ich dann vor euch auf der Flucht. Wo denkst du hin.« Und nach einer Weile: »Dieses Schiff ist ein Schrottkahn. Den muss man erst einmal runderneuern. Und außerdem, was ich dir bis jetzt nicht gesagt habe: Ich werde bald viel Geld erben. Dann lass ich mir ein Schiff nach meinen Vorstellungen bauen. Eine Yacht vom Allerfeinsten. Ich will deine Yacht nicht. Ich will dich. Du wirst diesen Tag nicht überleben.«

Was keiner versteht – plötzlich gibt der neue Kapitän Anweisung zu einem Segelmanöver: »Klar machen zum Segel setzen! Wenn wir so weiter segeln, schießen wir an Barbados vorbei. Wir müssen das Vorsegel an Backbord bergen und dafür das Großsegel wieder nach oben bringen.«

Schön und Otten führen das Manöver aus, während sie der selbst ernannte Kommandant mit der Waffe in der Hand beobachtet. Ihre geflüsterten Wortfetzen bekommt er nicht mit: »Die Sache ist noch nicht ausgestanden. Wir machen Segelwechsel ... der wartet ... bis wir Wache haben ... legt er uns um. Wenn alle zusammen ... traut er sich nicht.«

»Entweder der uns ... oder wir ihn. Du musst ... eins über die Rübe geben ... wir helfen.«

»Mach ich.«

Als die Arbeit getan ist, erinnert das Abendlicht die vier Bedrohten, dass sie den halben Tag zwischen Leben und Tod verbracht haben. Doch keiner ist erschöpft. Bei jedem sind die Sinne hellwach. Und während jeder nach einer Chance sucht, sein Leben zu retten, tritt das Unvorstellbare ein: der Meuterer bestimmt die verhasste Petra, das Abendbrot zu machen. Die vollständige Mannschaft setzt sich gemeinsam ins Cockpit und versucht zu essen. Doch außer Röttich und Kleefeld gelingt es keinem anderen, einen Bissen zu essen. Danach machen die beiden Frauen den Abwasch. Wie schon zuvor hat sich Andrea eine Pütz mit Seewasser ins Cockpit gestellt und wäscht das Geschirr und Besteck, dann spült sie alles nach und gibt den gesäuberten Abwasch an Petra, die in der Pantry mit wenig Süßwasser noch mal nachspült, dann alles abtrocknet und es verstauen will.

Der Navigator setzt sich an den Kartentisch, legt seinen Revolver vor sich und begibt sich an die Berechnung ihrer wahrscheinlichen Position.

In der Urteilsbegründung liest es sich später so:

Röttich hatte zu diesem Zeitpunkt seinen Stunden zuvor gefassten Entschluss, die beiden zu töten, nicht aufgegeben. Er wusste auch, dass er nach allem, was vorangegangen war, nicht mehr zurückkonnte, und wollte dies auch nicht. Ihm war es gelungen, Schön gegenüber einmal der Überlegene zu sein; er hatte auch seiner Enttäuschung und seinem Zorn, seinem Hass und seinem Gekränktsein Ausdruck geben können. Diese Gefühle beherrschten ihn jedoch weiterhin. Außerdem war er seinem Ziel, sich die Nutzung des Schiffes zu verschaffen, noch keinen Schritt näher gekommen. Durch die 4-stündige Diskussion, das Reden der Beteiligten, fühlte er, der nicht sehr wortgewandt ist, sich ›in die Ecke gedrängt‹. Er suchte vor sich selbst nach einem Vorwand, die Tat auszuführen.[1]

Jörg Röttich selbst sagte:

Als wir mit dem Segelmanöver fertig waren, hat die Petra das Abendbrot zubereitet und anschließend haben wir alle gemeinsam im Cockpit gesessen und das Abendbrot zu uns genommen. Gegessen hat kaum einer was, wir haben jedenfalls zusammen gesessen ... Anschließend wurde abgewaschen.

Zu dieser ganzen Zeit habe ich dagesessen und gegrübelt, wie ich wohl den Rückzug machen könnte. Ich hatte mir Sätze zurechtgelegt, wie ich den Manfred ansprechen könnte. Für mich war das gar nicht so leicht, weil ich hierbei auch mein Gesicht nicht verlieren wollte. Weil die Sache eben so schwierig war, hat sich das auch länger hingezogen. Den Moment, ihn anzusprechen, fand ich nicht, es hat sich immer wieder hinausgezögert ... Ich saß am Navigationstisch und überlegte mir, welche Sätze ich wohl gebrauchen könnte, um den Manfred Schön anzusprechen. Zu diesem Zeitpunkt war ich unfähig, meine Berechnungen durchzuführen. Ich überlegte mir unter anderem, ob ich dem Manfred Schön die Waffe aushändigen sollte und ob ich eventuell die Munition behalten sollte. Zu diesem Zeitpunkt hatte ich die Waffe oben links auf dem Navigationstisch liegen.[2]

Charlie hat sich von seinem Zusammenbruch erholt; er steht am Ruder. Im Cockpit sitzen Oliver auf der Steuerbordseite und ihm gegenüber Manfred. Im Schiff ist Licht, weil Petra noch in der Pantry steht und das frisch

---

[1] Entspricht im Wesentlichen dem Text in der Urteilsbegründung.
[2] Entspricht im Wesentlichen dem Polizeiprotokoll in Bremen.

gespülte Geschirr abtrocknet. So kann Oliver vom dunklen Cockpit aus den Navigationstisch an der Backbordseite einsehen. Durch Zeichen macht er sein Gegenüber aufmerksam, dass Röttich beschäftigt ist. Manfred nickt ihm zu, dass er verstanden hat. Er greift zum Pumpenschwengel. Oliver dreht den Daumen nach oben, sein Zeichen, dass alles okay ist. Manfred greift zu dem Stahlrohr, springt zum Niedergang, sieht Röttich von hinten, wie er sich über den Kartentisch beugt. Mit der linken Hand hält er sich an dem Haltegriff des Niedergangs fest, in der rechten Hand hält er den Pumpenschwengel. Er trifft den Hinterkopf Röttichs. Noch unter der Wucht des Schlages dreht dieser sich sofort um und der zweite Schlag trifft ihn auf die Stirn. Noch zweimal drischt Manfred auf ihn ein. Alle Schläge können jedoch nicht mit ganzer Kraft erfolgen, weil von Schöns erhöhter Position aus der Decksaufbau, unter dem Röttich sitzt, dies nicht zulässt. Schön weiß in diesem entscheidenden Moment, dass er Röttich nur verletzen konnte, ihn aber nicht handlungsunfähig gemacht hat. Er weiß, dass das entscheidendste Unternehmen seines Lebens gescheitert ist. Angst und Panik rauben ihm den Überblick über das Geschehen; er flüchtet auf das Vorschiff.

Während Manfred auf Röttich einschlägt, greift sich Oliver dessen Freundin, die just neben ihm im Cockpit steht. Er umklammert sie und wirft sie zwei Meter in Richtung Reling. Er will Manfred unterstützen und Andrea davon abhalten, ihrem Freund zu helfen. Oliver ist es in diesem Moment egal, ob sie dabei über die Reling in den Atlantik fällt.

Direkt nach den Schlägen greift der verletzte Röttich zu seiner Pistole, die vor ihm neben Bleistift und Stechzirkel liegt. Blut läuft ihm über Stirn und Augen. Kaum hat er den Revolver in seiner Hand, dreht er sich um und schießt in Richtung Niedergang, in Richtung des verhassten Angreifers. Aber er trifft Oliver, den er in der

Aufregung für Schön hält, in die Brust. Dieser bricht sofort zusammen.

Petra steht mit dem Rücken zum Navigationstisch an der Spüle und trocknet ab. Sie hört den Schuss und erstarrt, in einer Hand einen Teller, in der anderen Hand das Trockentuch. Mit offenem Mund gafft sie in die Richtung, aus der der Schuss kam. Sie sieht, wie sich Röttich zu ihr umdreht, bemerkt seine blutige Stirn, blickt in sein verzerrtes Gesicht und als sie den Hass in seinen Zügen erkennt, hört sie einen zweiten Schuss. Sie wird in den Kopf getroffen und bricht tot zusammen.

Röttich ist mit einem Satz aus dem Niedergang im Cockpit. Hier hat Charlie beim ersten Schuss instinktiv Schutz hinter der Kompasssäule und dem großen Holzruder gesucht, er kann aber trotzdem aus seiner geduckten Haltung heraus den blutenden Röttich sehen.

»Wo ist er?«, schreit Röttich in die Nacht.

Langsam findet Andrea aus dem Zustand tiefer Angst und Aufregung wieder zu sich. Eine der Kugeln war dicht an ihrem Kopf vorbeigestrichen. Sie hat Angst vor dem nächsten Angriff, vor weiteren Kugeln. Und sie bangt um ihren Beschützer, ohne den sie auf diesem Schiff nicht existieren kann. Sie hört Jörgs Stimme, weiß also, dass er lebt, und erkennt in seinem Ruf die Aufforderung, sich bei der Suche nach Schön zu beteiligen. So wie sie immer Röttich gefolgt ist, beteiligt sie sich sofort an der Suche. Sie sieht den schwer verletzten Otten im Cockpit liegen, erkennt, dass Geißler sich hinter dem Ruder verängstigt versteckt und begreift in diesem Moment, dass kein Angriff mehr auf sie selbst erfolgen kann, dass sie außer Lebensgefahr ist.

Was sie nicht wissen kann, ist, dass ihr Freund zwar verletzt ist, auch blutüberströmt aussieht, aber in seiner Sehfähigkeit nicht sonderlich behindert wird. Andrea geht unmittelbar unter Deck. Hier steigt sie über den leblosen Körper der Rivalin hinweg, getrieben von dem

Ruf ihres Freundes »Wo ist er?«. Sie greift nach der Taschenlampe und tastet sich mit Hilfe des hellen Lichtkegels vorsichtig bis ins Vorschiff. Hier entdeckt sie Schön, der durch die Vorderluke eingestiegen ist und sich hinter den Segelsäcken erst einmal zu verstecken versucht.

Schön starrt in das Licht von Andreas Taschenlampe, kann aber nicht eindeutig erkennen, wer wirklich vor ihm steht – ist unfähig, ein Wort zu sagen. Er erwartet seinen Todesschuss.

Seine Entdeckerin schreit in diesem Moment: »Da ist er!«, und nach einer Pause: »Er ist im Vorschiff. Jetzt klettert er wieder aus der Luke.«

»Komm hoch! Der kann mir nicht entgehen.« Kaum hat Röttich nach Andrea gerufen, steht sie neben ihm im Cockpit. »Ich bin blind. Hol mir eine Pütz mit Wasser!«, gibt er ihr als Anweisung.

Kurz darauf kommt sie mit einem Eimer Seewasser und wäscht ihm mit dem Küchenhandtuch das Blut aus dem Gesicht. Grob gesäubert setzt Röttich sich auf die Cockpitbank, in der rechten Hand den Revolver; wie bei einem Profi unterstützt seine linke die Waffenhand.

Schön kauert inzwischen im Dunkeln vor dem Mast.

»Komm mal her, Manfred, und guck mal, was mit deiner Freundin passiert ist«, tönt plötzlich Röttichs Stimme durch die Stille.

Verstört kommt der Eigner langsam ins Halbdunkel des durch das Licht aus dem Niedergang leicht erhellten hinteren Schiffbereichs. Er geht bei dem Seegang langsam und wie ein Traumwandler, ohne sich fest zu halten, mit hängenden Armen; in der einen Hand hält er noch den Pumpenschwengel. Total verwirrt fragt er auf halbem Weg: »Was ist geschehen? Was ist los? Wo ist Petra?« In Höhe des Deckshauses bleibt er stehen. »Sag, was ist geschehen?« Er schaut Röttich an, kann ihn gut in dem Halbdunkel erkennen.

Manfred Schön, Eigner der schönen Yawl *Apollonia*, muss mit ansehen, wie sein Navigator den Revolver hebt und auf ihn zielt. Wie aus endloser Weite hört er die Worte: »Ist das dein Versprechen, das du mir gegeben hast?«

Mit diesen Worten meint Röttich die Freundschaft und das Zeugnis.

Schön kann nicht mehr antworten. Der unmittelbar folgende Schuss tötet ihn sofort. Er kann sich nur noch mit beiden Händen an die Brust fassen. Dann fällt er über die Reling in das schwarze Wasser des Atlantiks.

Von den ersten beiden Schüssen bis zu diesem dritten Schuss sind allenfalls fünf Minuten verstrichen. Röttich unternimmt keinen Versuch, Schön zu retten.

Oliver hat alles mitbekommen. Aber er stellt sich tot. Er hat genau verstanden, als Andrea zu ihm rief: »Sag doch was!« Oliver denkt gar nicht daran, etwas zu sagen. Er ist in diesem Moment überzeugt, dass er bei dem ersten Lebenszeichen den Gnadenschuss bekommt. Also stellt er sich tot.

Röttich lässt sich nun die Stirnverletzung von seiner Freundin verbinden. Dann löst sie Charlie am Ruder ab. Sie sieht, wie erschüttert der ist und mit der Gleichgültigkeit, die sie den ganzen Tag über zeigte, sagt sie: »Ist ja schon gut!«

»Helft mir doch, ich verblute«, röchelt Otten. Er kann sich nicht länger verstellen.

Geißler kümmert sich sofort um den stöhnenden Freund, der am Boden des Cockpits liegt. Er hebt ihn behutsam auf die Sitzbank und schneidet mit dem Fischmesser, das immer neben der Rudersäule befestigt ist, Olivers Sweatshirt auf. Der Angeschossene ist bei vollem Bewusstsein, aus einem Loch in seiner Brust zwischen Herz und Lunge tritt beim Ausatmen Blut heraus. Auch am Rücken kommt aus einer Ausschussöffnung Blut heraus. Schwach hört Charlie die Worte: »Große Schmerzen. Es pfeift beim Atmen.«

»Weißt du, dass die beiden anderen tot sind?«
Oliver nickt.
Charlie eilt zur Bordapotheke. Er hat irgendwann während der Reise zufällig bemerkt, dass sie unter dem Deckel der hinteren Sitzbank im Salon ist. Dabei sieht er die tote Petra auf dem Boden liegen. Es gibt überhaupt keinen Zweifel, dass sie tot ist. Das Geschoss, aus nur zirka zwei Meter Entfernung abgefeuert, hat ihren Kopf getroffen. Jetzt liegt sie bei der ersten Stufe des Niedergangs, ihre Beine zeigen in Richtung Pantry. Sie wird etwas verdeckt vom Navigationstisch, an dem der Schütze eben noch gesessen hat. Ihr Kopf ist von einer Blutlache umgeben.

Mit Hilfe eines Handtuchs und seines Bettlakens macht Charlie für Oliver einen Notverband. Trotz der Schmerzen ist dieser immer noch bei Bewusstsein. Jetzt muss der schwer Verletzte auch noch des Täters Rechtfertigung über sich ergehen lassen.

»Die haben doch an allem selber Schuld. Schön trägt allein für diesen ganzen Mist die Verantwortung. Wie konnte er nur so eine Scheiße bauen? Dieser Idiot, dieser unglaubliche Nichtskönner! Und du hast immer ›Aye, Capt'n‹ gesagt! Der und Kapitän – niemals!« Er setzt sich auf die gegenüberliegende Bank. »Dich wollte ich nicht treffen, tut mir Leid!«

»Bringt mich in meine Koje. Ich will dort sterben.«

Röttich schaut zu Geißler, der schüttelt leicht den Kopf und geht unter Deck. Mit einer Schmerztablette, einer Schlaftablette und einem Glas Wasser kommt er wieder. Nachdem Otten alles eingeflößt wurde, fällt er in Ohnmacht. Geißler hält seinem schlafenden Freund die Hand, als ihn die Stimme Röttichs aufschreckt.

»Los, hilf mir mal mit der Petra. Die muss auch ins Wasser!«

Charlie hatte während der Tage auf See ein freundschaftliches Verhältnis zu ihr entwickelt. Sie haben sich verstanden, hatten den gleichen Humor, waren beide locker, kamen beide aus dem Rheinland. Bis zu diesem Satz hat er ihren Tod irgendwie verdrängt, jetzt ist er verwirrt, bangt wieder um sein eigenes Leben. Ständig muss er sich bis ans Ende seiner Kräfte zusammenreißen, um nicht wieder von einem Schwächeanfall überwältigt zu werden. Er sieht, wie Röttich die tote Petra an den Armen von der Pantry zum Niedergang zerrt.

»Nun komm schon!«

Mit der Reaktion eines Automaten kommt Geißler dem Todesschützen zu Hilfe. Er steigt den Niedergang hinunter. Unten angekommen greift er nicht wie gewohnt zu der Handleiste an der Decke, sondern bleibt für kurze Zeit ohne Abstützung stehen. Er kommt durch eine Schiffsbewegung aus dem Gleichgewicht, macht einen Schritt, um sich abzustützen; mit seinem nackten Fuß steigt er voll in die Blutlache, er findet keinen Halt und stürzt. Nur nicht auf die tote Petra fallen, denkt er und greift panisch nach der Schlingerleiste des Navigationstischs. Er rappelt sich auf, ohne wirklich zu begreifen, was er tut. Er nimmt die Beine der Toten, Röttich packt die Arme und so überwinden sie den steilen Niedergang. Im Cockpit rutscht Charlie ein Bein aus der Hand, es trifft Oliver am Kopf.

Der wird wach und stöhnt: »Bitte, nicht über mich!«

Geißler greift erneut das Bein der Toten und mit letzter Kraft werfen sie den Leichnam Petras nur einen Meter achterlich von der Stelle ins Wasser, an der ihr Freund vor kurzem den Tod fand.

»Warum musste denn Petra sterben?«, bricht es aus Geißler heraus.

Der Schütze hat aber keine Zeit, sich auf Diskussionen einzulassen. Er stürzt nach unten, um die Spuren des toten Körpers, das Blut und die Einschussspuren im Holz zu entfernen. Immer wieder holt Röttich Wasser mit dem Eimer aus dem Meer.

Irgendwann, Charlie sitzt neben seinem Freund, der zeitweise wieder bei Bewusstsein ist, fragt er: »Was wird aus uns? Was hast du vor?«

»Mit euch? Nichts passiert mit euch, wenn ihr den Mund haltet! Warum sollte ich euch erschießen? Ich brauche euch doch!« Und als er wieder mit einer Pütz Wasser an den Beiden vorbeikommt: »Aber wenn ihr singt, dann finde ich euch auf der ganzen Welt!«

»Und falls du ins Gefängnis musst, erledige ich das für dich!«, schaltet sich Andrea vom Steuer aus ein.

»Das brauchst du nicht einmal selber zu machen – am Frankfurter Hauptbahnhof findest du Männer, die erledigen solche Aufträge für hundert Mark.«

In der Nacht vom 13. auf den 14. Dezember bleibt Otten auf der Cockpitbank liegen. Geißler, Röttich und Kleefeld lösen sich unregelmäßig beim Rudergehen ab. Keiner kann schlafen. Aber es kann auch keiner mehr reden. Denn keiner ist bisher dem Tod so direkt begegnet.

Neunzehnter Tag

Geißler hat sich in den frühen Morgenstunden auf seine Koje gelegt, als ihn mehrere Schüsse aufschrecken. Er kann sich der aufsteigenden Panik nicht erwehren. Geht das wieder los? Bin ich der Nächste? Ist Verdi noch am Leben? Es ist schon hell, angstvoll zieht er wie zum Schutz in einer sinnlosen Geste das dünne Laken über sich. Er hört Stimmengewirr.

Röttich kommt den Niedergang herunter, in der Hand einen Revolver. Sein Körper füllt den Eingang zu Geißlers Kajüte.

»Keine Angst! Ich habe nur Schöns Revolver leer geschossen, so können die im Hafen nicht mehr feststellen, dass nur drei Schuss abgegeben wurden. Komm, wir schauen nach deinem Freund. Wenn der die ersten vierundzwanzig Stunden durchhält, dann schafft er es.«

Als Geißler an Deck kommt, sieht er, dass Oliver die Augen auf hat, dass er lebt. Die beiden müssen sich als Erstes eine Erklärung des Kaperkapitäns anhören.

»Ihr müsst später bei den Bullen angeben, dass Schön immer auf Flaschen im Meer geschossen hat. Okay?«

»Ich will aus der Sonne«, röchelt Otten.

»Den können wir doch nicht heben, dann geht seine Wunde wieder auf.«

»Ich hab eine Idee!«

Mit diesen Worten verschwindet Röttich wieder unten im Schiff. Er hebt die Tür der Eignerkabine aus den Angeln und kehrt damit ins Cockpit zurück. Gemeinsam legen die beiden Männer den stöhnenden Otten auf die Tür, binden seine Beine fest und bringen ihn auf dieser improvisierten Trage behutsam bis zu seiner Koje. Die Kajütentür lassen sie wegen der besseren Ventilation offen.

Geißler begibt sich in die Kajüte der Ermordeten. Dort herrscht ein Tohuwabohu, als ob die Yacht durchgekentert sei. Überall liegen Kleidungsstücke, Zeitschriften, Kosmetikartikel, Filmmaterial, Blöcke, Schuhe herum. Er weiß, dass in dem Bücherschapp das Buch steht, das er jetzt benötigt. Schön hatte ihm irgendwann ganz nebenbei erzählt, dass sie eine gute Bordapotheke hätten, und auch ein Buch mit dem Titel *Unfallchirurgie*. Er findet es, studiert sorgfältig die entsprechenden Passagen und ist dann ganz sicher, dass er seinem Freund eine Druckkompresse anlegen muss.

Von seiner Koje aus kann Oliver beobachten, wie Röttich und seine Freundin das Schiffsinnere auf der Suche nach dem Geschoss, das Petra getroffen hat, von vorne bis hinten und von oben nach unten umkrempeln. Obwohl sie auch sämtliche Bodenbretter hochnehmen, bleibt das Geschoss unauffindbar.

»Hoffentlich hat die Kugel nicht den Holzrumpf unter der Wasserlinie durchschlagen und wir saufen langsam aber sicher ab.«

Otten hört wie Andrea Kleefeld ängstlich ihren Freund anspricht.

Der Kranke beruhigt sich erst wieder, als Röttich nachschaut und versichert, dass die Bilge nicht voll gelaufen ist. Geißler erhält zu diesem Zeitpunkt den Befehl, die Blutspuren an der Persenning und am Rumpf zu entfernen, die Petras Leichnam hinterlassen hat. Die Blutflecken lassen sich nicht aus der Persenning waschen und auch nicht abreiben. Gemeinsam mit dem Meuterer nimmt er schließlich den Sonnenschutz ab, um mit Spülmittel und einem Schrubber ans Werk zu gehen.

Als alles Blut entfernt ist, erhält er den zweiten Befehl: »Komm her! Hier, siehst du diese Einkerbung in der Kajütenwand? Die kommt von der Kugel auf Petra. Nimm dir eine Feile und danach feines Sandpapier. Mach alles schön glatt und danach wirst du die ganze Partie zwei oder drei Mal lackieren. Okay?«

»Okay!«

»Was hast du gesagt?«

Geißler antwortet deutlicher: »Okay!«

»Von jetzt an werden alle Befehle laut und deutlich wiederholt. So haben wir das auch auf der *Pelikan* gemacht. Dann weiß man, ob der Andere auch alles richtig verstanden hat.«

Während die Männer auf Spurensuche sind, nimmt sich Andrea die Kajüte der verhassten Petra vor. Sie findet einen Stapel Briefe, die auf der Fahrt geschrieben wurden, und beginnt darin herumzuschnüffeln. Als sie die Zeile liest: »Andrea ist eine taube Nuss, sie ist hohl im Kopf.«[1], beklagt sie sich bei ihrem Freund. Und der fragt den verblüfften Otten, ob er wisse, was für Schweinereien die Meinhard über Andrea geschrieben habe. Wütend und vor sich hin fluchend, dabei sich gegenseitig aufhetzend, zerreißen Röttich und Kleefeld alle Briefe, die Petra an Bord aufbewahrt oder während dieser Reise geschrieben hat. Die Schnippel gehen über Bord. Kleidungsstücke und ihr Ölzeug folgen; als Beweis dafür, dass sie beim Sturm ins Meer gefallen ist, werfen sie auch die Sicherheitsleine, das Feuerzeug und die letzten Packungen Stuyvesant in die See. Als das große Reinemachen beendet ist, macht sich Röttich an den Unfallbericht. Als neuer Kapitän muss er einen umfassenden Bericht schreiben. Einen, der seiner Auffassung entspricht:

---

[1] Zitiert nach den Gerichtsakten.

Bequia / St. Vincent　　　　　　　　　S.Y. *APOLLONIA*
Grenadines
West Indies

Unfallbericht von der S.Y. Apollonia auf dem Atlantik

Eigner:　　　Manfred Schön
Freundin:　　Petra Meinhard
Navigator:　　Jörg Röttich
Mitsegler:　　Oliver Otten, Charlie Geißler, Andrea Kleefeld

Die Atlantiküberfahrt begann am 26.11.1981 in Pasito Blanco auf Gran Canaria. Am 2.12. setzte zur Nacht ein Sturm ein, der 9 Beaufort bis 12 Beaufort erreichte. Gegen zwei Uhr ging am Schothorn der Sturmfock der Knoten auf. Wir kamen alle an Deck, um den Fehler zu suchen und zu beheben. Plötzlich brach eine riesige Welle über uns auf dem Vorschiff hinweg. Danach stellten wir fest, dass Petra Meinhard über Bord gespült war. Es wurde die Weste mit Leuchtboje ins Wasser geworfen, außerdem versuchte ich über Funk, Hilfe zu bekommen, leider ohne Erfolg. Die verbleibende Nacht kreuzten wir das Gebiet um die Boje ab. Gesucht wurde bis zum Mittag des 3.12., dann stellte Manfred (Eigner u. Kapitän) die Suche ein.

Die ungefähre Position des Unfallortes war 21° N, 32° W.

Der Sturm dauerte unterschiedlich stark 3 Tage und 4 Nächte an. Durch diesen schweren Unfall hatte Manfred sich sehr verändert; er zeigte sich verschlossen, nervös und reizbar. Nachdem ich Manfred auf starke Fehler in der Segelführung und -bedienung aufmerksam machen musste und die Crew auch langsam erkannte, dass Manfred sehr wenig Erfahrung in der Segelei hatte, wurde immer öfter auf mehr Sicherheit gepocht, denn Manfred wollte nur noch schnell ans Ziel. In der Nacht vom 10.12. auf 11.12. wollte Manfred mit den beiden Wachgängern, Oliver und Charlie, den Flautenspinnaker (200 qm) einholen. Oliver war am Ruder, Manfred am Fall und Charlie sollte an der Schot den Spinnaker herunter ziehen. Mich und Andrea hatte er nicht geweckt. Als Manfred das

Fall löste, wurde er mit dem Fall 3 m hochgezogen, er ließ sich am ausrauschenden Fall runterrutschen, verbrannte sich die Finger und der Spinnaker nebst Fall waren im Wasser. Durch laute Schreie wurde ich geweckt und half die Arbeit zu beenden.

Am kommenden Tag gab es eine Diskussion, weil die Crew die Anordnungen des Kapitäns nicht mehr ausführen wollte. Ich versuchte zu vermitteln und bot ihm an, die Schiffsführung zu übernehmen, er selbst könnte ja die Aufsicht haben. Als Antwort erhielt ich: ›Auf meinem Schiff bestimme ich, was gemacht wird, ich bin und bleibe der Kapitän.‹

Ab sofort lief Manfred bewaffnet herum; wir taten so, als sähen wir das nicht, denn wir wollten ihn nicht reizen. Am 11.12. wurde die Passatbesegelung ausgebaumt gefahren und der Motor war wegen des ausgebauten Anlassers nicht einsatzfähig. Nach dem Abendessen, gegen 21.00 Uhr Zonenzeit, sprach ich mit Manfred über das Risiko bei Nacht, wenn einer über Bord fallen sollte. Bis wir die Segel gewechselt hätten, um ohne Motor gegenan zu kreuzen, verginge viel zu viel Zeit. Wir standen an Backbord in Höhe der Segelsäcke. Als er einsehen musste, dass ich Recht hatte, schrie er mich an, ich sollte mich nur an die Navigation halten. Dann fasste er zu seiner Waffe, ich griff sofort zu und wollte sie ihm entreißen. Bei diesem Handgemenge löste sich ein Schuss, der Oliver in den Oberkörper traf. Ich konnte die Waffe nicht richtig greifen, versuchte aber, sie aus meiner Richtung zu halten. Als plötzlich ein zweiter Schuss folgte, schrie Manfred getroffen auf und fiel über die Reling. Die Waffe in der Hand stürzte ich durch den Ruck und die Schiffsbewegungen mit meinem Kopf auf die Großbaumstütze und zog mir eine tiefe Kopfverletzung zu. Mein Gesicht war so von Blut überströmt, dass ich nichts sehen konnte. Ich kroch ins Cockpit und wurde von dem Blutverlust fast bewusstlos. Oliver lebte, er hatte einen Durchschuss. Die beiden Unverletzten, Andrea und Charlie, haben keine Segelerfahrung und damit war an ein Wendemanöver nicht zu denken. Andrea versorgte meine Kopfwunde und dann übernahm ich das Ruder und beide konnten sich um Oliver kümmern. Als alles getan war, versuchte ich, leider wieder vergebens, Funkkontakt zu bekommen.

Die Position zur Unfallzeit 17° N, 46°40′ W.

Ich fiel beim Wachgang fast aus, da ich länger als eine halbe Stunde nicht durchstand, dann konnte ich nichts mehr sehen und musste liegen. Oliver lag im Cockpit gebettet, wir hatten ihn nicht nach unten bekommen. Andrea und Charlie machten alle anfallenden Arbeiten und teilten sich die Wachen bis zur Erschöpfung, da der Autopilot nicht arbeitete. Am 14.12. konnte ich wieder Wache gehen und auch die Segel wechseln.

Unser Ziel ist jetzt Barbados. Am 15.12. habe ich Funkkontakt zu einer norwegischen Yacht, die uns aber keine ärztliche Hilfe geben konnte. 16.12. Oliver fühlt sich verhältnismäßig gut und wenn keine Probleme kommen, werden wir morgen in Bridgetown sein.

Als Zeugen zeichnen: *Schiffsführer:*

gez. Charlie Geißler   gez. Jörg Röttich
gez. Andrea Kleefeld[1]

Otten liegt mit seinem neuen Druckverband auf seiner Koje. Seine schwarzen langen Haarsträhnen hängen ihm verklebt über der Stirn. Er ist wie die anderen Männer an Bord unrasiert. Die Wunde hat geblutet und ein großer roter Fleck hat sich auf dem Tuch ausgebreitet, das über seiner linken Brust liegt. In der oberen Koje schläft Geißler, der durch Röttichs Stimme geweckt wird.

»Hört mal zu! Ich habe hier den Unfallbericht geschrieben. Den sollt ihr sehr sorgfältig durchlesen und dann auswendig lernen. Ich habe den Bericht extra um zwei Tage vorverlegt, damit die nicht noch eine Suche nach Schön starten.«

[1] Entspricht im Wesentlichen dem Original-Unfallbericht.

»Hier unten musst du unterschreiben.« Röttich reicht Geißler den Bericht und einen Stift. Dann wendet er sich Otten zu und fragt: »Wie geht es dir heute?«

»Ich habe Durst!«, flüstert Otten.

»Hältst du die drei Tage noch durch? Ich werde versuchen, über Funk Kontakt mit einem Schiff zu bekommmen.«

»Es geht schon noch. Im Moment habe ich nur Durst.«

Röttich bringt ihm Wasser und legt ihm einige Kekse neben die Koje. Nachdem er die Kajüte verlassen hat, kommt von der oberen Etage die vertraute Stimme: »Verdi, du hast einen glatten Durchschuss. Du hast ein wahnsinniges Glück. Hinten ist die Kugel ausgetreten. Ich glaube nicht, dass die Lunge verletzt ist, sonst könntest du nicht atmen. Deine Pumpe ist wohl auch okay. Wenn man den ersten Tag mit einer solchen Verletzung gut überstanden hat, dann schafft man es auch. Halt aus! In drei Tagen bist du bei den besten Spezialisten.« Geißler schaut von oben auf seinen Freund hinunter.

»Ich habe meiner Familie geschrieben.« Olivers Flüstern ist kaum zu verstehen. »Wenn's schief geht, musst du die Briefe übergeben. Hörst du?«

»Klar, Alter! Aber das machst du besser selber.«

Geißler legt sich wieder auf seine Koje. »Ich brauche euch doch.« – er denkt an Röttichs Worte. Brauchte er ihn und Oliver wirklich? Das Schiff konnte man auch zu zweit segeln. Der Wind würde sich in den nächsten Tagen nicht mehr ändern, also blieb die Segelstellung die gleiche. Auch die restliche Navigation war für Röttich bestimmt kein Problem. Selbst wenn er sich um einige Seemeilen vertun würde, langte diese Genauigkeit immer noch, um die hügelige Insel bei Tag zu erkennen. Und wenn sie nachts ankämen, dann wäre alles umso leichter, denn Barbados ist illuminiert wie eine Großstadt bei Nacht. Über die ganze Insel verstreut liegen beleuchtete Orte, Hotels, Häuser – gar nicht erwähnt die starken

Leuchtfeuer. In jedem Handbuch steht schließlich, dass man die Insel nachts bei guter Sicht schon von über zwanzig Seemeilen leuchten sehen kann. Zum Segeln brauchte Röttich seine Chartergäste jedenfalls nicht!

Geißler schwitzt, es fällt ihm schwer, seine Gedanken zu ordnen; immer wieder packt ihn die Angst – wann wird er dran glauben müssen? An den gestrigen Tag darf er nicht zurückdenken. Jede Erinnerung bekämpft er, denn sie erfüllt ihn mit noch mehr Angst.

Seine Gedanken drehen sich im Kreis: Wozu braucht Röttich uns? Hatte Röttich gesagt: »Ich brauche euch doch?« oder »Ich brauche euch noch?«. Er versucht sich zu konzentrieren. Verwirft mal die eine, dann die andere Version. Panik kriecht in ihm hoch. Falls Röttich »noch« gesagt hatte, dann brauchte er sie noch bis Barbados. Geißler bekämpft diese Variante: Er hat »doch« gesagt! Wir sind seine Zeugen. Röttich glaubt an seinen gefälschten Unfallbericht, an seine persönliche Auslegung. Er ist überzeugt, mit der Hinrichtung im Recht gewesen zu sein. Er musste sich wehren gegen den Psychoterror und gegen Schöns Angriff – Röttich wird sich auf Notwehr berufen wollen, denkt womöglich an seinen Freispruch. Von Tag zu Tag wird er mehr an diese Geschichte glauben. Geißler beruhigt sich etwas: Wenn Röttich die Charterer auch noch umbrachte, hatte er nichts zu berichten, denn eine solche Geschichte mit vier Toten würde ihm keiner abnehmen. Oder? Beabsichtigte er vielleicht, die *Pelikan* mit der *Apollonia* zu verfolgen, koste es, was es wolle? Ging Röttich über Leichen, nur um an diesem Mann – wie hieß der noch mal, ach ja, Ladwig, Kapitän Ladwig – Rache zu nehmen? Vielleicht war das seine eigentliche Motivation, das Schiff an sich zu bringen: die einzige Möglichkeit, seinen Erzfeind zu verfolgen!

Was geschieht mit mir, wenn Verdi stirbt?, grübelte Geißler weiter. Braucht er mich wirklich als Zeugen? Was soll ich denn überhaupt bezeugen? Dass zwei Crewmitglieder, eines nach dem anderen, gestorben sind? Das Märchen mit dem Unfallbericht und einem toten Verdi nimmt uns doch keiner ab!

Geißler wird schlecht. Er fühlt, wie sich sein Magen wie am Tag zuvor verkrampft. Er richtet sich auf, merkt, wie sein T-Shirt an der Haut klebt, schafft es gerade noch, den Kopf weit über seine Koje zu halten und erbricht sich. Er würgt, immer neues Erbrochenes entleert er auf den Kajütenboden, wobei er nicht vermeiden kann, den unter ihm liegenden Freund zu beschmutzen. Doch der merkt nichts, er schläft. Geißler rappelt sich auf und als er eine Pütz Wasser holen will, empfängt ihn die Stimme der Rudergängerin: »So alt, wie du aussiehst, wirst du nie!«

»Was meinst du, was mit uns passieren wird?«

»Wenn ihr ruhig seid, passiert euch nichts.«

Zitternd vor Angst säubert Geißler seine Kajüte. Mehrfach muss er neues Wasser holen. Ihm entgeht nicht, dass Röttich am Navigationstisch sitzt und ins Mikrofon des UKW-Telefons ruft: »Hier ist die Segelyacht *Apollonia*. Kann mich jemand aufnehmen? *Here is the German sailing vessel* Apollonia, *can anybody read me?*«

Immer wieder wiederholt er die Sätze, die wie auswendig gelernt klingen.

Plötzlich, sehr laut, aber schlecht verständlich, kommt eine Antwort, die selbst die Rudergängerin und der Kranke mitbekommen: »*This is the Norwegian Cargoship* Northern Star. *Sailing yacht* Apollonia *can I help you? Over.*«

Röttich, der während seines Aufenthalts in Südafrika Englisch gelernt hat, greift zum Mikrofon: »*This is the German sailing yacht* Apollonia. *We have a sick person on board. Can you help?*«

»*Apollonia, we have no doctor. What kind of sickness? Over.*«

»*Our man has an injury.*«

»Jörg, ich will nicht von Bord.« Mit schwacher Stimme ruft Oliver dazwischen. »Charlie, bitte, ich überlebe einen Transport nicht! Er soll das Gespräch abbrechen, bitte!«

»*Apollonia, you must be in reach of thirty miles. Can your man make it to Barbados? We suggest succeeding to your next port for medical care. Is that roger? Over.*«

Röttich ist durch Ottens Zwischenruf irritiert, ihm macht die englische Unterhaltung Schwierigkeiten, Kopfschmerzen stören seine Konzentration, er hat keine Routine beim Ablauf von UKW-Gesprächen; hinzu kommen seine allgemeine Unruhe und Überreiztheit durch fehlenden Schlaf, sodass er schroff antwortet: »*Okay, okay, we will sail to Barbados! Thank you for your help.*«

»*This is Cargoship* Northern Star. *Sorry for not being able to help. We wish your patient all the best. End and out.*«

Zwanzigster Tag

Nichts ist mehr, wie es war. Die Wachen werden auf der *Apollonia* in unregelmäßigen Abständen gehalten. Röttich leidet unter starken Kopfschmerzen. Ihm ist seit der Tat nicht wohl und er vernachlässigt die von ihm so geliebte Ordnung an Bord. Die Navigation berechnet er nur unter großer Überwindung. Das Rudergehen fällt ihm schwer und er überlässt es den beiden Anderen. Immer wieder sucht er im Schiff nach dem vermissten Geschoss.

Eine medizinische Untersuchung seiner Verletzungen unter dem Gesichtspunkt, inwieweit Röttich nach den Schlägen durch Schön in seiner Sehfähigkeit eingeschränkt gewesen sei, ergab später folgenden Befund:

Röttich hat im Hinterhauptbereich eine schwer erkennbare kleine Narbe, ein Zentimeter rechts der Mittellinie und zwei Zentimeter oberhalb des Haaransatzes. Ferner eine drei Zentimeter lange Stirnnarbe auf der rechten Seite, die relativ schmal ist. Es hat ein stumpfes Schädelhirntrauma stattgefunden. Hinweise auf eine Gehirnerschütterung liegen nicht vor, der Angeklagte war auch nicht bewusstlos gewesen, sondern hat spontan erkannt und reflektiert. Die von dem Angeklagten nach den Schlägen geschilderten Symptome, nämlich Bewusstlosigkeit und Erbrechen, sind psychovegetativ bedingt. Zur Stirnverletzung ist zu sagen, dass die Kopfschwarte nicht durchtrennt worden sein kann, da sodann ein Druckverband, wie von dem Angeklagten geschildert, nicht ausgereicht haben kann und die Narbe anders ausgesehen hätte. Es können nur kleine Gefäße verletzt worden sein. Soweit der Angeklagte geschildert hat, dass das Blut sich auch in der näheren Umgebung befunden hätte, würde dies für die Verletzung eines arteriellen Gefäßes sprechen; Blut aus solchen Wunden spritzt vom Körper weg. Bei einer Verletzung von Venen ist nicht von einer starken Blutung auszugehen, da andernfalls die Gefahr einer Luftembolie besteht. Bei einer Blutung aus kapillaren Gefäßen fängt das Blut erst nach einiger Zeit langsam an zu laufen. Danach scheidet es aus, dass solche Mengen Blut aus der Wunde geflossen sein können, dass es zu einer erheblichen Sichtbehinderung gekommen ist. Sofern das Blut über die Nasenwurzel in die Augen geflossen ist, werde reflektiv durch Lidschlag und Tränenbildung versucht, das Blut zu entfernen, dies werde halbreflektiv durch die Hand unterstützt. Insgesamt ist daher keine erhebliche Sehbehinderung Röttichs durch die Blutung eingetreten. Diese Erkenntnis korrespondiert auch mit den Angaben des Angeklagten, der bei der Schilderung aller drei Schüsse ihm gegenüber vom Sehen gesprochen hat, nicht von blindlings. Daher ist zusammenfassend festzustellen, dass den Schlägen, die Röttich erlitten hat, weder Auswirkungen auf die Gehirn- noch auf die Sehfunktion zukommt. Einen »Schleier auf der Hornhaut« gibt es praktisch nicht bei einer Flüssigkeit, die sich »wegwaschen lässt«.[1]

Andrea kann nur noch Rudergehen; sie ist nicht mehr im Stande zu kochen. So bleibt Charlie wenig Zeit, um an sein Überleben zu denken. Er muss Rudergehen, das Kochen wird zu seiner Hauptaufgabe – was zu anderen Zeiten sein Hobby war – und er muss sich um Oliver kümmern, ihn versorgen, ihn verarzten, neu verbinden, frisch machen und füttern. Immer wieder muntert er seinen

---

[1] Entspricht im Wesentlichen den gerichtsmedizinischen Gutachten.

Freund auf. Schlafen kann er kaum – die Angst lässt keinen Tiefschlaf zu. In den zwei Tagen nach der Tat trägt der Kneipenwirt vom Bodensee die Verantwortung über das Unglücksschiff, der Mann, der als Einziger von allen vor seiner Ankunft auf der *Apollonia* noch niemals Schiffsplanken betreten hatte.

An Bord der *Apollonia* gibt es zwei Funkgeräte: ein UKW-Gerät, mit dem Gespräche bis zu zirka dreißig Seemeilen Entfernung von Schiff zu Schiff oder von einem Schiff zu einer Landstation geführt werden können, und einen Sender, der auf Grenzwelle und Kurzwelle senden und empfangen kann; mit diesem können auf Kurzwelle lange Distanzen überwunden werden. Dieser Sender war während der Reise meist kaputt, beziehungsweise er konnte nicht eingesetzt werden, da die Batterien nicht die nötige Leistung brachten. Am Vormittag des 15. Dezember 1981 versucht Röttich wieder eine Funkverbindung mit anderen Schiffen herzustellen. Der schwer verletzte Otten hatte um ärztliche Hilfe gebeten. Dabei hatte keiner an Bord eine Vorstellung, wie diese Hilfe in die Tat umgesetzt werden könnte. Auf ein anderes Schiff wollte der Kranke nicht gebracht werden. Von einer Yacht auf einen Frachter überzusetzen, ist auf hoher See selbst für Gesunde ein riskantes Unternehmen. Also konnte die Hilfe nur über eine Funkberatung erfolgen. Und dazu – das ist aus der Sicht des Verletzten gut nachvollziehbar – wollte Otten doch gerne einen ausgebildeten Arzt in Anspruch nehmen.

An diesem Vormittag befindet sich die deutsche Yacht *Viola III* in UKW-Funknähe zur *Apollonia*. An Bord der Yacht vom Typ Halberg Rassy 38 ist der Eigner Henry Lugger mit seiner Schweizer Freundin und Chartergästen. Als routinierter Fahrtensegler hat der Skipper sein UKW-Gerät auf Kanal 16, den Notfrequenzkanal, auf Standby geschaltet. Er sitzt am Kartentisch und macht seine Navigationsberechnungen, als er ein leises Krächzen in seinem Empfangsgerät hört. Henry Lugger dreht die Lautstärke voll auf und kann nun zwischen Rauschen und Knacken in Englisch hören: »*Sail... yacht Ap...lonia ... problem ... crew ... sick ... help.*«

»Seid mal ruhig!«, ruft er seinen Chartergästen zu. Dann greift er zum Mikrofon: »*Here is the German sailing yacht* Viola III. *Come in again. Over.*«

»Gott sei Dank, dass du Deutscher bist! Hier ist die Yacht *Apollonia*. Wir haben einen Verletzten an Bord.«

»Hallo *Apollonia*! Hier spricht Henry Lugger von der *Viola III*. Ist euer Mann schwer verletzt? Wie ist eure Position? Over.«

»Wir haben heute noch kein Besteck gemacht. Unser Mann wird es schon schaffen.«

»Hallo *Apollonia*. Ich kann euch ganz schlecht aufnehmen. Wir sind zirka in fünfundzwanzig bis dreißig Seemeilen Entfernung zu euch. Gehen nach Barbados. Wenn wir eure Position nicht haben, dann können wir euch nicht treffen. Haben auch keinen Arzt. Was schlagt ihr vor? Over.«

»*Viola III*! Wir segeln durch. Treffen uns dann in Barbados. Okay?«

»Hallo *Apollonia*. Sag schöne Grüße an Manfred von Henry Lugger. Wir kennen uns aus Pasito Blanco. Er hat ja ein dolles Schiff. Was macht denn euer Kapitän – lackiert er sich schon die Nägel für das Captain's Dinner auf Barbados? Over.«

»Hallo *Viola III*, wir hatten einen Unfall. Manfred ist über Bord gefallen. Wir hatten Sturm. Schlimme Sache. Mehr darüber auf Barbados.«

»Ach du Scheiße!« Röttich hört das Klicken der Sprechtaste am anderen Mikrofon. Es entsteht eine Pause, er weiß, dass Burger überlegt. Dann hört er wieder die Stimme: »*Apollonia*, hörst du mich, wie konnte denn das passieren?«

»Hallo *Viola III*, wir haben Probleme mit unseren Batterien. In Bridgetown erzähle ich dir die ganze Geschichte. Ich muss jetzt Schluss machen. Bis bald.«

Der erste Kontakt mit der Außenwelt bringt eine Wende. Knapp drei Wochen ist die *Apollonia* unterwegs. Jeder der Überlebenden hat die Enge kennen gelernt, mit der keiner vorher vertraut gemacht wurde. Jeder hat sich damit inzwischen abgefunden, wie ein Gefangener mit seiner Resignation. Aber durch den Kontakt mit der Außenwelt gibt es Hoffnung, dass die Zelle bald geöffnet werden wird. Diese Hoffnung gibt Otten die Kraft, die sein Heilprozess benötigt. Bereits zwei Tage nach seinem Brustdurchschuss geht es ihm besser. Er weiß in zuversichtlicher Gewissheit, dass er überleben wird. Und auch sein Freund schöpft endlich Hoffnung, mit dem Leben davonzukommen. Er hat sich Röttich gefügt, tut was ihm aufgetragen wird. Charlie weiß, dass er den angeschlagenen und nervösen Röttich nicht reizen darf, wie es das Eignerpaar fatalerweise fast täglich gemacht hat. Charlie gibt sich nicht nur hilfsbereit, er überbietet sich, nur um nicht negativ aufzufallen. Ja, er bietet sich Röttich an, er zeigt dem angeschlagenen Kapitän, dass er auf seiner Seite ist. Nur um sein Leben zu retten.

Als Charlie das Mittagessen bereiten will, hört er Olivers schwache Stimme.

»Komm doch mal!« Er setzt sich neben ihn auf die Koje.

»Du hast doch einen kleinen Weltempfänger, versuch doch mal, ob du einen Sender rein bekommst.«

Der Freund kramt in seinem Schapp, hat das schwarze Gerät in der Hand, zieht die Antenne heraus, stellt auf Mittelwelle und dreht am Frequenzsucher. Sofort findet er einen Musiksender mit Reggae, den er fein abstimmt.

»Klasse, das wirkt wie Medizin. Stell das Radio neben mich. Ich brauche jetzt einen positiven Schub.«

Einundzwanzigster Tag

Die Radiostation von Barbados ist an diesem Morgen, dem 16. Dezember, besser zu empfangen als am Vortag. Das Wetter hat sich nicht geändert. Das Unglücksschiff muss noch hundertfünfzig Seemeilen bis zum Ankerplatz von Barbados segeln. Das Radio läuft den ganzen Tag. Bis auf die Nachrichten ist ständig Feel-Good-Music, wie Charlie Reggae-Musik nennt, zu hören. Oliver hatte eine gute Nacht, auch tagsüber schläft er immer wieder kurz ein und wacht bei seiner Wunschmusik auf.

Die Musik muss auch Röttich zu Taten angeregt haben. Er nimmt sich einen der von Schön unterschriebenen Briefbögen, spannt ihn in die bordeigene *Olympia*-Reiseschreibmaschine ein und verfasst einen Schuldschein über eine Summe von 25 000 DM. Das Geld will er sich später bei Frau Schön holen.

Auf der Segelyacht *Viola III* gibt es nicht nur ein UKW-Telefon, mit dem der Kontakt zur *Apollonia* hergestellt worden war, sondern auch einen Transceiver. Diese kleinen Funkgeräte gibt es auf fast allen Fahrtenyachten, die die Weltmeere durchkreuzen. Mit einem Transceiver können Segler miteinander über Tausende von Seemeilen sprechen. So kann der Eigner einer Yacht, die in einer pazifischen Lagune ankert, mit seinem Segelfreund in der Kieler Bucht über Amateurfunk- oder Kurzwellenfrequenzen reden. Henry Lugger hat sich den ganzen

15. Dezember lang überlegt, was er mit dieser schrecklichen Nachricht anfangen soll. Alle Notfälle werden auf See sofort über Funk weitergegeben. Dafür gibt es je nach der Bedeutung des Unfalls oder der Havarie unterschiedliche Meldungen: Von »Securité«, das entspricht einfachen Warnungen, über »Pan Pan«, das vor Havarien ohne Gefahr für Menschenleben warnt, bis hin zu »Mayday«, das dem gemorsten SOS-Zeichen entspricht und die Botschaft übermittelt, dass Lebensgefahr für die Besatzung besteht oder es Tote gegeben hat.

Henry Lugger entscheidet sich jedoch für eine andere Meldung. Jeden Abend gibt es einen Funkkontakt, auf dem sich die Hand voll deutschsprachiger Skipper unterhalten, die zu dieser Zeit über den Atlantik segeln. Hier erfahren sie voneinander den jeweiligen Seewetterbericht und geben sich gegenseitig ihre Positionen durch. Danach unterhalten sich die Funkfreunde meist über Belanglosigkeiten wie Brotbackrezepte, die Größe gefangener Fische, Tipps für eventuelle Reparaturen oder allgemeine Wohlbefindlichkeiten. Über diese Frequenz gibt Henry Lugger den segelnden Skippern, die alle auf dem Weg in die Karibik sind, die Neuigkeit am 16. Dezember bekannt, dass ein Mann der S.Y. *Apollonia* während eines Sturms über Bord gegangen ist. Welcher Mann das ist, sagt er nicht, weil er wohl selber der Geschichte nicht so ganz traut.

So komme auch ich als Zeuge und Autor dieses Buches wieder ins Spiel: An diesem Tag segele ich mit Regina Lob auf meiner Yacht *African Queen* zirka siebenhundert Seemeilen hinter der *Apollonia* her. Auch wir wollen nach Barbados, der nächstgelegenen karibischen Insel. Auch auf meinem Schiff habe ich einen Transceiver und werde Zeuge des Unfallberichts. Regina hört das Gespräch mit, wir schauen uns an.

»Unglaublich!«, sagt sie »Ich kann das nicht glauben.

Stell dir vor, du würdest über Bord gehen, ich wüsste gar nicht, wie ich unsere Position berechnen soll. Ich wäre total hilflos!«

»Falls der Jörg tot ist, dann kann auf der *Apollonia* keiner bestimmen, wo sie sind und wo sie auf Land stoßen.«

Wir reden, diskutieren, was passiert sein könnte. Uns schaudert bei dem Gedanken, einer von uns könnte über Bord fallen. Es ist das Schlimmste, was passieren kann. Ja, wir schauen sogar immer wieder ins Wasser, ob wir einen Leichnam treiben sehen. Und immer wieder fragen wir uns mit Sorge, ob unserem Bekannten Jörg Röttich, dem Segelfreund, dem wir beim Rotwein in der Marina von Pasito Blanco unser Schiff anvertraut haben, dieses Schicksal widerfahren sein könnte. Tag für Tag erfahren wir jedoch mehr über Funk, was wirklich auf der *Apollonia* passiert ist. Und zehn Tage später, bei unserer Ankunft am 26. Dezember 1981, sehen wir am Kai in Bridgetown die *Apollonia* liegen. Keiner ist an Bord. Die schöne Yawl liegt an der Kette wie eine Gefangene.

Auch Roland Rebe, ein Segelfreund, den wir vor der Abfahrt auf Gran Canaria kennen gelernt haben, hört mit seiner Frau Renate an Bord ihrer roten Segelyacht *Lelona* die Funkmeldung von Henry Lugger. Die rote *Lelona*, ein zwölf Meter langes Stahlschiff vom Typ Joshua, ein Schwesterschiff des berühmten französischen Einhandseglers Bernard Moitessier, ist am selben Tag abgesegelt wie wir. Auch wir segeln eine Stahlyacht, jedoch ist unsere um zirka zwei Meter kürzer und entsprechend langsamer. Zurzeit des Funkspruchs liegt die *Lelona* zirka hundertsechzig Seemeilen vor uns. Roland Rebe funkt den Unfallbericht am Morgen des 16. Dezember in die weite Welt. Er hat die Amateurfunkfrequenz 14 313 Khz im 20-Meter-Band eingestellt. Auf dieser Frequenz spricht jeden Tag am frühen Morgen mitteleuropäischer

Zeit der Sprecher des deutschen Funknetzes ›Inter Maritim Club‹, abgekürzt Intermar, in Neustadt am Steinhuder Meer, weltweit mit deutschen Yachten über Amateurfunk, um sie mit Wetterinformationen und anderen sinnvollen Informationen zu unterstützen. Die Funkrunde leitet Bodo Tarnow. Er ist der Erste, der an Land von einem Unfall auf der *Apollonia* erfährt. Über Ursache, Hintergründe und Namen kann er nichts erfahren, denn darüber wird man erst am Tag der Ankunft der *Apollonia* Einzelheiten erfahren.

Die Ankunft

Geißler wirft sich völlig erschöpft von der Nachtwache im ersten Morgengrauen auf seine Koje. Er hat den Lichtschein der Insel gesehen und ist sicher, dass die Qualen bald ihr Ende finden. Jetzt hat er die Gewissheit, dass sie überleben werden. Er sieht, wie sein Freund sich bewegt.

»Wir sind in ein paar Stunden da. Wie geht es dir?«

»An Land schwimmen kann ich noch nicht, aber ich werde darauf bestehen, mit meinen Füßen zuerst Land zu berühren.«

»Verdi, mach langsam!«

»Hast du mal drüber nachgedacht, wie sehr das Leben von Kleinigkeiten abhängt, von ...«

Geißler unterbricht den Kranken: »Meinst du die wenigen Zentimeter, um die das Geschoss dein Herz verfehlt hat?«

»Nein, ich meine die letzten drei Wochen an Bord. Wir müssen uns auch selbst Vorwürfe machen; wir haben den Ernst der Situation verkannt. Die Spannungen haben sich von Tag zu Tag gesteigert und jeder trug, ohne es zu wollen oder es auch nur zu wissen, dazu bei. Auch du und ich, weil wir alles nicht wahrhaben wollten. Wir waren doch nur darauf fixiert, alles nicht so verbissen zu sehen, dachten nur an unseren Urlaub. Wir haben einfach nicht realisiert, wie wichtig der Röttich viele Einzelheiten genommen hat, die wir leichtherzig gehandhabt haben. Der sieht die Dinge an Bord so preußisch, vermutlich wie ein Marineoffizier. Manchmal denke ich, dass das im Grunde vielleicht gar nicht so falsch ist. Manchmal kann ich das sogar nachvollziehen. Ich muss sagen, dass Manfred den Röttich nicht richtig behandelt hat und wir ihn auch nicht.«

»Richtig. Für ihn war die Reise ein Marinemanöver und für uns eine lockere Urlaubsreise. Ich nehme an, für Manfred auch. Aber dafür können wir uns doch keine Vorwürfe machen.«

»Doch, ich finde schon. Wir haben Röttich völlig falsch eingeschätzt.«

»Das musst ausgerechnet du sagen, der von ihm angeschossen hier auf der Koje liegt!«

»Überleg doch mal! Es haben sich doch zwei Gruppen gebildet. Röttich und seine Freundin und wir vier. Die beiden waren also isoliert. In jeder Dreierkonstellation kommt irgendwann der Zeitpunkt, wo sich zwei gegen den Dritten verbünden. Nun frage ich mich, wie kam es denn zu dieser Isolation? Auf der einen Seite durch all die seemännischen Nachlässigkeiten und zum anderen durch den pedantischen Kasernenton Röttichs. Okay, er konnte sich uns nicht anders verständlich machen. Aber wir haben auch kein Verständnis für ihn aufkommen lassen. Wir haben ihn sogar auf den Arm genommen; ich habe am Schluss extra falsche Knoten gemacht, um ihn zu provozieren. Ich sage dir, wir haben ihn gereizt. Aber alles wäre nicht so gekommen, wenn er nicht von Manfred so enttäuscht gewesen wäre. Wir beide spielten in der Auseinandersetzung nur eine Nebenrolle. Er hat an Land geglaubt, in Manfred einen Freund zu haben. Und sah sich auf See bitter enttäuscht. Das hat ihn nicht nur gekränkt und verletzt, sondern das hat auch zu dem Konflikt geführt zwischen Manfreds Führungsansprüchen und seinem eigenen Dominanzstreben. Dieser unausgetragene Konflikt führte bei Jörg zu dem Hass auf Manfred.«

»Sag mal, hast du eigentlich Betriebswirtschaft oder Psychologie studiert?«

»Als Jörg vor vier Tagen dachte, wir hätten ohne ihn gefrühstückt, war das der Tropfen, der das Fass zum Überlaufen brachte. Das war der endgültige Bruch zwischen den beiden. Und ich sage dir, gedemütigt zu werden und das vor seiner Braut, das kann der nicht ab. Der spielt doch vor ihr immer den Supermann.«

»Also, er war isoliert, er hasste Manfred, er fühlte sich gedemütigt und konnte nicht mehr anders reagieren, als dafür zwei Leute abzuknallen und dich schwer zu verletzen. Fast drei Morde. Einen für seine Isolation. Einen für seinen Hass. Und einen für seine Demütigung. Ist das so richtig, Herr Verdi?«

»Mag sein.«

»Du solltest nicht so viel reden.Ich bin total platt vom vielen Rudergehen. Röttich war ein Totalausfall, Andrea hat nicht mehr kochen können. Aber jetzt mobilisiere ich meine letzten Kräfte. Lass mich erst mal das erste Glas Planter's Punch in der Hand haben. Dann trinke ich auf unser Leben!«

»Die werden mir im Krankenhaus keinen Cocktail genehmigen!«

»Meinst du, der Röttich wollte sich die *Apollonia* untern Nagel reißen?«

»Am Tag der Tat hat er mir noch gesagt, dass er das Schiff benötige, um den Eigner der *Pelikan* zu suchen. Der muss den ja auch bis auf die Knochen hassen.«

»Wenn er das Schiff haben wollte, dann wären wir nicht mehr am Leben. Das ist doch wohl klar. Nee, das Schiff will er nicht.«

Das sind Geißlers letzte Worte am frühen Morgen ihres Ankunftstages; der Schlaf übermannt ihn. Viel Zeit bleibt ihm nicht bis zur nächsten Wache.

Wenn man von Osten kommend die Insel Barbados ansteuert, dann kann man sie im Süden oder im Norden passieren, um an den Ankerplatz und Hafen von Bridgetown im Westen der Insel zu gelangen. Die Engländer haben diesem Ort den Namen Carlisle Bay gegeben. Während der meisten Monate herrscht der Passatwind und die Bucht bietet einen geschützten Ankerplatz mit gutem sandigen Ankergrund. Das Wasser ist hier türkisblau und der ankommende Segler wird von einem weißen Strand mit Palmen begrüßt, unter denen farbige Bungalows und pastellfarbene Hotelgebäude leuchten. Die Insel Barbados ist ein Juwel unter den karibischen Inseln, liegt sie doch nur ein paar Dutzend Seemeilen südlich der möglichen Hurrikanbahnen, die Inseln wie zum Beispiel Martinique – nur ein wenig nördlicher gelegen – treffen können. Dreht jedoch der Wind auf Westen, was selten passiert, dann müssen die Schiffe den Ankerplatz verlassen, um nicht auf Legerwall zu geraten.

Bei den gleichmäßigen Winden der vergangenen Wochen macht sich der selbst ernannte Kapitän keine Sorgen. Jörg Röttich wählt die nördliche Umrundung der Insel mit der zweitältesten demokratischen Verfassung der Welt. Gegen Mittag macht die *Apollonia* nach zweiundzwanzig Tagen auf See an der Kaimauer von Bridgetown fest. Jörg Röttich hat bereits vorher die Gastlandflagge von Barbados gesetzt und direkt darunter die gelbe Q-Flagge (Quarantäne), ein Zeichen, dass alle an Bord gesund sind, dass keine Seuchengefahr an Bord besteht und der Skipper einklarieren will. Für Tote an Bord und schwer Verletzte gibt es keine Signalflagge.

An Land

Als die schöne Yawl *Apollonia* mit Festmachern und Springleinen vertäut ist, Fender festgebunden sind, die sie vor der Kaimauer schützen, will Röttich bei den Behörden einklarieren: Zoll, Hafenpolizei, Gesundheitsamt und beim Immigration Officer. Es entspricht einem internationalen Abkommen, dass überall in der Welt im Einklarierungshafen die Ausklarierungsformulare des letzten Hafens vorgelegt werden müssen, zu denen eine Crewliste und ein abgestempeltes Clearance-Dokument gehören.

Bevor Röttich den Gang durch die verschiedenen Instanzen antritt, unterrichtet er den ersten Beamten von dem schwer Verletzten an Bord. Otten wird sofort mit einem Ambulanzwagen in das Hospital von Bridgetown gebracht. Er besteht darauf, das Schiff auf eigenen Füßen zu verlassen. An Land kann er noch, gestützt von zwei Helfern, zwei oder drei Meter bis zur Trage gehen, dann wird er ohnmächtig.

Röttich legt die Crewliste mit vier Namen vor und unterrichtet den dicken, schwarzen Immigration Officer in seinen schwarzen, knielangen Bermudashorts und dem weißen, kurzärmligen Hemd, dass diese Liste nicht mit der Crewliste des letzten ausländischen Hafens übereinstimmt. Zwei Personen seien unterwegs gestorben. Er erzählt Superintendent Waterford den Hergang, genau so wie er es in seinem auf Deutsch verfassten Unfallbericht, den Andrea Kleefeld und Charlie Geißler unterschrieben haben, festgelegt hat. Der Kreis der Beamten wird durch Mitarbeiter der Royal Barbados Police erweitert. Auch Andrea Kleefeld und Charlie Geißler werden befragt. Die Behörden können sich keinen Reim auf die Beschreibung der tödlichen Unfälle machen.

Natürlich ist auffallend, dass keiner der Beteiligten seine Aussage allein macht, stets ist Röttich dabei. Immer wieder blicken Kleefeld und Geißler erst ihn an, bevor sie sich äußern. Den Beamten ist klar, dass das nicht nur an Sprachschwierigkeiten liegt. Schließlich beschließen sie offiziell, die drei vorerst in Untersuchungshaft zu nehmen. Die Yacht wird durchsucht, auch nach Waffen, denn der Erstverdacht lautet auf Rauschgiftschmuggel. Immer häufiger werden Yachten als Transportmittel benutzt, um von Südamerika über die Inseln der Karibik die Ware nach Nordamerika zu schmuggeln. Röttich hatte natürlich vorsorglich seine Waffe und die Munition kurz vor der Ankunft unauffällig über Bord geworfen.

Am nächsten Tag, dem 18. Dezember 1981, geht die Nachricht vom Tod zweier deutscher Segler um die Welt. Deutsche Yachten funken auf Amateurfrequenzen die neuesten Versionen. Die Intermar-Amateurfunkstation am Steinhuder Meer mit Bodo Tarnow am Mikrofon wird zur Nachrichtenzentrale. Sorgfältig verfasst Bodo, wie er bei den Amateurfunkern weltweit genannt wird, ein Fernmeldeprotokoll seiner diversen Amateurfunkverbindungen und Telefonate:

11.05 Uhr – Bodo Tarnow erhält aus Barbados die Nachricht des Skippers Roland Rebe von der Segelyacht *Lelona*, dass zwei Personen auf der *Apollonia* bei Sturmböen über Bord gegangen sind. Eine Person am 2.12. bei Standort 20° 55' N, 30° 50'W, die andere Person am 3.12. bei Standort 20° 55' N, 32° 45'W. Die Hafenpolizei erbittet Seewetterbericht am Unfallort.

11.15 Uhr – Intermar ruft Norddeich Radio an und erfährt, dass die *Apollonia* keine eingetragene Seefunkstelle besitzt (die *Apollonia* hat zwar einen Kurzwellensender, dieser ist aber nicht registriert). Und somit ist sie über Seefunk nicht erreichbar.

11.30 Uhr – Beim Wasser- und Schifffahrtsamt in Bremen erfährt Tarnow, dass auch hier keine Unterlagen vorhanden sind.

11.35 Uhr – Intermar erfährt beim Amtsgericht Bremen, Abteilung Schiffsregister, dass das Schiff bis zum 27.3.1981 mit der Registriernummer 3996 als *Wappen von Bremen* eingetragen war. Der neue Eigner ist Manfred Schön, Speditionskaufmann, aus Mönchengladbach.

11.45 Uhr – Bodo Tarnow führt mit dem Vater des Eigners ein Ferngespräch, der will ihn abends zurückrufen.

12.00 Uhr – Ein Herr Schuminski vom Seewetteramt Hamburg berichtet, dass am Unfallort und zu den angegebenen Zeitpunkten Nordostpassat Stärke 5 Beaufort herrschte.

19.35 Uhr – Neue Amateurfunkverbindung mit dem Skipper der *Lelona*, die in der Carlisle Bay von Barbados ankert, nicht weit von der *Apollonia*. Diese Funkverbindung wird stark gestört, sodass der deutsche Skipper Manfred Krüger von der Segelyacht *Moana* anbietet, seine Amateurfunkstation als Relaisstation zu verwenden. Über ihn erfährt an diesem Abend Bodo Tarnow als Erster in Deutschland die Namen der Toten und die der Überlebenden.

20.10 Uhr – Rückruf von Frau Schön. Bodo Tarnow gibt die neueste Version wieder, die er soeben erfahren hat. Am 2.12. sei Petra Meinhard während eines Sturms über Bord gespült worden. Am 11.12. sei Manfred Schön bei einem Streit ebenfalls über Bord gefallen.[1]

Über Telefon erreichen weitere Nachrichten die Zentrale des Vereins Trans Ocean in Cuxhaven, bei dem die meis-

---

[1] Entspricht im Wesentlichen dem vor Gericht vorgelegten Fernmeldeprotokoll.

ten deutschen Segler, die es auf die sieben Meere zieht, Mitglied sind. Dieser Verein hat in vielen Häfen der Welt Stützpunktleiter, die alle ehrenamtlich arbeiten, zu denen Post geschickt werden kann und die den ankommenden Seglern in vieler Weise behilflich sind. Die Stützpunktleiterin des Trans Ocean Vereins auf Barbados ist Ulrike Petersen, deren Ehemann die Europäische Union auf der Insel vertritt. Gleichzeitig ist er Honorarkonsul. Sofort setzt sich Björn Petersen für den verletzten Otten im Krankenhaus ein. Danach nimmt er mit den in Untersuchungshaft sitzenden Crewmitgliedern Kontakt auf. Auch sie erzählen ihm das, was Röttich in seinem Unfallbericht festgelegt hat. Petersen hat Zweifel und versucht hinter die Einzelheiten der Geschichte zu kommen. Vergeblich.

Unterdessen übernehmen die Nachrichtenagenturen den Unfallbericht und verbreiten ihn über ihre Ticker. In deutschen Seglerkreisen geht das Rätselraten los. Fachleute der Zeitschrift YACHT werden interviewt. Der Eindruck verdichtet sich in den Redaktionen der großen Illustrierten, dass hier eine noch nicht aufgeklärte Sensationsgeschichte wartet. Die großen Illustrierten schicken mit der nächsten Maschine Redakteure nach Barbados.

Von Mönchengladbach aus versucht Christine Schön, mehr Informationen über den Stand der Dinge auf der fernen Karibikinsel zu erhalten. Sie hat in München einen Bekannten, Herbert Manns, der zu dieser Zeit in Barbados Urlaub macht. Über ihn erfährt sie, dass Oliver Otten mit einem Brustdurchschuss im Krankenhaus von Bridgetown liegt. Angeblich soll ihr Mann den Schuss abgegeben haben. Sie erfährt auch, dass ihr Mann nach dem Unfall seiner Freundin sehr verzweifelt gewesen sein soll. Man habe sechzehn Stunden nach der Vermissten gesucht, sie aber nicht gefunden. Am 11. Dezember sei es zu einer Streiterei gekommen. Jörg Röttich habe versucht, ihrem Mann eine Waffe zu entwenden.

Dabei habe sich ein Schuss gelöst, der Röttich am Kopf verletzt habe, ein zweiter habe Oliver Otten schwer verletzt. Im Laufe dieses Streits sei ihr Mann über Bord gefallen.

Die Polizei hat inzwischen Honorarkonsul Björn Petersen als Übersetzer hinzugezogen. Er hat als Erster festgestellt, dass die entscheidenden vier letzten Tage des Logbuchs »in einem Rutsch« niedergeschrieben wurden. Aber auch mit seiner Hilfe kommt kein klärendes Licht in Röttichs Version des Unfallberichtes. Die vernehmenden Beamten glauben den Dreien nicht, ihnen fehlen jedoch Zeugen, Beweise, Motive. Bis zum 24.12. bleiben die drei Verdächtigen in Untersuchungshaft. Dann beschließt man, Röttich, Kleefeld und Geißler freizulassen und unter Polizeiaufsicht werden sie am 26.12. abgeschoben. Sie fliegen in Begleitung eines Reporters einer großen deutschen Illustrierten zunächst nach Luxemburg, dann fahren sie mit dem Zug nach Köln. Dort trennen sie sich, Röttich und Kleefeld fahren weiter nach Hamburg, Geißler an den Bodensee.

Inzwischen ist ein Bericht der Royal Barbados Police per Telefax an die Behörden in Mönchengladbach, der für die beiden Vermissten zuständigen Polizeistelle, geschickt worden.

Am 18. Januar 1981 ruft Jörg Röttich die Witwe Schön an. Er sagt ihr, dass es ihm sehr Leid täte. Er stünde jetzt in einer Situation, die er nicht gewollt habe und die durch die Schuld ihres Ehemannes entstanden sei. Er habe kein Geld, keine Wohnung, keine Arbeit und wolle unbedingt wieder in die Karibik zurück. Wenn sie es wünsche, würde er auch für sie die *Apollonia* führen, denn er sei der Einzige, der mit der Yacht umgehen könne. Außerdem sei er aufgrund des Schuldscheins berechtigt, mit Frau Kleefeld auf der *Apollonia* zu wohnen. Und er benötige das Geld, das er ihrem verstorbenen

Mann nach dem Einbruch ins Schiff in Pasito Blanco geliehen habe – und zwar innerhalb einer Woche.

Er liest ihr die Quittung vor, die er selber nach der Tat auf einem der von Schön unterzeichneten Blankobögen geschrieben hat. Auf Wunsch von Christine Schön schickt er ihr eine Kopie der Quittung zu. Sie erkennt an den Formulierungen und der Wortwahl sofort, dass diese nicht von ihrem Mann aufgesetzt wurde.

Bequia / St. Vincent   **S.Y. *APOLLONIA***
Grenadines
West Indies

QUITTUNG

Hiermit bestätige ich, Manfred Schön, Eigner der Yacht *Apollonia*, heute von Herrn Jörg Röttich die Summe von 25 000,00 DM erhalten zu haben (fünfundzwanzigtausend). Diese Summe steht mir bis zum 1. Februar 1982 zur Verfügung. Herr J. Röttich erhebt bis dahin keine Zinsen und erhält von mir das Recht, mit seiner Bekannten bis zur Rückzahlung auf der S.Y. *Apollonia* zu wohnen.
Ab 1. Februar 1982 bin ich mit 10 % Zinsen einverstanden.

Pasito Blanco, Gran Canaria
den 20. November 1981

    Stempel mit Adresse und Telefonnummer in Bequia
        und Unterschrift von Manfred Schön[1]

Bei Christine Schön erhärtet sich der Verdacht, dass an der Unfallversion Vieles nicht stimmen kann. Man hat ihr erzählt, dass bei dem Sturm alle Crewmitglieder Rettungswesten trugen und auch mit Sicherheitsleinen gesichert waren. Aber wie kann eine gesicherte Person über Bord gehen und nicht wieder zurückgeholt werden?

---

[1] Zitiert im Wesentlichen nach den Gerichtsunterlagen.

Auch ihr Mann soll angeblich während der Streiterei eine Sicherheitsleine getragen haben. Zeitschriften berichten, dass am 2. Dezember gar kein Sturm im Seeraum der *Apollonia* zu verzeichnen war. Und nun dieser Schuldschein, der nicht von ihrem Mann stammen kann! Wie konnte Röttich, von dem ihr Mann ihr erzählt hatte, dass er mit nur noch 3000 Mark in der Tasche von einem anderen Schiff verwiesen worden sei, ihrem Mann 25 000 DM geliehen haben?

Christine Schön beschließt, Anfang Januar 1982 in die Karibik zu fliegen. Im »Totenschiff«, wie es inzwischen die Schwarzen von Barbados nennen, sucht sie nach Aufzeichnungen ihres Mannes und seiner Freundin. Sie weiß, dass Petra ein Tagebuch geführt hat, und entdeckt, dass Seiten herausgerissen wurden. Außer Travellerschecks im Wert von 4000 $ und 30 DM in bar findet sie kein Geld an Bord. Auch nicht in dem Versteck hinter der Holzverschalung am Kopfende der Eignerkoje; die Existenz dieses Geheimplatzes hatte Manfred ihr vor dem Ablegen in Pasito Blanco noch telefonisch anvertraut. Nur das Holster seines Revolvers liegt noch in der Kajüte.

Am Tag darauf trifft sie sich mit dem Honorarkonsul Petersen am Krankenbett von Otten. Sie merkt, wie Otten ihren Fragen ausweicht. Ein Verhalten, das Björn Petersen seit Beginn der Verhöre zunehmend skeptischer werden lässt. Als Petersen für einen Moment aus dem Zimmer geht, bittet Otten, jetzt keine Fragen mehr zu stellen, er wolle ihr aber am nächsten Tag – unter vier Augen – ihre Fragen wahrheitsgemäß beantworten.

Am folgenden Tag gesteht Oliver Otten der Witwe, was sich an Bord der *Apollonia* wirklich abgespielt hat. Er ist den Tränen nahe. Aus Angst vor Röttich ist er aber nicht bereit, diese Angaben vor der Polizei in Barbados zu wiederholen. Er verspricht Christine Schön jedoch, in Deutschland sofort zu einem Anwalt zu gehen.

Oliver Otten kann am 17.1.1982 nach Deutschland zurückfliegen. Er erhält eine vorzügliche medizinische Betreuung und ist bald nach seiner Ankunft wieder genesen. Die Ärzte bestätigen ihm, dass er viel Glück gehabt hat. Sein Baumwollhemd hat ihm das Leben gerettet, bei einem Hemd aus Polyester wären die Kunstfaserteile in den Körper gedrungen, hätten Entzündungen hervorgerufen. Man hätte diese kleinen Faserteile dann operativ entfernen müssen.

Im Krankenhaus von Barbados war festgestellt worden, dass Otten einen Schuss durch den linken Thorax erlitten hatte. Im Abschlussbericht steht:

Die Einschusswunde befand sich im Bereich des Brustbeines gerade unterhalb des Manubriums Sterni und die Ausschusswunde im Bereich des linken Schulterblattes am medialen Rand oben. Diese Verletzung ist mit geringfügigen Rippenfell- und Zwerchfellverwachsungen links, geringfügigen Lungennarben im Bereich des linken Lungenoberlappens sowie einer knöchern gut durchgebauten Fraktur der dritten Hinterrippe links abgeheilt.[1]

Zwei Tage nach ihrer Ankunft am Bodensee suchen der Betriebswirt Oliver Otten und der Gastwirt Charlie Geißler den Anwalt Julius Cramer auf. Sie berichten ihm über die Geschehnisse auf der *Apollonia*, die zu zwei Toten und einem schwer Verletzten geführt haben. Noch am selben Abend ruft dieser den Oberstaatsanwalt in Bremen an.

Am 21.1.1982 werden Jörg Röttich, Petra Kleefeld und getrennt von ihnen Oliver Otten und Charlie Geißler zur Vernehmung nach Bremen geladen.

Danach werden Röttich und Kleefeld festgenommen.

Charlie Geißler hat viele Jahre benötigt, bis die Zeit seine Wunden geheilt hat. In den ersten Monaten nach der

---

[1] Zitiert im Wesentlichen nach den Gerichtsunterlagen.

Tat hat er teilweise gestottert. Nachts verfolgten ihn über viele Jahre hinweg Albträume. Selbst zwanzig Jahre nach den Geschehnissen haben die Ereignisse immer noch Spuren hinterlassen.

Jeder der beiden Freunde hat die Enge an Bord und deren dramatische Folgen anders interpretiert. Sie haben das Problem in der Öffentlichkeit jeweils unterschiedlich dargestellt, fanden keine gemeinsame Linie, konnten sich nicht einigen. Und die einstigen Freunde Geißler und Otten gingen getrennte Wege.

Oliver Otten haben die Ereignisse anfänglich aus seiner Lebensbahn geworfen. Mit seinem frischen Diplom der Betriebswirtschaft war er nach diesem Segeltörn noch nicht bereit, in die Berufswelt einzutauchen. Er machte, wie sein ehemaliger Freund, eine Kneipe auf. Aber er musste bald Konkurs anmelden. Viel zu schnell heiratete er, die Ehe ging in die Brüche. Mittellos fand er sich mit seiner kleinen Tochter wieder. Als er am Tiefstpunkt angekommen war, riss er sich selber aus seiner Misere heraus. Er zwang sich, nicht mehr an die Geschehnisse auf See zu denken – er fing ein neues Leben an, machte eine Lehre in einem Sägewerk, später wurde er Sägewerksmeister. Er heiratete wieder und hat heute eine Familie mit einem Kind aus erster Ehe und zwei Kindern aus zweiter Ehe. Er ist Leiter eines Sägewerksbetriebs.

Oliver Otten teilte viele Jahre lang sein Leben auf in die Zeit vor und nach seiner Schussverletzung. Über eine lange Zeit feierte er den 13. Dezember als seinen zweiten Geburtstag .

Noch heute verfolgt ihn das Bild, als er mit seinem Brustdurchschuss auf der Cockpitbank lag. Er war halb bei Bewusstsein, als Geißler und Röttich den toten Körper von Petra Meinhard über ihn weghoben. Eines ihrer Beine hatte seinen schmerzenden Körper gestreift.

»Ist das dein Versprechen, das du mir gegeben hast?«

So lauteten, gemäß dem Plädoyer des Verteidigers Dr. Stolberg, die letzten Worte, die Jörg Röttich am 13.12.1981 an Manfred Schön richtete, bevor er ihn mit einem Schuss tötete. Dann führte er aus, sie seien der Endpunkt einer zwischenmenschlichen Tragödie gewesen, deren Verlauf nicht im Entferntesten abzusehen war, als Manfred Schön und Jörg Röttich sich auf Gran Canaria kennen lernten und dann beschlossen, gemeinsam über den Atlantik zu segeln. Beide Männer hatten es zum damaligen Zeitpunkt in ihren Berufen durchaus zu etwas gebracht. Manfred Schön, der Speditionskaufmann, war in jungen Jahren schon in eine leitende Position gelangt. Jörg Röttich hatte sich als Soldat und als Beamter bei der Bundesbahn als vertrauenswürdig und verantwortungsfähig erwiesen. Doch ihr Zusammentreffen, fuhr der Verteidiger fort, sei überschattet worden von persönlichen Enttäuschungen, die beide weder verarbeitet noch verkraftet hätten. Schön hatte gerade seine Crew verloren, mit der er in die Karibik zu segeln plante; Röttich war von dem Schiff geflogen, mit dem er die Welt hatte umrunden wollen. Die Beiden seien also eine Art Notgemeinschaft eingegangen. Schön habe geglaubt, in Röttich einen Segler gefunden zu haben, der ihn über den Atlantik bringen könne. Und Röttich habe in der *Apollonia* ein Schiff gesehen, das ihn auf seiner geplanten Weltumseglung ein Stück vorwärts bringen könne.

Die Verabredung zu dieser Notgemeinschaft sei, so die weiterführende Interpretation des Verteidigers, bereits der erste Schritt zu einer Fahrt ins Verderben gewesen. Denn natürlich wisse auch der blutigste Laie, dass es gegen alle Regeln des Hochseesegelns verstoße, wenn sechs wildfremde Menschen sich auf das riskante Unternehmen einer gemeinsamen Atlantiküberquerung auf einer Segelyacht einließen. Da eine Crew auf See nun einmal auf Gedeih und Verderb miteinander verbunden sei, müsse jeder Kapitän neue Crewmitglieder vorab auf ihre fachlichen und persönlichen Eigenschaften überprüfen.

Dr. Stolberg erwähnte auch die Regel, die besagt, dass alle Teilnehmer eines solchen Langzeittörns körperlich und seelisch gesund sein müssen. Als sich Schön und Röttich trafen, sei es aber gerade damit bei beiden nicht zum Besten gestellt gewesen, hätten sie doch in diesem Moment einen entscheidenden Schritt über die Grenzen ihres bislang geordneten Lebens getan. Beide hatten ihre Zelte in Deutschland abgebrochen, hatten ihre sicheren Stellungen aufgegeben, all ihre Habe versilbert und beide hatten sich für eine höchst trügerische Zukunft entschieden.

Der Verteidiger wies explizit darauf hin, dass es für beide kein Zurück mehr geben konnte, als sie sich in Pasito Blanco trafen. Denn ihre bürgerlichen Existenzen standen nicht mehr zur Verfügung. Er zählte eine Reihe von Anzeichen auf, die beweisen sollten, dass Schön total verunsichert gewesen sei. Anders könne man den Rausschmiss seines Skippers Eissing ohne jede Vorankündigung, für alle völlig überraschend, nicht verstehen. Schließlich hätte nicht einmal ein triftiger Grund für einen so schwer wiegenden Entschluss vorgelegen – denn immerhin hatte auch Eissing seinen Beruf aufgegeben, um seine Zukunft in der Karibik zu suchen. Schon auf der Fahrt nach Gran Canaria hätte sich diese Verunsicherung auch ganz deutlich bewiesen, als der an Land so clevere und selbstsichere Geschäftsmann seine Crew fragte, ob er seinen eigenen Sextanten mal benutzen dürfe.

Die Unsicherheit Schöns sei plausibel zu erklären: Er habe keine ausreichenden Segelkenntnisse gehabt und Schiffsführer und Crew verloren. Seine Naivität hinsichtlich Lebensplanung und Segelei seien ihm zu diesem Zeitpunkt zum ersten Mal richtig bewusst geworden. Auch die Nachrichten aus der Karibik über den Charterbetrieb seien nicht gerade rosig gewesen. Schön könne durch die Gespräche mit den erfahrenen Seglern nicht länger die Augen davor verschlossen haben, wie beinhart das Chartergeschäft in der Karibik ist. Und ausgerechnet dort wollte er eine Existenz aufbauen mit einem Schiff, das finanziell gesehen ein Fass ohne Boden war. Ein Schiff, bei dem die Technik alt und verrottet war und das im Holz ein ständiger Reparaturbetrieb bleiben würde. Dabei ging es um Arbeiten, die er selber nicht beherrschte. Mit solchen Existenzängsten ist kein Mann die Idealbesetzung als Skipper auf einer Atlantiküberquerung. Im Gegenteil: Für ein solches Unternehmen ist enorme psychische Belastbarkeit und Stabilität von Nöten. Zumindest unbewusst habe Schön mit jedem Tag deutlicher gespürt, dass er nicht der Verwirklichung seiner Wünsche, sondern nur dem Zusammenbruch seiner Illusionen näher kam.

Dann wandte sich der Verteidiger der Analyse von Jörg Röttich zu. Auch dieser habe sich sein Leben auf See ganz anders vorgestellt, als er beschloss, seine sichere Existenz als Beamter aufzugeben. Als er am 20.10.1981 von Bord der *Pelikan* gehen musste, waren seine Ersparnisse bereits bis auf zirka 2400 DM aufgebraucht. Wie groß müsse Röttichs Enttäuschung gewesen sein, nachdem er sich jahrelang in Abendkursen, die neben seinem Schichtdienst liefen, auf seine Traumreise vorbereitet hatte! Ein halbes Jahr hatte er auf der *Pelikan* gelebt und gearbeitet und dann sollte in Pasito Blanco schon alles beendet sein? Den größten Teil seines Geldes habe Kapitän Ladwig auch noch einbehalten, betonte Dr. Stolberg.

Vor diesem Hintergrund sei dann die Notgemeinschaft Röttich-Schön entstanden. Es habe sich eine Identität der Interessen entwickelt, aber auch eine Identität der Gefühle; es habe sich um den subjektiv empfundenen Zustand des gegenseitigen Aufeinander-Angewiesen-Seins gehandelt.

Vier Wochen lang arbeiteten dann Schön und Röttich in Gran Canaria zusammen, um die *Apollonia* auf Vordermann zu bringen. In dieser Zeit habe sich ein Verhältnis entwickelt, das Röttich als Versprechen interpretiert haben müsse, dessen Bruch er Schön am 13.12.1981 anklagend vorgehalten habe, bevor er den Revolver auf ihn abfeuerte. Beiden sei bewusst gewesen, stellte der Verteidiger fest, dass Schön tatsächlich nicht über die notwendige seglerische Kompetenz verfügte. Auch wenn Schön sich aus der Eigentümersituation heraus als Skipper bezeichnet hätte, wäre doch Röttich von Anfang an der eigentliche Schiffsführer gewesen. Eine Rolle, für die er sich befähigt fühlte. Wie aus dem Gutachten von Dr. Septorius hervorginge – der Verteidiger berief sich nun ausdrücklich auf die dem Gericht vorliegende Stellungnahme dieses Sachverständigen –, habe Röttich an Bord in den Bereichen und nur dort einen Führungsanspruch entwickelt, wo er sich in der Materie gut auskannte. Schön hätte Röttichs Führung anerkannt, sich ihr untergeordnet, denn er traute ihm offensichtlich wesentlich mehr zu als sich selbst. Nicht von ungefähr habe er ihm angeboten, Röttich in der Karibik anfänglich an Bord zu behalten. Damit seien die Verhältnisse klar gewesen: Röttich habe im seglerischen Bereich das Sagen gehabt. Dieses Verhältnis sollte nicht nur faktisch existieren – es war von Schön auch ausdrücklich so gewünscht worden.

Denn er habe Röttich gebeten, ihn während der Überfahrt in allem auszubilden, was er im Charterbetrieb in der Karibik brauchen würde. Und damit, konstatierte Dr. Stolberg, war bereits der Bereich touchiert, der den ersten Bestandteil von dem lieferte, was Röttich am 13. Dezember als »Ist das dein Versprechen?« bezeichnete: Es ist der Bereich Sicherheit. Sicherheit an Bord einer Yacht heiße nämlich, dass eine Hierarchie, eine Hackordnung bestehen muss; dass einer die Befehle gibt und dafür die Verantwortung trägt. Und auf diesem Gebiet waren die Verhältnisse bis zum Auslaufen der *Apollonia* klar.

Der zweite Bestandteil des Versprechens sei für Röttich von genau so großer Bedeutung gewesen. Es ging um die Erteilung eines Zeugnisses. Von seinen verbliebenen 2400 DM habe Röttich Schön immerhin 635 DM in die Proviantkasse gezahlt. Der Rest habe aber nicht einmal mehr ausgereicht, um nach Hause zu fliegen. Also habe Röttichs Existenz von neuen Jobs abgehangen, in die er seine seglerischen und navigatorischen Kenntnisse einbringen konnte. Hierfür sollte er ein Zeugnis von Schön bekommen. Schon der amerikanische Skipper James Robinson habe Röttich in Pasito Blanco geraten, sich dieses Zeugnis noch vor Erreichen des Zielhafens ausstellen zu lassen. So sei es auch zwischen Schön und Röttich abgesprochen gewesen.

Der letzte und vielleicht wichtigste Bestandteil des Versprechens habe möglicherweise auf einer folgenschweren Fehleinschätzung von Röttich beruht: Es war die Annahme einer Freundschaft zwischen Schön und ihm. Röttich habe an Schöns Freundschaft geglaubt. Röttich hat vier Wochen für die *Apollonia* geschuftet. Weil es seine Überlebensstrategie im zwischenmenschlichen Bereich ist: nur durch Arbeit, Leistung und Perfektion sich Sympathien erwerben zu können.

Dieses Verhalten habe Schön auch imponiert. Der Verteidiger berief sich auf die Zeugenaussage von Christine Schön, in der sie ein Telefonat wiederholt, in dem ihr Mann Röttich als sehr guten Handwerker, sympathisch und nett, bewertet habe. Nach dem Rausschmiss von der *Pelikan*, auf der Röttich viele Monate – ohne Bezahlung – gearbeitet hatte und letztendlich von Kapitän Ladwig schmählich betrogen wurde, sei er also auf jemanden getroffen, der ihn nicht nur in die Karibik mitzunehmen versprach, sondern ihm auch Anerkennung und Lob gönnte. Selbst wenn Schöns Freundschaft nur vorgetäuscht gewesen sei, habe diese Anerkennung bei Röttich zu einer hohen Erwartungshaltung geführt. Einmal im Hinblick auf die erhoffte Freundschaft, zum anderen auf die Anerkennung seiner Führungsrolle durch Schön. Man könne also entsprechend dem vorliegenden Gutachten davon ausgehen, dass Röttich es jedenfalls seinerseits mit der Freundschaft ernst gemeint habe. Denn Schön verkörperte Eigenschaften, die Röttichs Idealbild entsprechen, Schön schien so zu sein, wie Röttich selbst gerne sein wolle. Dass Schön auch andere Eigenschaften hatte, dass Schön Röttichs Erwartungen enttäuschte, habe sich erst auf See gezeigt – und da war es zu spät.

Zu der Crew gehörten natürlich noch Petra Meinhard und Andrea Kleefeld – dass sie in seinem Plädoyer keine Rolle spielten, so betonte Dr. Stolberg, habe einen guten Grund, denn beide seien hinter ihren Partnern völlig zurückgetreten.

Das sei die Situation gewesen, bevor Charlie Geißler und Oliver Otten an Bord kamen und Dr. Stolberg äußerte eine seiner Meinung nach gut begründete Vermutung: Wäre die Besatzung nicht vergrößert worden, wäre es wohl nicht zu den tragischen Ereignissen des 13. Dezember gekommen. Obwohl Schön und Röttich sich zu diesem Zeitpunkt immer noch nicht ausführlich kannten, nicht wussten, wie der andere in Extremsituationen reagieren würde, wären beide so aneinandergeschweißt gewesen, dass keiner ohne den anderen ausgekommen wäre, dass sie sich wie auch immer bis zur Karibik hätten durchbeißen müssen. Doch dieses fein ausbalancierte Gleichgewicht zwischenmenschlicher Kräfte und Gegenkräfte sei in dem Augenblick zusammengebrochen, als Geißler und Otten an Bord kamen. Schlagartig sei damit die Situation eines gegenseitigen Abhängigkeitsverhältnisses beendet gewesen.

Während Röttich aufgrund seiner Persönlichkeitsstruktur unfähig gewesen sei, sich auf diese geänderte Situation einzustellen, habe Schön davon Gebrauch gemacht. Auch Otten war zumindest so weit segelerfahren, dass Schön ihn als Ratgeber anerkennen konnte. Er musste jetzt nicht mehr unbedingt nur von Röttich lernen. Abgesehen davon, dass es Schön vor neuem Publikum peinlich gewesen sein mag, als Schiffseigner in der Form von Röttich zu lernen, wie dieser es sich vorgestellt hatte: nämlich nach den bei der Bundeswehr üblichen Methoden.

Dr. Stolberg schilderte nun die erheblichen Veränderungen, die die neue Konstellation mit sich brachte. Schließlich hatten die beiden Neuen eine ganz andere Einstellung zu dem Leben an Bord: Während der Atlantiktörn für Schön und Röttich ein Teil ihrer neuen Existenz und damit Beruf und Arbeit war, wollten Geißler und Otten auf dem Schiff ihren Urlaub verbringen. Schön schien sich zu dieser Einstellung eher hingezogen gefühlt zu haben als zu der reinen Arbeitsperspektive.

Welche Auswirkungen diese Veränderungen auf Jörg Röttich hatten, stellte sein Verteidiger nochmals an den Punkten heraus, die das Versprechen betreffen, von dem Röttich am Abend des 13. Dezember sprach: Also zum einen die Frage der Sicherheit und zum anderen das freundschaftliche Verhältnis zwischen Schön und ihm.

Dass Röttich als ehemaliger Hubschrauberpilot und Zugführer bei der Bundesbahn in Sicherheitsfragen besonders verantwortungsbewusst sei, bedürfe keiner näheren Erläuterung. Auf der *Apollonia* habe es keine Hierarchie gegeben, keinen verantwortlichen, erfahrenen Kapitän, der Segelkommandos gab. Es wurde sogar meistens vor jedem Segelmanöver diskutiert – eine Unmöglichkeit an Bord einer Hochseeyacht, denn hier muss es eine klare Kommandostruktur geben. Einer der Sachverständigen habe darauf hingewiesen, dass eine »demokratische Schiffsführung« stets zum Chaos führt.

Mit sträflichem Leichtsinn seien von Schön alle Einweisungen in Sicherheitseinrichtungen unterlassen worden. Erst im Sturm habe er wenigstens dem Neuling Geißler gezeigt, wie man eine Rettungsweste und Sicherheitsleine anlegen muss. Als bezeichnend kritisierte Dr. Stolberg, dass Geißler während des Sturms nicht einmal gewusst habe, wo die Leuchtpistole lag. In jedem Segelleitfaden liest man vom Mann-über-Bord-Manöver, aber auf dem Unglücksschiff war dieses Manöver niemals praktiziert worden.

Nachts mit einem Spinnaker auf dem Atlantik zu segeln birgt für eine ungeübte Mannschaft Gefahren, weil dieser schwer zu bergen ist, führte er weiter aus. Es würde an Wahnsinn grenzen, wenn Segel statt nach ihren Farben nach den Windverhältnissen ausgewählt und gesetzt würden – wie es Petra Meinhard vorgeschlagen hatte.

Als Krönung des Leichtsinns aber bezeichnete der Verteidiger die Badeszene, als Schön, Meinhard, Otten und Geißler vom Bug der segelnden Yacht aus ins Wasser sprangen, zu dem achtern heraushängenden Tampen schwammen und sich hinter der Yacht herziehen ließen. Immerhin hatte das Boot nach Aussage von Otten so viel Fahrt, dass man es nur als schneller Schwimmer erreichen konnte. Jede größere Welle, jede aufkommende Brise hätte zum Verhängnis führen können. Die segelerfahrene Zeugin Lövenich habe dieses Verhalten zu Recht als idiotisch, unvorstellbar, wahnsinnig bezeichnet.

Röttich habe über diese verantwortungslose Vernachlässigung der Sicherheit tief beunruhigt sein müssen. Er habe ständig gemahnt, wurde aber nicht mehr gehört – besonders in den Tagen vor dem 13. Dezember. Röttich habe offensichtlich nicht über die Fähigkeit verfügt, Kritik so zu formulieren, dass sie die Chance hatte, offene Ohren zu finden. Vieles habe sich offensichtlich rechthaberisch angehört; er habe im Befehlston geredet, statt den Versuch zum Überzeugen zu unternehmen. Er habe auch seine Belehrungen mit einer Penetranz wiederholt, die vermutlich auch den Gutwilligsten zur Weißglut treiben kann. Und so könne man es gut nachempfinden, dass er sich nach seinen ersten gescheiterten Versuchen, Sicherheitsmaßnahmen durchzusetzen, wie ein Einsiedlerkrebs zurückzog und nur immer wieder aufbrauste, wenn etwas passierte.

Dann ging Dr. Stolberg auf den zweiten Aspekt des Versprechens ein: das von Röttich empfundene Freundschaftsverhältnis zu Schön. Je länger die Überfahrt gedauert habe, desto stärker habe Röttich seinen Perfektionismus und sein Können herausgekehrt, weil er hoffte, dadurch die Freundschaft von Schön erhalten zu können. Aber je starrsinniger und besserwisserischer Röttich wurde, umso mehr habe Schön sich von ihm abgewandt. Er habe es sich schließlich streng verbeten, von ihm ständig belehrt zu werden – man sei nicht auf der *Gorch Fock*. Und auch Geißler und Otten, die anfangs zwischen den Parteien standen, schlugen sich auf die Seite Schöns. Es stand vier gegen zwei. Röttich war nicht mehr gefragt, nur noch für die Navigation gebraucht. Er habe in der Folge sich – und seine ihm treu ergebene Freundin – isoliert. Dadurch, dass seine Autorität ständig infrage gestellt worden sei, habe ihm auch der Verlust seines Idealbildes in den Augen von Andrea Kleefeld gedroht; und er musste um sein Ansehen bei ihr fürchten. Dadurch sei er nur noch verletzlicher geworden.

Nach dem Sturm sei die Stimmung dann endgültig umgekippt. »Sturm vereint oder Sturm entzweit«, habe der Gutachter ausgeführt. Hier entzweite er. Röttich konnte keinen richtigen Schlaf mehr finden, bei jedem Geräusch sei er nachts an Deck gejagt, um nach dem Rechten zu sehen, immer misstrauischer habe er die anderen belauert. In dieser Phase der sich aufstauenden Aggressionen, unverarbeiteter Gefühle und zunehmender Unsicherheit seien in Röttich die ersten wirren Ideen aufgestiegen, Manfred Schön das Kommando abnehmen zu müssen.

Jörg Röttich hätte sich bei einem Konflikt an Land unweigerlich von den anderen Gruppenmitgliedern zurückgezogen, wäre aus jeder Gemeinschaft ausgestiegen. Aber das war nun einmal auf einem Segelboot mitten auf dem Atlantik nicht möglich. Die Möglichkeit, Konflikten aus den Weg zu gehen, endete an der Bordwand. Schlimmer noch: Das Zusammenleben auf engstem Raum, der ständige Kontakt mit den verachteten Mitseglern, die Unmöglichkeit sich einmal zurückzuziehen und dass man durch dünne Wände ständig die Anwesenheit der anderen spürte, das machte diese Yacht fernab von Land zu einem Dampfdrucktopf ohne Sicherheitsventil.

Diese Konstellation war im Verhältnis zwischen Jörg Röttich und Manfred Schön am Morgen des 13. Dezember erreicht. Der banale Streit um das Frühstück habe deshalb eine so dramatische Brisanz gewonnen, weil in diesem Moment von Manfred Schön die »Geschäftsgrundlage« für das von Röttich fest empfundene Versprechen aufgekündigt wurde: Schön erklärte, dass man in Zukunft nicht mehr gemeinsam essen und sich aus dem Wege gehen würde.

Für Röttich war es das Ende einer Freundschaft. Es habe für ihn auch das nahe Ende seiner erträumten Weltumseglung bedeutet, sagt Dr. Stolberg, denn – wie sich gegen Mittag dann tatsächlich herausstellte – würde er nicht einmal ein Zeugnis in den Händen haben. Röttich habe vor den Trümmern seiner Hoffungen gestanden.

Was war also in Röttich vorgegangen, als er unter Deck lief und seinen Revolver holte? Sein Verteidiger fasste zusammen: »Er will Schön die Demütigung und Verletzung heimzahlen. Er will sein Zeugnis haben. Und er will das Kommando übernehmen, um die Sicherheit des Schiffes zu gewährleisten. Aber will er auch Manfred Schön und Petra Meinhard töten?« Dr. Stolberg führt aus, dass die Vorgeschichte des 13.12., die Entwicklung an diesem Tag und das Verhalten Röttichs nach dem 13.12. gegen eine solche Annahme sprechen.

1. Wenn er Schön hätte töten wollen, dann hätte er es gleich unten in der Kajüte gemacht. Die mehrstündige Diskussion zeigt, dass er all das, was sich in ihm bis zu diesem 13. Dezember angestaut hat, von der Seele reden will. Seine Anklagen sind wie die Rückblende in einem Film. Röttich spricht noch einmal all die Punkte an, die Teil von dem sind, was er mit »Ist das dein Versprechen, das du mir gegeben hast« bezeichnet: die enttäuschte Freundschaft, die Ausschließung vom Bergfest, der Rauswurf – obwohl doch seine Anstellung als Skipper beschlossene Sache war –, all die Verstöße gegen die Sicherheit, die fehlende Verantwortung. Wären die Dinge nicht anders abgelaufen, wenn er wirklich vorgehabt hätte, Manfred Schön zu töten, gibt Dr. Stolberg dem Gericht zu bedenken.

2. Das zweite Argument gegen die Tötungsabsicht zu diesem Zeitpunkt sei die Dynamik der Entwicklung im Verlauf des Nachmittags. Die Verschärfung der nur als Psychoterror zu bezeichnenden Spannungen ging nicht aktiv von Röttich aus, sondern sei seine Reaktion auf die Verhaltensweise der Anderen gewesen, insbesondere aber Schöns. Dass Röttich sich überhaupt Schöns Waffe

aushändigen ließ und mit dieser dann an Deck kam, beruhe auf Schöns Drohung, auch er müsse ja mal schlafen, man werde ihn dann schon überwältigen, argumentiert die Verteidigung. Auch an Deck habe Röttich nur gesagt, er sei jetzt der Kapitän, er übernehme jetzt das Kommando. Oliver Otten habe bestätigt, dass das Stichwort Töten nicht zuerst von Röttich kam, sondern von Schön und Meinhard in dem Sinne: »Du willst uns doch nicht erschießen.«

»Die Eskalation des Psychoterrors war insbesondere dadurch bedingt, dass Röttich sein Ziel, nämlich Manfred Schön zu demütigen, überhaupt nicht erreichte«, schloss Dr. Stolberg. Schön habe auf die anfänglichen Drohungen völlig unbeeindruckt reagiert, war eiskalt, cool, beherrscht. Trotz der Machtposition von Röttich wäre Schön aber immer noch der Überlegene gewesen. Also habe er ihn demütigen müssen. Das gelang ihm erst, als Schön sich nicht selber erschießen wollte. »Ja, ich bin zu feige«, sagte der. Damit habe Röttich seinen ersten Erfolg gehabt, seine Genugtuung, seine Revanche auf den Vorwurf bei der Badeszene, er sei ein Feigling. »Und es spricht für seine Absicht, Schön nur zu demütigen, denn er bricht die eskalierende Situation ab und ordnet das Segelmanöver an.«

3. Sprach es für eine Tötungsabsicht, dass Röttich den ganzen Nachmittag mit einem geladenen Revolver herumlief? Verteidiger Dr. Stolberg verneint die Frage. Er habe Schön nur unter Druck setzen wollen. »Röttich musste den Revolver laden, weil man bei einem Revolver sehen kann, ob er geladen ist oder nicht.«

»Wollte Röttich Manfred Schön beseitigen, um sich das Schiff anzueignen?«, fragte Dr. Stolberg weiter.

Und antwortet selbst: »Röttich hat immer davon gesprochen, das Kommando zu übernehmen. Warum sagte er nicht: ›Das Schiff gehört jetzt mir?‹«

Schön habe Röttich das Schiff mehrfach ausdrücklich

angeboten, der aber immer strikt ablehnte. Nein, er wolle das Schiff nicht, das sei ein Schrotthaufen. Wenn es Röttich tatsächlich um das Schiff gegangen wäre, warum habe er dann nicht geantwortet: »Das Schiff habe ich schon, das brauchst du mir doch gar nicht zu schenken«?

Wenn er das Schiff hätte übernehmen wollen, hätten auch Otten und Geißler beseitigt werden müssen; das hätte jedenfalls eine kriminelle Logik geboten. Als Zeugen wären sie ihm gefährlich und zum Segeln brauchte er sie nicht.

Wenn Röttich tatsächlich der kaltblütige Mörder wäre, was hielt ihn eigentlich davon zurück, seine beiden gefährlichen Mitwisser auch noch aus dem Weg zu räumen?

Warum hat Jörg Röttich die Unfallgeschichte gefälscht und nicht bei seiner Rückkehr nach Deutschland sogleich die Wahrheit gesagt? Der Verteidiger stellte die umgekehrte Frage: »Wie hätten wohl Otten und Schön reagiert, wenn es ihnen gelungen wäre, Frau Kleefeld über Bord zu werfen und Herrn Röttich zu erschlagen? Hätten sie die Wahrheit gesagt? Hätten auch sie nicht befürchten müssen, dass man der Wahrheit keinen Glauben schenken würde?«

Als Schön viermal auf den Kopf des unter ihm am Navigationstisch sitzenden Röttich mit einem Pumpenschwengel einschlug, habe er ihn in einer Situation getroffen, in der dieser überhaupt nicht mit einem Angriff rechnete. Röttich sei von den Schlägen geschockt gewesen, fürchtete um sein Leben, griff zur Waffe und schoss nach oben, von wo Schöns Schläge herkamen. Da Schön mittlerweile weggelaufen war, habe er Otten getroffen. Und unmittelbar danach schoss er ein zweites Mal in Richtung Kombüse und traf Petra Meinhard. Für Röttich hätten Schön und Meinhard eine Einheit gebildet und in diesen Bruchteilen von Sekunden habe er davon ausgehen müssen, dass sie beide ihn angreifen und vernichten wollten.

»Juristisch betrachtet sind diese beiden Schüsse Fälle des entschuldigenden Notstandes, denn Röttich wollte einen Angriff auf sein Leben abwenden«, konstatiert Dr. Stolberg. »Das Strafgesetzbuch verlangt nicht, dass man sich totschlagen lässt, auch wenn der andere aus berechtigter Notwehr heraus handelt und man seinen Angriff somit verschuldet hat.«

Zu dem Tatgeschehen nach dem zweiten Schuss gäbe es mehr Fragen als Antworten. Beide Zeugen waren stark gehandicapt. Oliver Otten lag mit einem Brustdurchschuss am Cockpitboden. Er bangte um sein Leben, war jedoch nicht bewusstlos. Sein Freund Charlie Geißler hat in der kurzen Zeit zwischen dem ersten und dem dritten Schuss zwei Nervenzusammenbrüche gehabt. Er fürchtete, dass nun auch seine letzte Stunde geschlagen habe. Der Gutachter Dr. Septorius meint, dass sich Röttich nach den Schlägen in einem affektiven Zustand befand, was auch ihn als zuverlässigen Beobachter ausscheiden lässt.

Der Verteidiger appelliert, nur von den Dingen auszugehen, die übereinstimmend von allen Beteiligten ausgesagt worden sind: Danach war Röttich spätestens nach dem zweiten Schuss im Cockpit. Nachdem er dann gerufen hatte: »Komm mal her, Manfred, und guck mal, was mit deiner Freundin passiert ist!«, kam Schön jedenfalls vom Mast backbords auf Röttich zu, der aus zwei Metern Entfernung schoss.

Niemand könne wissen, ob Schön bei passender Gelegenheit nochmals auf Röttich einschlagen wollte. Es sei nur bekannt, dass er den Pumpenschwengel noch in der Hand hielt. Hätte Röttich vorgehabt, Schön kaltblütig zu töten, warum habe er dann nur einen Schuss abgegeben, warum erst in einer für ihn riskanten Nähe, warum hielt er nicht den Revolver so vor das Auge, dass er genau zielen konnte? Oder hatte er Schön tatsächlich erst in dem Augenblick bemerkt, als dieser zwei Meter von ihm entfernt war? Oder hatte er ihn bemerkt, aber erst im letzten Augenblick gesehen, dass Schön immer noch den Pumpenschwengel in der Hand hielt?

Erfüllt dieser Sachverhalt die Voraussetzungen des entschuldigenden Notstandes? Oder hat Röttich irrtümlich einen lebensbedrohenden Angriff angenommen? Und wenn ja, war dieser Irrtum vermeidbar?

So unklar und unsicher vieles ist, von einem kann man ausgehen: Röttichs letzte Worte vor dem Schuss auf Schön lauteten: ›Ist das dein Versprechen, das du mir gegeben hast?‹ Diese Worte geben einen Einblick in das, was sich in Röttichs Innerem in diesem Moment abspielte. Er war im Moment des letzten Schusses in höchstem Maß enttäuscht und verletzt durch Schön, nun aber zusätzlich durch die Schläge, die ihn zwangen zu schießen. Die Absicht, durch Tötung eines anderen eine andere Straftat zu ermöglichen oder zu verdecken – wie es der Oberstaatsanwalt sieht –, setzt zielgerechtes Handeln voraus. Sie muss die Triebfeder des Handelns sein.

Drückt sich in dieser Tat ein niedriger Beweggrund im Sinne des Mordparagraphen aus? Enttäuschung und Wut wären nur dann niedrige Beweggründe, wenn sie selbst wiederum auf einer niedrigen Gesinnung beruhen. Macht man sich noch einmal die Umstände bewusst, die in den Augen Röttichs das Versprechen Schöns ausmachten und stellt man in Rechnung, dass der Bruch dieses Versprechens Ergebnis einer vielschichtigen Entwicklung war, zu der Röttich nur einen Teil beigesteuert hat, dann wird man nicht sagen können, dass Röttichs Verhalten auf tiefster Stufe steht und als besonders verwerflich erscheint. Man wird auch berücksichtigen müssen, dass Auslöser der Schüsse die Schläge von Schön waren.[1]

---

[1] Diese gesamte Passage entspricht im Wesentlichen den Gerichtsakten.

Ein weiterer Sachverständiger schrieb in seinem Gutachten:

Was bei der Tat freigesetzt wurde, war ein Gemisch jener Kräfte, die sich lange angestaut hatten – und darunter befand sich sicher auch echter Hass. Meines Erachtens hat dieser Hass, rein für sich genommen, nicht gereicht, dass Röttich am Anfang bewusst den Mord gewollt und geplant hat; im endgültigen Geschehen aber hat er mit Sicherheit eine entscheidende Rolle gespielt.

In ähnlicher Weise war die Drohung m. E. tatsächlich ›nur‹ als Drohung gemeint; sie war aber dermaßen intensiv und so oft und über so lange Zeit in den Raum gestellt, dass sie so etwas wie ein Eigenleben bekommen hat (wie die Geister, die er heraufbeschworen hatte) und dann wie eine ›sich selbst erfüllende Prophezeiung‹ auch Wirklichkeit geworden ist.[1]

Und dann fasste der Verteidiger zusammen:

Das Ausmaß der Schuld, das Jörg Röttich an den teilweise tödlichen Schüssen auf der *Apollonia* trifft, lässt sich nicht mit einer einfachen Formel errechnen. Die Persönlichkeit Röttichs, die auf den verschiedenen Ebenen verlaufenden zwischenmenschlichen Beziehungen mit ihren jeweils unterschiedlich starken Konflikten und die besondere Enge eines Segelschiffes, all das lässt die tatsächlichen Probleme dieses Falles, aber auch seine juristische Verarbeitung zu vielschichtig, zu komplex und zu differenziert erscheinen, als dass darauf das absolute und starre Strafmass einer lebenslangen Freiheitsstrafe eine zwingende und angemessene Reaktion wäre.[2]

---

[1] Dieses Gutachten entspricht im Wesentlichen dem Text in den Gerichtsakten.
[2] Im Wesentlichen zitiert nach den Gerichtsakten.

Das Urteil

Das Schwurgericht in Bremen war für den Prozess zuständig, weil u.a. Bremen der Heimathafen der *Apollonia* war. Das Schiff war zum damaligen Zeitpunkt im Schiffsregister des dortigen Amtsgerichts eingetragen. Der Heimathafen allein ist jedoch nicht ausschlaggebend. Hinzu kam auch, dass die Reise der Yacht von Bremen beziehungsweise Bremerhaven aus erfolgte.

In den Urteilsgründen heißt es:

Hinsichtlich des vollendeten Mordes zum Nachteil von Manfred Schön und Petra Meinhard war daher auf eine

lebenslange Freiheitsstrafe

in zwei Fällen zu erkennen. Hinsichtlich des versuchten Mordes zum Nachteil des Zeugen Otten hat das Gericht von der Strafmilderungsmöglichkeit der §§ 22, 23, 49 StGB Gebrauch gemacht. Dem Angeklagten konnte insoweit zugute gehalten werden, dass der Zeuge Otten überlebt hat und keine erheblichen Nachwirkungen der Verletzung mehr vorhanden sind. Für diese Tat erschien daher eine Freiheitsstrafe von

15 Jahren

schuldangemessen, aber auch erforderlich, und das Gericht hat darauf erkannt.

Bei der Strafzumessung hinsichtlich der Angeklagten Kleefeld hat das Gericht zu ihren Gunsten gewertet, dass diese strafrechtlich noch nicht in Erscheinung getreten ist. Das Gericht hat der Angeklagten auch zugute gehalten, dass sie durch den Angeklagten Röttich in das Tatgeschehen verstrickt worden ist. Ferner konnte zugunsten der Angeklagten von der doppelten Strafmilderungsmöglichkeit gem. §§ 27, 49 StGB und 35 Abs. 2, 49 StGB Gebrauch gemacht werden.

Strafverschärfend musste sich demgegenüber das Verhalten der Angeklagten Kleefeld nach der Tat, nämlich die Bedrohung der Zeugen Otten und Geißler, auswirken.

Unter Berücksichtigung aller Strafzumessungserwägungen hat das Gericht auf eine

Freiheitsstrafe von drei Jahren

als schuldangemessen, aber zur Sühne auch unerlässlich erkannt.[1]

---

[1] Im Wesentlichen zitiert nach den Gerichtsakten.

Weshalb der Name ›Apollonia‹?

Der Name Apollonia taucht in der Literatur nur einmal auf: die Märtyrerin, die Heilige Apollonia. Sie lebte zu Zeiten des römischen Kaisers Gaius Messius Quintus Traianus Decius, der herrschte von 249 bis 251. Er war der Kaiser, der die ersten Christenverfolgungen planmäßig veranlasst hatte. Also: Apollonia war eine Frau, die für ihren Glauben den Tod erlitten hatte, einen äußerst grausamen Tod.

Kaum ein Reeder, ein Schiffseigner, ein Yachtbesitzer tauft sein Schiff auf den Namen einer Märtyrerin, deren Legende von den schlimmsten Folterverletzungen berichtet. In einem der Bücher über Heilige und Märtyrer liest man über sie: »Sie war eine betagte christliche Jungfrau, die 249 in Alexandria den Märtyrertod erlitt. Der Bericht eines Bischofs Dionysius an Fabian von Antiochien erzählt, dass man ihr erst die Zähne ausgeschlagen und dann die Kinnlade zertrümmert hat. In späteren Legenden werden ihr erst die Zähne mit einer Zange einzeln ausgerissen.«

Ein weit ausführlicheres Martyrium, eingekleidet in eine breite märchenhafte Erzählung, wird im 15. Jahrhundert berichtet. Da ist Apollonia eine Kaisertochter, die in einem Turm von zwölf Jungfrauen bedient wird und alles, »was sie nützet«, von Gold hat. Da sie Christin wird, verschenkt sie allen Schmuck, den ihr der Lieblingsbruder geschenkt hat, erzürnt diesen und die anderen Brüder darob und verweigert außerdem noch eine

Ehe. Damit ist das Maß voll und es beginnt die Fülle ihrer Martyrien. Ein Engel führt sie zu einem Einsiedler, der sie tauft und stärkt. Dann werden fast alle aus anderen Legenden bekannten Martern der Reihe nach an ihr vollzogen. Immer wieder wird sie von Engeln geheilt, erhält neue Augen, neues Gehör (die Ohren waren ihr mit Blei ausgegossen worden), neue Zähne, neue Glieder, schließlich wird sie in Persien enthauptet.

Also was zum Teufel hat Manfred Schön geritten, seinem Unglücksschiff den Namen dieser Märtyrerin zu geben?

Der Katholik Schön war bereits viele Jahre vor der Taufe seines Schiffes aus der Kirche ausgetreten. Es ist kaum vorstellbar, dass der lebensfrohe, junge und erfolgreiche Kaufmann, der in den Startlöchern stand, sich den Traum seines Lebens zu erfüllen, mit urlaubstrunkenen Chartergästen von einer Palmeninsel zur anderen zu segeln, seinem Schiff den Namen dieser Märtyrerin gegeben haben soll.

Also, woher kam der Name?

Es ist anzunehmen, dass dem jungen Schiffseigner bei der Namensgebung ein Fehler unterlaufen ist. Wahrscheinlicher ist es, dass er an den griechischen Gott Apollon, den Sohn von Zeus und Leto, gedacht hat. Apollon, griechisch, Apollo, lateinisch, war der Gott des Lichtes. Er war aber auch der Gott der Heilkunde, der Weissagungen – und er war der Gott der Schifffahrt. Nachvollziehbar ist, dass Manfred Schön den Namen des Gottes der Schifffahrt für seine schöne Yawl gewählt hat. Wobei ihm jemand gesagt haben muss, dass Schiffe immer weibliche Namen tragen, weil Schiffe seit alters her weibliche Wesen sind. Also wird Manfred Schön aus Apollo eine *Apollonia* gemacht haben.

Wie auch immer, es war ein Fehler.

Presseberichte

Der Prozess wurde auch im Ausland verfolgt. Besonders in England, dem Mutterland des Segelsports, dem Land, das wohl den berühmtesten Meutereiprozess der Geschichte führte – bekannt als die Meuterei auf der Bounty –, war man auf das Urteil gespannt.

Joachim Schult schreibt in seinem Buch *Yachtunfälle*:

Der Eigner, der natürlich auch als Skipper fungierte, war weder ein erfahrener Segler noch die von allen Mitseglern anerkannte Führungspersönlichkeit. Mit Menschenkenntnis und geschickter Menschenführung kann auch ein fachlich nur bedingt erfahrener Führer einer Yacht einem Navigator wichtige Verantwortung übertragen oder zwei bzw. drei Wachführer unter seiner Ägide eigenverantwortlich handeln lassen. Er darf jedoch nie Zweifel an seiner Autorität aufkommen lassen und muss Gemeinschaftsentscheidungen auch gegen Einzelinteressen durchsetzen. Waffen sind dabei nie und nirgends Entscheidungshilfen. Pistolen überhaupt und erst recht (nur) in der Hand eines Besatzungsmitgliedes sind in der Bordenge eines Transozeantörns todbringendes Handwerkszeug. Der Fall *Apollonia* beweist es nachdrücklichst. Meuterei an Bord ist das gefährlichste Verbrechen, wo auch immer Schiffe gleich welcher Größe über die Weltmeere fahren; denn ein Aufstand an Bord gefährdet nicht nur Leben und Eigentum des Skippers und Eigners, sondern er zieht auch Leib und Leben vieler unbeteiligter Seeleute und Yachtsegler in ihren gefahrvoll-unabsehbaren Strudel. Letztlich aus diesem Grunde wird Meuterei an Bord so hart und unnachsichtig bestraft.[1]

Jörg Neupert von der führenden deutschen Segelzeitschrift YACHT schreibt:

In der geschlossenen Gesellschaft, die auf der *Apollonia* im Dezember 1981 zur See fuhr, hat das Böse in ... [Jörg Röttich, der Autor] gesiegt. Er konnte nicht mehr davor weglaufen, weil man an Bord vor nichts weglaufen kann.

Wir alle haben eine Ahnung, wie schmal die Gratwanderung zwischen Gut und Böse sein kann. Wer will uns sagen, ob vielleicht nicht auch die Opfer zu Tätern und die Täter zu Opfern werden können. Haben wir Erbarmen.[2]

Der SPIEGEL widmete dem Prozess drei Artikel. Darin schreibt Gerhard Mauz unter anderem:

Der Sachverständige ... zeigte einen ... [Jörg Röttich, der Autor], der starr und unbeweglich und mit dem Zerrbild eines überanstrengten, eines krankhaft übermächtigen Gewissens geschlagen, auf der *Apollonia* in eine Falle geraten war; den nicht Bösartigkeit, sondern biografische Verkrüppelung unfähig machte, die bis zum Wahnsinn und zur Verblendung aller Beteiligten überspannte Situation an Bord zu bewältigen.

[...]

An einer Stelle seines Vortrages hielt der Sachverständige ... inne: Wenn man davon ausgehe, dass ... [Jörg Röttich, der Autor] getötet habe, um sich der *Apollonia* zu bemächtigen, dann habe er keine weiteren Ausführungen zu machen. Das Gericht reagierte darauf nicht und dagegen wäre nichts einzuwenden, wenn das Gericht wenigstens am Schluss reagiert

---

[1] Schult, Joachim: Yachtunfälle und wie man sie vermeiden kann. Hamburg [6]1998, S. 298 f.
[2] YACHT 2/83, S. 224

hätte. Doch es ist dem Gericht vorzuwerfen, dass es dem Sachverständigen ... zu seinen Gutachten überhaupt keine Frage gestellt hat.

[...]

Die Verteidiger ... (für ... [Jörg Röttich, der Autor]) und .... (für ... [Andrea Kleefeld, der Autor]) hielten rechtlich zwingende und menschlich erschütternde Plädoyers. Doch sie waren auf der falschen Spur, die das Gericht gelegt hatte oder auch hatte entstehen lassen. Sie gingen davon aus, dass vom Gericht eine schuldmindernde Verfassung ihrer Mandanten zur Tatzeit nicht ausgeschlossen wurde. Nicht nur, dass dem Sachverständigen ... keine einzige Frage gestellt worden war: Das Gericht hatte sich auch in anderen Punkten, die in der mündlichen Begründung jählings auftauchten, bedeckt gehalten, als werde Poker gespielt.[1]

Auch Gerhard Mauz spricht von Erbarmen wie sein Kollege Neupert. Sogar zweimal benutzt Mauz das Wort Erbarmen. Die Schlussworte seiner Prozessbeobachtung lauten:

Wie in einer Falle befand sich ... [Jörg Röttich, der Autor], so wie er beschaffen ist, an Bord der *Apollonia*: in der Falle einer Situation, die er nicht verkraften konnte. Oder gab es eine Möglichkeit für ihn, zu bewältigen, aufzulösen oder wenigstens zu unterdrücken, was sich angestaut hatte? Hatte er noch einen Spielraum, konnte er sich noch entscheiden oder explodierte er, tatsächlich ohnmächtig gegenüber Aggressionen, die ihn ausweglos überwältigt haben?

Das Urteil, das zu fällen ist, wird, wie auch immer es lautet, jenseits einer Grenze verkündet werden müssen, von der an man nur um Erbarmen mit dem bitten kann, was man zu erkennen meint.[2]

[1] DER SPIEGEL, Nr. 1/1983, S. 59
[2] DER SPIEGEL, Nr. 47/1982, S. 122

Nach dem Urteil urteilt Mauz:

Die drei Berufs- und die beiden Laienrichter, die in Bremen den Stab über ... [Jörg Röttich, der Autor] und ... [Andrea Kleefeld, der Autor] brachen, werden mit dem Urteil, wenn es der Revision standhält, leben müssen. So etwas sagt sich nicht leicht. So etwas sagt man nicht im Zorn, sondern verzweifelt.[1]

Und nach dem verworfenen Revisionsantrag schreibt Gerhard Mauz in seinem dritten SPIEGEL-Beitrag:

... [Jörg Röttich, der Autor], einen in seelische Zwänge eingebundenen Menschen, wird in der Strafhaft kein Erbarmen mehr erreichen, in einer Einschließung ohne Hoffnung. ... Wir üben Gerechtigkeit. Und nur zu oft verüben wir sie.[2]

Wo Verteidigung, Gutachter und die Presse Fragezeichen hinter dem Motiv und hinter dem Urteil sahen, gab es für das Gericht keinen Urteilsnotstand.

---

[1] DER SPIEGEL, Nr. 1/1983, S. 59
[2] DER SPIEGEL, Nr. 45/1983, S. 80

Nachwort

Jörg Röttich verbüßte eine Haftstrafe von siebzehn Jahren und zwei Monaten; er ist seit April 1999 wieder frei. Andrea Kleefeld musste nach dem Revisionsverfahren anderthalb Jahre hinter Gitter.

Die Zelle bedeutet für Jörg Röttich eine neue Enge, die Enge der Zelle. »Wenn ich meine Arme ausbreite, dann kann man fast beide Wände berühren.« Sicherlich ist die räumliche Enge der Zelle kleiner, beschränkter, eben enger als der Lebensraum auf einer Yacht mitten auf dem Ozean. Dennoch: Es gibt im Strafvollzug täglichen Ausgang, Arbeit, Fortbildung, Betreuung, eine Bücherei, Fernsehen. Und der wichtigste Unterschied: Er ist, anders als in der Enge an Bord, alleine in der Zelle. Die räumliche Enge ist eine andere als die unausweichliche Enge mit anderen Menschen.

Jean-Paul Sartre schreibt in seinem Stück *Geschlossene Gesellschaft*: »In welchem Teufelskreis wir auch immer sind, ich denke, wir sind frei, ihn zu durchbrechen.«[1] Er meint die gesellschaftliche Enge, die Engstirnigkeit, die Verkrustung. Aber er hat, als er dies schrieb, sicherlich nicht an diesen anderen Teufelskreis – die Enge an Bord einer Hochseeyacht – gedacht; diese Enge, die so verwurzelt mit dem Begriff Angst ist.

[1] Sartre, Jean-Paul: Geschlossene Gesellschaft. Neu übersetzt von Traugott König. Copyright © 1949, 1954 by Rowohlt Verlag, Hamburg. Copyright © der neuen Übersetzung 1986 by Rowohlt Taschenbuch Verlag GmbH, Reinbek, S. 2

Auch in Sartres geschlossener Gesellschaft sind es drei Personen, ähnlich den drei Parteien auf der *Apollonia*. Erinnern wir uns an das anfänglich gute Verhältnis zwischen Eigner- und Navigatorpaar. Erst als die dritte Partei, die jungen Männer, hinzu kamen, änderte sich diese Beziehung. In Sartres Erklärung zu seinem Theaterstück heißt es: »Wären nur zwei Menschen zusammen, könnte sich eine sadomasochistische Beziehung herstellen lassen, bei der jeder für den anderen die Rolle spielt, die der andere vorgeführt bekommen möchte. Das wäre eine gegenseitige Befriedigung. Ausweglos wird die Situation erst durch die Anwesenheit eines Dritten ...«[1]

Die Gutachter im *Apollonia*-Prozess gehen davon aus, dass das Geschehene an Land überhaupt nicht passiert wäre. Und die zweite nachträgliche Verhinderungstheorie besagt: Wären die Wachen nicht mit den drei Paaren eingeteilt worden, sondern die drei Wachen gemischt besetzt gewesen wären, wäre möglicherweise alles gut gegangen.

Sartre betonte ausdrücklich, dass er nicht sagen wollte, »dass unsere Beziehungen zu andren immer vergiftet sind, dass es immer teuflische Beziehungen sind. Es ist aber etwas ganz andres, was ich sagen will. Ich will sagen, wenn die Beziehungen zu andren verquer, vertrackt sind, dann kann der andre nur die Hölle sein. Warum? Weil die andren im Grunde das Wichtigste in uns selbst sind für unsere eigene Kenntnis von uns selbst. Wenn wir über uns nachdenken, wenn wir versuchen, uns zu erkennen, benutzen wir im Grunde Kenntnisse, die die andern über uns schon haben. Was ich auch über mich sage, immer spielt das Urteil andrer hinein. Was ich auch in mir fühle, das Urteil anderer spielt mit. Das bedeutet, wenn meine Beziehungen schlecht sind, begebe ich mich

---

[1] ebda.: S. 2

in die totale Abhängigkeit von andren. Und dann bin ich tatsächlich in der Hölle.«[1]

Viele Jahre später sitze ich mit Andrea Kleefeld und Jörg Röttich zusammen. Wir sitzen auf einer Terrasse und schauen aufs Meer. Ich will sie interviewen.

Achtzehn Jahre standen sie nicht mit einander in Kontakt, haben sich auch nicht besucht und wollten nichts voneinander wissen. Durch meine Recherchen sind sie wieder aufeinander aufmerksam geworden und – ohne mein Zutun – wieder zusammengetroffen. Jetzt leben sie zusammen. Aber bevor es so weit gekommen ist, war eine andere Frau all die Jahre an Röttichs Seite.

Achtzehn Jahre hat Claudia Vetter, Röttichs langjährige Freundin, mit der er bereits vor Andrea Kleefeld befreundet war, ihn während seiner Zeit im Zuchthaus von außen begleitet. Sie hat im Prozess für ihn ausgesagt. Hat die vielen Jahre, die er in Haft saß, zu ihm gehalten, Briefe geschrieben, Päckchen geschickt, Besuchszeiten genutzt. An ihr hat er in diesen Jahren Halt gefunden, sie hat ihm bei seinem Bemühen geholfen, wegen guter Führung frühzeitig entlassen zu werden. Und als er im April 1999 frei kommt, wird sie krank. Im August 1999 stirbt sie an Krebs. Die Hoffnung auf einen gemeinsamen Lebensabend stirbt mit ihr.

Jörg Röttich träumt heute immer noch davon, auf einem Schiff zu leben oder Überführungsskipper zu werden. Er spricht auch in der Marina andere Segler an, fragt sie nach ihrem Boot, ihrer Ausrüstung, der Route.

Irgendwann, Jörg Röttich hat lange von der Terrasse schweigend aufs Meer geschaut, sagt er: »Das Einzige, was ich damals wollte, war, die *Apollonia* und ihre Crew sicher über den Atlantik zu bringen.«

---

[1] ebda.: S. 61

Glossar

abfallen	den Segelkurs nach Lee ändern, in die Richtung, in die der Wind weht
Ablegemanöver	die Leinenverbindungen zu Steg, Kai oder Boje lösen
abschlagen	ein Segel von dem Mast, Baum oder Stag abnehmen, einsacken
Achterleine(n)	hintere Leine(n) zum Festmachen
achterlicher Wind	Wind von hinten
Achterschiff	hinterer Teil eines Schiffes
Achtknoten	ein Stopperknoten in Form der Ziffer 8
Alhidade	der bewegliche Zeigearm des Sextanten, zeigt den gemessenen Winkel an
Äquatortaufe	traditionelles Fest an Bord beim Überqueren des Äquators
A-Schein	freiwilliger Segelschein für Binnengewässer
aufschießen	Tauwerk richtig zusammenlegen
Autopilot	Mechanik zum automatischen Steuern eines Bootes
ausbaumen	beim Vorwindkurs Spinnaker- oder Großbaum über Bord ausstrecken
Backbord	die linke Seite eines Schiffes von hinten gesehen
Backschaft	Küchen- und Essgemeinschaft an Bord
Backskiste	durch eine Klappe von oben erreichbarer Kasten in einer Sitzbank
back	ein Segel steht back, wenn der Wind von der »falschen« Seite weht
Baum	er hält den unteren Teil des Groß- oder Besansegels
Beaufort	Maßeinheit für Windgeschwindigkeit in 12 Stärkegraden, 12 = Orkan

beidrehen	Manöver zum Stoppen einer Yacht, Wind neutralisiert Segelfläche
belegen	Leine richtig festmachen
bergen	ein Segel herunternehmen
Bergfest	bei größeren Törns wird die Mitte der Strecke gefeiert
Besanmast	der hintere Mast
Besansegel	Segel am Besanmast
Besanstagsegel	Segel vom Topp des Besanmasts bis zum Fuß des Großmasts
Besteck machen	navigatorische Ermittlung eines Schiffsortes nach Länge und Breite
Bilge	tiefster Teil im Rumpf
Bootsmannstuhl	Sitz mit Sicherheitsgurt, mit dem eine Person hochgezogen wird
BR-Schein	freiwilliger Führerschein, berechtigt bis an Hochseegewässer
Bug	das vordere, spitz zu laufende Ende eines Bootes
Bugkorb	fest auf den Bug montiertes Gestell, meist aus Edelstahl
Bullentalje	Leine, die das Übergehen des Baums bei raumem Kurs verhindert
Cockpit	Vertiefung im hinteren Teil des Decks, Schutz für die Besatzung
Deckshaus	ein höher als das Deck gebauter Aufbau
Dirk	Leine zum Halten des Großbaums
Einhandsegler	nur ein Segler ist an Bord und führt das Schiff
Etmal	die in 24 Stunden zurückgelegte Distanz
Fahrtensegler	Segler, die lange Distanzen segeln, z.B. über den Atlantik
Fall	Tau zum Hochziehen (Setzen) der Segel
Fallwinsch	Trommel, mit der ein Fall über Rollen im Masttopp hochgezogen wird
Fender	aufblasbares Schutzpolster, kommt zwischen Boot und Steg oder Kai
Festmacher	Tau zum Festmachen des Schiffes an einem Steg oder Kai

fieren	Tau nachgeben
Fock	Vorsegel, z. B. Fock 1, Fock 2, Sturmfock
Freiwache	derjenige, die keine Wache hat
geigen	schlingernde Bootsbewegung, besonders bei achterlichen Winden
Genua	Vorsegel (siehe Fock)
Großbaum	an ihm wird der untere Teil des Großsegels befestigt
Großfall	Tau zum Hochziehen des Großsegels
Großschot	Tau, um das Großsegel zu bedienen
Großsegel	das am Großmast gesetzte Hauptsegel
Halse	mit dem Heck des Schiffes durch den Wind gehen
Handlauf	starke runde Leiste zum Festhalten
hoch am Wind	ein Amwindkurs
in den Wind gehen	das Boot in Richtung des Windes lenken
Kajüte	Koch-, Wohn-, Schlafraum auf Yachten
Kalfatereisen	Werkzeug zum Kalfatern (siehe kalfatern)
kalfatern	das Zustopfen mit Werg von Spalten zwischen den Planken
Kartentisch	Arbeitsplatz des Navigators
Ketch	Eineinhalbmaster, bei dem der vordere Mast der größere ist
killen	Schlagen der Segel, wenn sie nicht mehr voll stehen
Klampe	fest verbolzter Beschlag zum Festmachen von einem Tau
klarieren	eine Leine klar machen
Knoten	Maß für Boots- und Windgeschwindigkeit = 1 Seemeile = 1852 m/h
Koje	Schlafplatz an Bord
Kombüse	Küche, auch Pantry genannt
Kopfbrett	Verstärkung am oberen Teil eines Segels
Krängung	das Neigen einer Segelyacht unter Winddruck zu einer Seite
kreuzen	segeln zu einem Ziel gegen den Wind, meist im Zickzackkurs
Lage schieben	die Yacht segelt schräg, siehe Krängung

Landfall	sichten einer Küste nach längerer Seereise
Lee	die Richtung, in die der Wind weht
Leeküste	Küste, die vom Boot aus in Lee liegt
Leesegel	hier: Tuch, das Schlafende vor dem Herausfallen aus einer Koje schützt
Lenzrohr	hierdurch wird überkommendes Wasser zurück ins Meer geleitet
Log	Geschwindigkeitsmesser, zeigt in Knoten an
Logbuch	das Bootstagebuch
Luke	Öffnung im Deck mit Lukendeckel
Maat	Gehilfe
Molenköpfe	meist zwei Türme einer Hafeneinfahrt
Muringleine	Leine zum Befestigen eines Schiffes an einer Tonne oder Kette
Navigationslichter	Rot = Backbord, Grün = Steuerbord, Hecklicht am hinteren Ende
Navigator	der Mann an Bord, der Standort und Kurs berechnen kann
Nebelhorn	Teil der Ausrüstung mit dem Nebelsignale gegeben werden
Niedergang	steile, kurze Treppe zur Kajüte
Nock	das Ende eines Baumes
Ölzeug	Regenzeug
Palstek	ein Knoten (Stek), bei dem eine Rundung (Auge) entsteht
Pantry	Küche, auch Kombüse genannt
Passat	östliche Winde beiderseits des Äquators
Passatsegel	Segel für achterliche Winde, meist werden zwei ausgebaumt
Pütz	Eimer, meist aus Gummi
Rahsegel	rechteckiges Segel, das an einer Rah (Querbalken) gesetzt wird
raumer Kurs	Kurs bei raumen Winden (quer von hinten)
Reff	Teil des Segels, um es zu verkleinern (reffen)
reffen	ein Segel verkleinern

Reling	vertikale Stützen mit horizontalen Drahtdurchzügen an der Bordwand
Rettungsinsel	aus Gewebe gefertigtes, aufblasbares Floß mit Dach
Rigg	Bezeichnung der Takelage,
Rollgenua	das Vorsegel, hier die Genua, kann aufgerollt werden
Saling	Querstrebe beidseitig am Mast, zum Spreizen der Wanten
Schäkel	verschließbarer Bügel zum Verbinden aller Art
Schapp	Schrank, Spind
Schlingerleiste	Holzleiste um Tische, damit nichts hinunterfallen kann
Schot	Tau zum Bedienen der Segel, z.B. Großschot, Genuaschot
Schothorn	hinterer Teil des Segels mit metallverstärktem Loch (Kausch)
Schotstek	einfacher und doppelter Knoten zum Verbinden ungleicher Taue
Schott	Trennwand an Bord, auf Yachten meist querschiffs
Schwalbennest	Stauplatz
Seemannschaft	Sammelbegriff für die umfangreichen Kenntnisse eines Seemanns
Seemeile	= 1852 m/h
Segel anschlagen	ein Segel an einem Stag, an einem Mast oder Baum befestigen
Segelkopf	die Ecken eines Segels heißen Kopf, Fuß und Schothorn
Segellast	Raum für die Segelsäcke
Segelmanöver	das Setzen, Bergen der Segel oder das Ändern der Segelfläche
Sicherheitsleinen	Leine zwischen einer Person und einem festen Punkt des Schiffes
Skipper	auch Schiffer, Schiffsführer, Kapitän
Sonne schießen	mit einem Sextanten die Sonnenhöhe messen
Sonnenschuss	siehe *Sonne schießen*

Spanten	rippenähnliche innere Aussteifung der Außenhaut eines Rumpfs
Speigatt	Öffnungen am Deckseitenrand, um Wasser ablaufen zu lassen
Spi	Kurzform für Spinnaker
Spinnaker	ballonähnliches Segel, wird bei raumen und achterlichen Winden gesetzt
Spinnakerbaum	hiermit wird der Spinnaker außer Bord gestreckt, ausgebaumt
Sporthochseeschiffer	Zeugnis an einer Seefahrtschule, u.a. über astronomische Navigation
Springleinen	Seil zum Festmachen des Bootes an einem Steg oder Kai
Stag	Vor- und Achterstag sind Drähte zum Verspannen des Mastes
Stagreiter	Metallbeschläge zum Befestigen eines Segels an ein Stag
Steuerbord	die rechte Seite eines Schiffes, von hinten gesehen
Steuerbordbug	über »St.« segeln: die Segel stehen auf der rechten Seite, an Steuerbord
Stockanker	Anker mit zwei Flunken und quer dazu einem »Stock«
Sturmfock	sehr kleines Vorsegel bei Sturm
Süll	Umrandung des Cockpits gegen Wasser und Wind
Tampen	Tau, Ende, Leine, Trosse
Törn	hier: mit einem Tau legt man z.B. einen Törn um eine Winschtrommel
Transceiver	Funkgerät (to receive = empfangen, to transmit = senden)
Treibanker	Gerät, dass das Boot bei schwerer See vor Bug oder Heck hält
trimmen	das optimale Bedienen der Segel
Trysegel	kleines Sturmsegel, das anstelle des Großsegels gesetzt wird
Umlenkblock	eine Scheibe oder Rolle, die die Richtung eines Taus umlenkt
übertakelt	wenn zu viele Segel gesetzt werden

Vorluke	Öffnung mit Lukendeckel im vorderen Teil des Schiffes
Vorstag	vorderer Draht, der den Mast hält
Want	Draht, der zur seitlichen Verspannung des Mastes dient
Wende	mit dem Bug der Yacht durch den Wind gehen
Winsch	Seiltrommel
Winschkurbel	Kurbel an einer Seiltrommel
Wobbler	farbiger, fischähnlicher Plastikköder
Yawl	Yacht, bei der der kleinere Mast hinter dem Ruder steht